창조경영과
소명리더십

이 도서의 국립중앙도서관 출판시도서목록(CIP)은 e-CIP 홈페이지
(http://www.nl.go.kr/ecip)에서 이용하실 수 있습니다.
(CIP 제어번호 : CIP2015011105)

창조경영과 소명리더십

2015년 5월 7일 초판 1쇄 인쇄
2015년 5월 15일 초판 1쇄 발행

지은이 | 김창호
펴낸이 | 孫貞順
펴낸곳 | 도서출판 작가
　　　　서울 서대문구 북아현로 22나길 13-8(우120-866)
　　　　전화 | 365-8111~2　팩스 | 365-8110
　　　　이메일 | morebook@morebook.co.kr
　　　　홈페이지 | www.morebook.co.kr
　　　　등록번호 | 제13-630호(2000. 2. 9.)

편집 | 손희 김정은
디자인 | 오경은
영업 | 손원대
관리 | 이용승

ISBN 978-89-94815-55-8 13320

* 잘못된 책은 구입하신 서점에서 바꾸어 드립니다.

값 15,000원

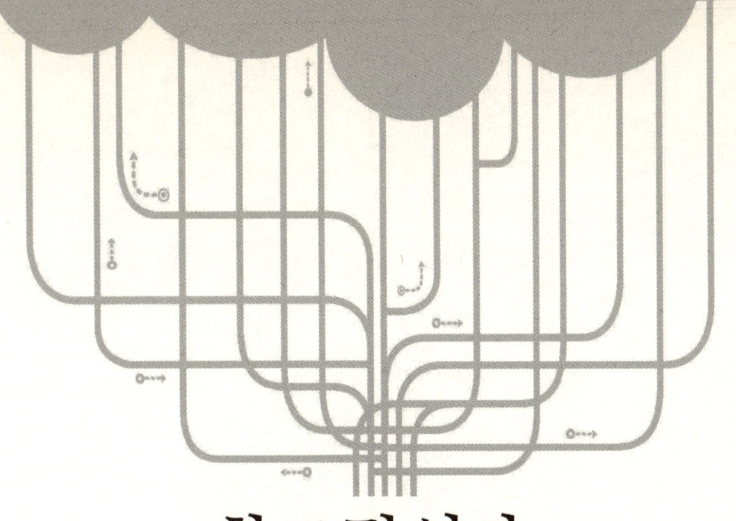

창조경영과
소명리더십

변화와 의미에 대한 과학적 탐구

김창호

작가

'그저 그런' 통상적인 리더에서
'리더다운' 진정한 리더가 되게 하는 지침서

우리는 아직도 정보혁명이라는 큰 변혁의 파고 속을 나침반도 없이 항해하고 있습니다. 대부분의 기업들도 제자리 찾기에 여념이 없습니다. 그것은 경영환경의 변화요소가 훨씬 다양하고 변화속도도 너무 빠르기 때문일 것입니다. 우리가 맞은 이 거대한 혁명은 지금까지 유지해 왔던 조직운영의 질서를 파괴하고 사람이 수행했던 많은 일들을 쓸모없게 만들어 버렸습니다. 그래서 지금 우리는 사람이 해야 할, 일다운 일들을 찾아내어야 하는 심각한 상황으로 내몰리고 있습니다. 기업 경영자나 리더들은 조직 구성원들에게 새로운 가치 있는 일거리를 만들어서 제공해 주어야 하는 어려움에 처하게 되었습니다. 경쟁사들보다 한 발 앞선 스피드 경영과 더 나은 가치 창출 노력이 더욱 절실해졌습니다. 기계, 시스템, 제도에 의한 효율성과 생산성보다 사람에 의한 효과성과 창의성이 더욱 필요하게 되었습니다. 창조경영시대를 맞게 된 것입니다. 더구나 구성원들의 가치관이 지나친 물성 및 개인 중심적 사고로 기울어져 근로의식은 크게 퇴화되고 있습니다. 그들에게 동기를 부여할 수 있는 효과적인 리더십 개발이 필요하게 되었습니다. 무엇으로 오늘날의 창조경영시대에 생존하여 지속가능한 기업이 되도록 할 것인가에 대한 해답을 찾아내어야 할 시점에 와 있습니다. 이 책은 오늘날 우리 기업의 리더들이 안고 있는 이러한 공통적인 문제에 대한 해답을 명쾌하게 말해 주고 있습니다.

무엇보다 글로벌 창조경영시대의 생존법칙을 제시해 주고 있습니다. 이제 기업들은 단기적인 이윤 극대화 차원에서 가치 창출을 통한 장기 성장 잠재력 확충 차원의 경영으로 전환하여야 하고, 제도나 시스템에 의한 모방경영이 아니라 본질적인 의식의 변화를 통한 창조경영을 실현하여야 한다는 것입니다. 그리고 이러한 창조경영 구현에 적합한 소명리더십을 제안하고 있습니다. 긍정 심리와 긍정 조직 행동 이론들을 바탕으로 개발한 '창조경영과 소명리더십 모델'을 실천할 것을 권유하고 있습니다. 이는 인간의 본성요소인 창조성과 소명감을 결합시킨 모델로 구성원들에게 동기를 부여하는 대안적 리더십이 될 수 있을 것입니다. 특히 오늘날 우리 사회 곳곳에서 빈번하게 발생하고 있는 다양한 사건, 사고들을 근원적으로 예방, 치유할 수 있는 방안도 찾을 수 있을 것입니다. 저자는 조직 구성원들에게 큰 영향력을 발휘하는 '리더다운' 진정한 리더가 되려면 소명리더십을 통한 창조경영이 구현되어야 한다고 강조하고 있습니다. 오늘날 우리 기업들이 창조경영의 선순환 구조를 갖추게 되고, 혼탁한 우리 사회가 깨끗하고 정상적인 선순환 사회가 되려면 각 분야에서 소명감 있는 '리더다운' 진정한 리더가 나와야 할 것입니다. 이런 측면에서 이 책은 큰 역할을 할 수 있을 것으로 기대합니다.

숙명여대 총장
황 선 혜

'창조경영과 소명리더십'이라는 이 책의 표제는 포스코에 몸담고 있는 저에게 큰 관심과 흥미를 갖게 합니다. 그 이유는 크게 두 가지입니다. 하나는 과거 포스코가 '제철보국의 소명감'에 의해 만들어진 자랑할 만한 창조물이라는 생각에서입니다. 포스코는 소명감과 창조성이라는 두 가지 개념으로 설명될 수 있는 회사이기 때문입니다. 그래서 이 책은 포스코의 경영 사례들을 많이 담고 있습니다. 저자는 직무소명감의 위력과 그 필요성을 강조하면서 더 나은 변화와 미래창조를 주문하고 있습니다. 특히 사례들에 담겨져 있는 다양한 학문적 가치와 의미를 찾아내어 그것이 지금도, 앞으로도 적용 가능한 경영과 리더십의 실천원칙이 될 수 있음을 보여 주고 있습니다. 이것이 제가 이 책에 관심을 갖게 된 하나의 이유입니다.

그리고 또 하나는 지금 포스코가 나아가고 있는 발전방향에 대한 실천 의지를 더욱 굳건히 하는 데 도움이 될 것으로 생각되기 때문입니다. 현재 포스코 리더들이 공유하고 있는 비전은 지금까지의 성장 잠재력을 약화시키지 않고 더욱 튼튼히 해서 위대한 글로벌 포스코를 재창조하는 것입니다. 이 비전을 실현하기 위해 제시한 경영 키워드는 화목, 창의, 일류입니다. 이 책은 이에 대한 당위성과 의미를 다음 몇 가지 점에서 찾아볼 수 있게 합니다.

첫째, 화목경영(One POSCO)의 효과성입니다. 저자는 리더십의 진정한 효과성을 조직의 비전과 추구가치가 한 방향으로 정렬되어 한 사람도 소외되지 않고 모두가 함께 뛰는 화목경영에 두고 있습니다. 이를 조직과 직원 개인의 추구가치가 어떤 합치점을 이루는 '한뜻, 한마음' 경영이라고 표현하면서 진정한 일류와 창조경영을 이루는 요체로 보고 있습니다. 그래서 이 책은 지나친 어느 한 부문의 생산성이나 효율성을 추구함으로써 야기되는 손실을 방지하고, 회사 전체 차원에서의 시너지 효과 창출에 초점을 맞추고 있습니다. 특히 회사 내 각 부서와 구성원들 간의 진실성과 상호 신뢰성에 기초한 창조적인 협력관계(협창력)의 필요성을 주문하고 있습니다.

둘째, 창의경영(Creative POSCO)의 승수효과입니다. 저자는 창조경영의 개념을 개인 역량차원의 창의성이 조직의 유용한 가치 창출로 이어지게 하는 리더십으로 규정하고 있습니다. 개개인의 창의성이 마음껏 표출되게 하여 성공적인 조직차원의 가치로 승화되어 상승효과 구조가 이루어질 때 비로소 창의성의 가치와 의미가 인정될 수 있다는 논리입니다. 그래서 이 책은 현재 보유한 직원들의 다양한 창의력과 강점들을 먼저 완전히 연소되게 하여 그들의 자신감과 효능감을 크게 높임으로써 자기 주도적인 창의력 개발이 일어나게 만드는 지원 환경 조성에 중점을 두고 있습니다. 이를 위해 '그저 그런' 통상적인 리더에서 '리더다운' 진정한 리더로 행동 변화를 강하게 주문하고 있습니다.

셋째, 일류경영(Top POSCO)의 구현 모습과 방법입니다. 저자는 이러한 창조경영의 실현을 안정적인 가치창조 기반의 지식과 학습 조직문화 정착에 두고 있습니다. 이는 어떤 외부 환경 변화에도 영향을 받지 않고 지속성장할 수 있는 일류기업의 속성을 의미한다고 할 수 있습니다. 일류와 창조경영을 경쟁사들보다 한 발 앞서서, 더 나은 가치를 창출함으로써 장기 성장잠재력을 키워 나가는 개념으로 설명하고 있습니다. 그러나 그것은 리더들이 단기적 시각에서 미래지향적인 통찰력으로, 임시방편적 행동들에서 회사

백년대계의 성장을 위한 행동들로 바뀔 때 가능하다는 것을 크게 강조하고 있습니다. 그래서 리더십의 본질을 구성원들로 하여금 경영위기가 오기 전에 진정한 위기의식을 고취시켜 어떤 외부환경 변화에도 지속적으로 가치창출이 가능하게 만드는 선행적인 변화와 혁신에 두고 있습니다. 이와 같이 이 책은 지금 우리 포스코 리더들이 지향하고 있는 화목, 창의, 일류경영의 원칙에 대한 당위성과 의미를 논리적으로 설명해 주고 있습니다.

　무엇보다 저자는 일류와 창조경영의 성공을 직원들의 본질적인 가치관이나 의식의 변화에 두고 맡은 직무에 대한 소명지향적 태도를 갖게 하는 리더의 행동 변화가 유일한 대안임을 강조하고 있습니다. 이 책자는 창조성과 소명감이라는 두 변수의 관계성을 이론적으로 탐색하고 오늘날의 글로벌 창조경영시대에 지속성장이 가능한 회사가 되게 하는 리더의 행동 변화 방안들을 제시하고 있습니다. 저자가 개발한 '창조경영과 소명리더십 모델'은 기업체 리더십 교육과정 개발이나 운영에 활용된다면 큰 효과를 거둘 수 있다고 생각합니다. 특히 'POSCO the Great' 실현에 몰입하고 있는 포스코 리더들에게 도움이 될 수 있을 것입니다.

포스코 회장

권 오 준

'변화와 의미'에 대한 탐구

언제부터인가 새해를 맞이할 때마다 나는 '변화와 의미'라는 두 단어를 생각하는 습관이 생겼다. 지난 시간에 대한 의미 찾기와 다가오는 시간에 대한 더 나은 변화와 가치를 구상해 보는 일이다. 금년 한 해는 어떤 의미 있는 시간과 일을 하게 되었는지를 반추해 보면서 새해에는 보다 더 나은 가치를 얻기 위해 노력을 한다. 항상 별 의미 없이 보내는 시간들이 되어버리지만 말이다. 나는 시간을 생명같이 여긴다. 지난 시간은 의미 없이 쉽게 흘려 보냈지만 남은 시간만큼은 좀 더 나은 변화와 가치를 만들기 위해서다. 하지만 새로운 각오로 새해를 맞이하면서 한 해 동안 나름대로 열심히 노력을 했지만 별다른 의미를 찾아내지 못한다. 별 성과 없이 또 한 해를 보냈구나 하는 생각이 들면서 늘 허전하다. 열심히 뛰었는데도 남는 것이 아무것도 없다는 생각이 들 때면 더욱 공허한 마음이 든다. 그것은 의미 없는 행동과 성과라고 생각되기 때문일 것이다.

그러면 어떤 시간과 일들이 의미 있는 것이고, 의미 없는 것인가? 남들은 열심히 노력한 결과 좋은 성과를 거둔 것이라고 칭찬을 하는데 정작 자기 자신은 그렇게 생각하지 않는다. 또 그 반대의 경우도 있다. 그것은 의미부여의 주도성主導性 때문이다. 이 세상 모든 현상들의 의미성意味性에 대한 판단은 자신에게 있다. 누가 의미 있게 하는 것도 아니요, 어떤 외부의 억압적인 요소에 의해 생겨서도 진정한 의미라고 볼 수가 없다. 의미는 자기가 부여하는 것이 되어야 하기 때문이다. 자기 스스로의 의미발견을 통한 진정한 만족감과 행복감이다. 시간은 신이 인간 모두에게 공평하게 준 선물이지만 채워지는 내용들의 의미와 가치는 사람마다 다를 수 있다. 그래서 각자가 판단하는 성공감이나 행복감도 다르다. 하지만 그에 대한 공통된 판단의 잣대가 하나 있다. 그것은 행동의 목적과 성과의 영향을 자신보다 더 높은 어떤 존재의 번영과 행복에 둔다는 점이다. 지난 시간과 일들에 대한 의미를 자기 자신의 이익 기준에 두지 않는다. 소속된 조직이나 많은 타인들의 행복에 맞춘다. 지난 행동들이 어떤 큰 존재에 대한 기여나 공헌의 가치가 있을 때 큰 의미를 부여할 수 있게 된다는 뜻이다. 따라서 우리는 주어진 시간에 열정적으로 노력하여 어떤 큰 의미 있는 일을 이루어 내었느냐가 삶의 만족감과 행복감을 갖게 하는 것임을 이해하고 항상 보다 더 나은 변화와 가치창조를 준비해야 한다. 바로 일을 통한 변화와 의미탐구 노력이다. 어떻게 보면 지난 시간과 일들에 대한 의미 찾기, 앞으로 다가올 시간에 대한 더 나은 변화와 가치창조는 인간을 더욱 인간답게, 리더를 더욱 리더답게 만드는 성장과 발전의 공통 프로세스라고 할 수 있을 것이다.

이런 문제의식에서 변화와 의미에 대한 책을 저술하기로 마음먹고 시도를 했다. 이 책은 변화와 의미라는 두 요소를 리더십 측면에서 탐색한 내용을 담고 있다. 리더가 구성원들로 하여금 항상 더 나은 변화와 의미성을 추구하도록 지원하는 노력들이 바로 리더십이라고 생각하기 때문이다. 리더십에 대한 정의와 효과성을 높이는 방법에는 정답이 없다. 그러나 리더십이 타인들에게 영향력을 발휘하여 더 나은 변화가 일어나게 하는 것이라는 데 어느 정도 합의가 이루어져 있는 것 같다. 그래서 나는 리더십을 조직 구성원들의 태도나 행동을 더 나은 긍정적인 방향으로 변화시켜 조직이 추구하는 비전과 목표를 달성하도록 하는 영향력의 행사 과정이라고 정의해 보았다. 여기에서 더 나은 긍정적인 변화는 가치 있는 의미를 가리키는 것으로 보다 열정적인 행동이요, 더 나은 의미 탐구적 또는 가치 창조적 행동이며, 그리고 조직이나 타인들의 번영과 행복을 위한 헌신적인 행동이라고 할 수 있다. 문제는 리더나 조직이 요구하는 방향으로 구성원들의 마음을 움직이게 하는 동기부여 방법이 그렇게 쉽지 않다는 데 있다. 조직 내에 구성원들의 마음에 영향을 주는 변수들이 많을 뿐더러 사람마다 천차만별의 특성들을 갖고 있기 때문에 리더십의 효과성을 담보하기가 어렵다. 그러나 가능한 방법을 찾아내어야만 리더십의 효과성을 높여 성공적인 리더, 즉 '리더다운' 진정한 리더가 될 수 있다. 이것은 좋든 싫든 한 조직의 발전을 책임진 리더가 풀어내야 할 숙명적인 과제다.

최근 들어 리더들은 어떻게 하면 조직 구성원들의 마음을 움직이게 할 수 있을 것인지에 대해 심각한 고민에 빠졌다. 지금까지와는 다른 방법을 찾으려는 노력의 필요성을 더욱 절실히 깨닫게 된 것이다. 바로 형식이 아닌 본질적인 변화의 필요성이다. 단순한 마음이 아니라 마음의 뿌리를 움직이게 하는 리더십이다. 이 마음의 뿌리는 인간의 태도나 행동의 근원인 가치관이나 신념, 정신이나 의식과 같은 본질적인 요소다. 따라서 일[work]이 주는 진정한 가치와 의미를 구성원들 스스로 인식하게 만드는 고차원적인 리더십, 즉 자신들의 마음의 뿌리에 대해서 깊이 성찰토록 하는 리더십이 요구되고 있다. 마음의 뿌리를 움직이지 않고는 실질적인 혁신과 창조경영의 실현이나 리더십의 효과성을 높일 수가 없을 것이기 때문이다. 그러나 오래도록 길들여져 온 마음의 뿌리인 본질을 바꾸어서 진정으로

'하고 싶어서 하는' 마음을 갖도록 만드는 것은 실로 어렵다. 왜냐하면 내적 지향본질인 가치관이나 의식의 변화는 어떤 외부적인 통제나 외재적 동기요소로는 근본적으로 이루어질 수 없기 때문이다. 따라서 리더십 효과성 측면에서 볼 때, 구성원들 스스로가 자신의 마음의 뿌리에 대해 성찰토록 하는 차원 높은 리더십의 발휘가 필요한 것이다. 바로 구성원들로 하여금 일에 대한 의미를 인식케 하고 더 나은 변화와 가치를 창조하는 지원 환경을 조성하는 리더십 방법이다.

그런데 마음의 뿌리인 본질의 변화는 일의 의미 인식에서 출발된다. 아무리 최선을 다해서 얻은 결과라고 하여도 스스로 어떤 의미를 찾아서 깊이 인식할 수 없다면 더 나은 가치창조의 행동으로 나아갈 가능성은 매우 낮을 수 있을 것이기 때문이다. 늘 해 오던 그대로의 행동이 반복될 가능성이 매우 높다. '그저 그런' 태도와 행동이지 더 나은 가치창조를 위한 열정적인 행동을 기대하기 어렵다. 이런 관점에서 생각해 보면 조직 구성원들이 리더가 곁에 있으면 움직이고, 없으면 그 행동의 강도가 약해지는 원인도 바로 맡은 직무의 의미 인식을 통한 마음의 뿌리가 움직이지 않았기 때문임을 알 수 있다. 그동안 우리나라 기업들이 앞다투어 선진 혁신제도나 시스템을 도입, 적용하였지만 그것이 조직 문화로 정착되지 못하고 있는 이유도 구성원들의 맡은 직무에 대한 의미 인식이 미흡한 것이 근본적인 원인일 것이다. 따라서 본 책자는 맡은 직무에 대한 의미 인식을 왜 높여야 하는지에 대한 과학적인 논거를 찾아보고 어떻게 스스로 일에 대한 인식을 갖도록 할 것인가에 대한 리더의 태도와 행동 변화 내용들을 제시하고 있다.

또한 마음의 뿌리인 본질의 변화는 맡은 직무의 의미 창조 과정을 통해서 비로소 이루어진다. 일에 대한 의미 인식 자체로 끝나게 된다면 아무런 의미가 없다. 그래서 리더는 구성원들로 하여금 일에 대한 깊은 의미 인식이 반드시 가치 있는 의미 창조적 행동으로 이어질 수 있게 만들어야 한다. 어제의 일보다 오늘의 일이, 금년의 과업보다 내년의 과업이 더 가치 있는 의미 창조를 경험할 수 있도록 하는 여러 가지 지원환경을 조성해야 한다. 그래서 통상적인 '그저 그런' 성과가 아니라 '그 이상'의 비범한 성과가 계속 나타날 수 있게 해야 한다. 본 책자는 어떻게 구성원들로 하여금 스스로 맡은 직무의 의미를 인식하고 더 나은 의미 창조를 경험케 함으로써 창조경영의 학습조직문화를 정착시킬 것인가에 대한 리더의 태도와 행동 변화 내용들을 제시하고 있다.

그런데 마음의 뿌리인 본질의 변화는 직무소명감의 체화를 통해서만 이루어질 수 있다. 직무소명감은 일을 단순히 돈을 벌거나 권력과 명예를 얻기 위한 수단으로 보기보다 일 자체가 가진 가치실현에 더 큰 목적을 두고 있어 마음의 뿌리에 해당되기 때문이다. 그래서 직무소명감을 갖게 되면 리더가 곁에 있으나 없으나, 규정화된 제도나 시스템의 유무에 관계없이 의미 인식과 가치 창조적 행동의 강도에 차이가 없게 될 가능성이 높다. 이러한 관점에서 본 책자는 일에 대한 소명 지향적 태도와 행동이 왜 의미 인식과 가치창조의 개념에 가장 적합하며 혁신과 창조경영을 실현할 수 있는 근원적 요소가 될 수 있는지에 대해 탐구한 내용을 담고 있다.

이 책은 구성원들에게 영향력이 있는 리더십을 발휘하여 마음의 뿌리인 본질의 변화를 추구하는 리더들에게 명쾌한 답을 제시하고 있다. 구성원들로 하여금 일상생활 가운데 스스로 맡은 직무의 의미를 인식케 하고 의미 창조의 경험을 갖게 만드는 차원 높은 리더십의 내용을 담고 있다. 최고 경영자에서 팀장에 이르기까지 조직의 모든 리더들이 직무소명감을 체화시키기 위해서 숙지하고 실천해야 할 리더의 태도와 행동 변화들을 다루면서 실무현장에서 바로 적용할 수 있도록 구성하였다. 무엇보다 이러한 내용들을 기초로 각 조직의 여건에 맞게 새로운 변화프로그램을 구성할 수 있는 혜안을 가질 수 있도록 가능한 쉽게 구성하기 위해 노력하였다. 특히 포스코, KT 등 대기업을 비롯하여 정부와 공공기관의 리더들을 대상으로 한 리더십 교육 프로그램 개발이나 운영 교재로 활용될 수 있으며 대학과 대학원 학생들의 리더십이나 조직행동론 학습의 부교재로도 이용할 수 있도록 구성하였다.

마지막으로 특히 이 책이 포스코와 관련 계열사 리더들에게 조금이나마 도움이 되었으면 하는 바람을 가져 본다. 지난 30년간 몸담았던 포스코의 직장생활에서 가치 있는 의미를 남기지 못하고 퇴직한 나의 공허한 마음을 조금이나마 채우기 위해서이다. 그래서 나는 퇴직 후 남은 생을 살면서 과거에 오랫동안 인연을 맺었던 포스코의 발전을 위해 지금이라도 의미 있는 흔적(타인을 위한 가치창조)을 남기기로 마음을 먹었다. 그러나 지금까지 나름대로 노력을 하고 있지만 능력이 부족한 탓으로 그 결과가 만족스럽지는 않다. 하지만 앞으로도 계속 노력할 작정이다. 내가 이 세상을 떠난 후에도 많은 사람들의 행복을 위해 의미 있는 흔적을 남기기 위해서이다. 이 책은 바로 그 출발점이다.

2015년 새봄에

김 창 호

Contents

제1부 이론편 _ 새로운 시대, 새로운 리더십을 찾아서!

제1장 창조경영

제2장 직무소명감

제3장 창조경영과 소명리더십 모델

제6장 더 나은 의미 창조(Creation of Better Meaning in Work)

새로운 시대, 새로운 리더십을 찾아서!

리더십은 영향력과 변화다. 누구나 영향력 있는 리더가 되어서 성공적인 리더(이후 '리더다운' 진정한 리더로 칭함)로 존경받기를 원한다. 그리고 영향력을 행사하는 것은 변화와 관련된다. 영향력이 있는 리더십이 필요한 것은 결국 조직 구성원들을 리더 이상의 훌륭한 구성원들로 변화시키기 위한 것이기 때문이다. 즉 구성원들이 맡은 직무와 소속된 조직에 무한한 애착을 가지고 어떤 상황에서도 열정적, 창조적, 그리고 헌신적으로 일하는 자세로 만들기 위한 것이라고 할 수 있다. 다시 말해 리더가 곁에 있으나 없으나 그러한 태도와 행동의 강도를 변함 없이 일정하게 유지시켜 지속성장이 가능한 선순환적 창조경영의 학습조직을 만들기 위한 것이다. 리더가 영향력 있는 리더십 역량들을 갖추고 효과적으로 발휘하고자 하는 궁극적인 목적이 바로 여기에 있다. 그런데 오늘날 리더들이 맞고 있는 이 시대는 조직 구성원들 개개인의 다양한 창의성을 충분히 발휘케 하고 또 이를 조직 차원의 가치로 승화시켜야만 생존이 가능한 글로벌시대, 창조경영의 시대다. 구성원들의 마음 가운데 감추어져 있는 잠재력을 크게 분출시킬 수 있는 다각적이고 고차원적인 리더십이 요구되고 있다. 새로운 시대에 적합한 새로운 리더십이 필요하다.

제1장 창조경영

1. 창조경영의 개념

1) 창조와 혁신은 다른가?

요즘 우리사회의 최대 화두는 창조다. 용어자체가 의미하는 대로 변화를 통해 '더 나은 가치Better Value'를 만들어 내는 것을 말한다. 그동안 많이 사용해 왔던 혁신과 비슷한 개념의 용어이기에 혼동되기도 한다. 늘 해 오던 구습을 버리고 새롭게 바꾸는 혁신이나, 항상 새롭고 더 나은 가치를 만들어 내는 창조의 개념 간에는 공히 변화의 속성을 담고 있어 별 차이가 없어 보인다. 그래서 창조경제의 혁신, 혁신적인 창조라는 말로 같이 붙여서 사용되기도 한다. 구태여 개념을 구분한다면 혁신은 있는 것에서 출발이 되는 것이요, 창조는 없는 것에서 무언가를 만드는 것이라고 할 수 있으나, 분명한 것은 창조는 혁신의 결과라는 점이다. 혁신도 더 나은 가치창조에 목적을 두고 있기 때문이다. 문제는 혁신이나 창조에 대한 개념적인 구분과 이해보다 실천의 어려움일 것이다. 혁신 및 창조경영 모두 과감한 발상의 전환과 함께 태도와 행동의 본질적인 변화를 필요로 하기 때문이다. 결국 그 요체는 사람이요, 리더십이다. 조직 구성원들의 창의력을 무한히 개발하고 또 이를 마음껏 발휘하게 만드는 효과적인 리더십이 그 핵심이라고 할 수 있다.

2) 창조경영은 가치창조 리더십이다.

창조라는 단어에는 반드시 가치와 리더십이 뒤따라야 그 본래의 의미가 산다. 조직 스스로의 능동적인 변화를 통해 더 나은 가치 창출의 의미와 어떤 목적성을 지니고 있기 때문이다. 이런 의미에서 창조경영과 리더십의 개념을 정확하게 연계시켜 이해할 필요가 있다. 리더십은 성과 창출능력이다. 리더십은 구성원들에게 동기를 부여하여 다함께 조직의 비전이나 목표를 달성하는 것이어야 한다. 그것은 그들의 태도와 행동이 긍정적인 방향으로 변화될 때 가능하다. 리더십을 이러한 조직 목표 달성 차원에서 볼 때 리더의 역할은 어떻게 더 나은 가치를 창출하여 조직의 성장잠재력을 확충해 나갈 것인가가 핵심과제라고 할 수 있다. 변화를 통한 더 나은 가치창조라고 말할 수 있다. 따라서 창조경영은 구성원 개개인의 창의력을 마음껏 발휘하게 하고 또 이를 조직의 유용한 가치 창출로 이어지게 하는 리더십이라고 정의할 수 있다. 이는 개인이 가지고 있는 역량 차원의 창의성을 뛰어넘는 개인이나 조직의 가치 창조적인 능력개념이다. 창조성[1]은 태도와 능력, 학습과정의 행동요소, 유용한 산출물이라는 리더십 효과성 및 성과창출 측면의 요소들을 동시에

---

1) 창조성은 개인이 가지고 있는 역량차원의 창의성과는 다른 개념으로써 조직에 유용한 공동선(common good)을 만들어 내는 인간 고유의 능력이며 단순한 지력을 뛰어넘는 집념과 노력을 수반하는 학습과정의 산물이다.(손태원. '조직행동과 창의성'. 법문사. 2009. p.15)

함의하고 있다. 이런 관점에서 창조경영은 조직이 새롭고 유용한 아이디어를 창출하고 이를 성공적인 가치실현으로 이어지도록 조직의 각종 촉진요소와 저해요소를 관리하는 리더십이 되어야 한다. 즉, 개인은 물론 집단과 조직이 창조적 행동을 발휘하도록 유인하고 창의적인 문제해결 과정을 통해 최상의 성과를 이루도록 경영시스템 내의 제반 특성과 조건들을 관리하는 것이다(손태원 외, 2002). 이러한 창조경영의 개념은 리더십이 구성원들로 하여금 변화를 통해 가치창조적인 행동을 발휘하도록 영향력을 행사하는 과정이 되어야 함을 의미하고 있다. 그래서 창조경영은 늘 해 오던 '그저 그런' 통상적인 경영이나 리더십이 아니라, '그 이상'의 비범한 성과를 창출해 내는 가치창조경영이요 리더십이 되어야 하는 것이다. 창조경영은 반드시 리더십이라는 단어와 함께 고려되어야 한다. 창조경영을 '창조경영 리더십'이라고 불러야 보다 정확한 표현이 될 수 있다.

2. 창조경영의 실현목표

1) 안정적인 가치 창출기반 구축

몇 년 전부터 우리는 최대의 글로벌 경제위기 상황을 맞고 있다. 국가와 국가 간, 산업과 산업 간에 서로 연계되어 있는 위기상황이기 때문에 쉽게 진정되지 않고 오래 지속될 가능성이 매우 높다. 국내 모든 기업들이 창사이래 처음 겪는 위기현상이라고 말한다. 이런 경영위기 상황에서는 기업의 이윤이 급격히 축소될 수밖에 없다. 원가절감, 업무혁신 등의 자체 노력을 무색하게 할 정도로 외부환경 변화가 회사에 미치는 부정적인 영향이 너무 크기 때문이다. 그런데 이러한 위기상황에서도 경쟁사들보다 그 충격의 폭이 비교적 적고 그런대로 안정적인 이익을 내면서 견디어 내는 기업도 있다. 어떤 기업의 주식가격은 호황일 때는 평균을 유지하다가도 불황기일 때에 더 올라가는 현상을 나타내는 경우도 있다. 왜 그럴까? 우리는 그 해답을 더 나은 가치창조의 경영원리에서 찾을 수 있다.

오늘날 글로벌 기업들의 생존법칙은 어떻게 경쟁사들보다 한발 앞서 더 나은 변화와 가치를 창출하여 지속성장이 가능한 조직으로 만들 것이냐이다. 한마디로 스피드와 창조경영 리더십이다. 이는 단기적인 생산효율이나 이윤극대화를 통해서 최고경영자나 리더 개인의 역량과 업적을 과시하고 인정받기 위한 리더십이 아니다. 보다 나은 가치 창출을 통한 기업의 장기 성장잠재력 확충에 초점을 두는 창조경영 리더십이다. 리더 자신들의 단기·단편적인 이기심에서 벗어나 미래지향적 시각과 합리적이고 책임감 있는 의사결정으로 지속성장이 가능한 기업을 만드는 것에 궁극적인 목표를 둔다.

그런데 이러한 안정적인 가치 창출의 기반을 구축하려면 크게 두 가지 측면에서 리더의 가치창조적인 사고와 의식의 변화가 필요하다. 하나는 경영위기를 바라보는 시각을 바꾸어 위기의식을 사전에 갖게 하는 리더십이요, 또 하나는 경영의 초점을 고객과 조직 구성원들의 기대치에 맞추는 리더십을 발휘하는 것이다. 전자는 위기가 도래하기 전 잘 되고 있을 때 홍청망청하지 않고 미리 준비해 두는 예방적 차원의 경영이요, 또한 장기적인 관점에서 조직 성장의 기틀을 처음부터 튼튼히 구축해 놓는 미래지향적 차원의 경영이라고 말할 수 있다. 이것은 미래에 발생할 기회손실이나 비용을 사전에 방지한다는 측면에서 안정적인 가치 창출의 기반요소가 될 수 있다. 경영위기에 대한 이 두 관점은 매일의 직무수행 과정에서 조직의 안정적인 가치 창출의 원리가 무엇인지를 이해하고 실제적으로 어디에서 일어나는 것인지를 항상 숙지할 필요가 있다는 측면에서 창조경영 실현에 매우 중요하다.

안정적인 가치 창출 기반을 구축하기 위해 리더의 사고변화가 요구되고 있는 또 하나의 관점은 기대치 경영이다. 이는 리더가 고객이나 구성원들을 어떤 시각과 태도로 보느냐 하는 측면으로 가치창조의 기반적인 요소가 될 수 있다. 일반적으로 기업생존의 일차적인 조건은 고객의 존재에 있으며, 상품의 가치>상품의 가격>상품의 원가라는 부등식이 충족될 때 기업의 영속성이 보장될 수 있다. 여기에서 가격(P)이 원가(C)보다 크도록 유지하는 생산성의 원리는 필요조건이지만, 가치(V)가 가격(P)보다 크도록 유지하는 창조성의 원리는 기업영속성을 보장하는 충분조건이 될 수 있다(윤석철, 1991). 이 논리의 핵심은 기업이 지속성장을 하려면 경영의 초점을 단기적 이윤추구에서 장기적인 고객의 가치 창출에 두어야 한다는 것이다. 그러나 고객의 가치 창출은 제품 및 서비스 경험 후의 고객만족도에 초점을 두는 경영에서 나아가 경험 전의 고객의 기대치에 맞추는 경영을 실현코자 할 때 가능하다. 다시 말해 고객의 요구와 시장의 변화를 고객보다 먼저 파악하여 이를 재빨리 실행에 옮기는 창조경영을 말한다. 이 논리는 조직 구성원들에게도 똑같이 적용할 수 있다. 이미 리더십 연구 분야에서 실증된 피그말리온 효과[2]를 창조

---

2) 피그말리온 효과(Pygmalion Effect)란 추종자들에 대한 리더의 태도와 기대, 대우가 그들의 행동과 성과에 영향을 미친다는 개념으로 그리스 신화에 나오는 피그말리온 조각가의 이야기에 근거하여 생긴 말이다.

경영에 적극 원용할 필요가 있다. 구성원들의 창의력과 강점들을 항상 긍정적으로 평가하고 도전의욕을 고취시켜 그들의 시장가치와 목표기 대치를 높이는 동기부여 방법이다. 여기에서 더 나은 가치 창출이 일어 날 수 있기 때문이다. 따라서 예방 및 미래경영과 기대치경영이라는 두 가지 리더의 사고와 의식의 전환은 외부 경영환경 변화에도 영향을 받 지 않고 장기·안정적인 가치 창출의 기반구축과 지속성장을 가능케 하 는 핵심적인 요소라 할 수 있다.

그리고 창조경영에는 외부환경의 변화를 불통제不統制요소로 분류하 여 어떤 행운에 맡겨 두는 것이 아니라, 통제 가능한 범위 내로 만들어 내고자 하는 적극적인 경영자세도 포함된다. 어떠한 부정적 경영환경하 에서도 안정적이고 비범한 가치 창출을 이루어 낼 수 있어야 한다는 뜻 이다. 즉 실패할 수밖에 없는 상황에서도 실패하지 않고, 위축될 수밖에 없는 상황에서도 되살아나며, 경직될 수밖에 없는 순간에도 유연성과 민첩성을 유지함으로써 탁월한 성과를 창출해 낸다(Weick, 2003). 그래 서 창조경영의 개념에는 문제개선과 위기상황 극복을 통한 정상복원경 영이 아니라 개인 및 조직의 창의력과 강점개발 등을 통한 긍정적 일탈 (Positive Deviance)의 의미도 내포되어 있다. 긍정적 일탈은 외부상황에 따른 것이 아니며 강한 목적의식이 있는 결의에 찬 행동으로 탁월한 성 장과 번영을 가져오는 경우를 말한다(Deci & Ryan, 1985). 요약하면 창 조경영 리더십은 외부 경영환경변화의 영향으로 단기 이익변동의 진폭 이 크게 요동치는 '그저 그런' 경영이 아니라, 장기적인 성장잠재력을 꾸준히 확충해 나감으로써 어떤 경영환경에서도 안정되고 탁월한 성과 를 창출해 내는 가치창조경영이요 리더십이라고 할 수 있다.

2) 지식경영 및 학습조직문화 정착

이러한 개념의 장기·안정적인 가치 창출은 궁극적으로 지식경영과 학습조직 변화에 기반을 두고 있다. 과거의 방식을 그대로 답습하는 것이 아니라 항상 변화를 통한 더 나은 가치 창출에 도전하는 학습조직문화의 정착에 초점을 맞춘다. 그것은 과거의 업무수행 방식과 결과를 기초로 하여 새로운 방안을 강구해 내는 노력, 즉 일에 대한 의미 탐구적 학습열정을 의미한다. 새로운 일에 도전하여 성공하면 좋은 방법을 배우게 되는 것이고, 만약 실패해도 과거의 성공방식이 아니라 또 다른 방법에 대한 탐구가 계속되는 이중고리학습(double-loop learning) 프로세스다. 가빈 (Garvin, 1993)은 학습조직을 지식을 습득, 창조, 교환함으로써 새로운 지식을 부가附加시키고 이를 활용하여 행동을 계속적으로 변화시키는 조직이라고 정의한다. 이는 지식창조경영에 기초한 학습조직 변화를 뜻한다.

지식경영은 아이디어나 경험 같은 구성원 개인의 지식을 중요한 가치 창출의 자원으로 관리하는 것을 말한다. 21세기 정보기술의 이기利器를 최대한 활용하여 개인의 지식을 공유, 확산되도록 체계화해서 지식 재창출을 이루는 경영이다. 더 나은 가치 창출에 초점을 둔 창조경영과 같은 맥락이다. 그런데 지식의 공유와 확산 및 창출은 일련의 조직 사회화社會化에 의한 학습과정을 통해서 이루어지게 된다. 따라서 지식경영과 학습조직은 상호 밀접한 연계성을 가지고 작동하는 창조경영의 양대 축에 해당한다. 다만 지식경영이 창조적 과정과 조직설계를 강조하는 것이 특징이라면, 학습조직은 조직행동의 변화를 강조하는 것이 다른 점이라고 할 수 있다(손태원, 앞의 책, p.300). 지식은 조직 스스로 창출하는 것이 아니라 조직을 구성하는 개인이 주체적으로 창출하는 것이며 조직은 개인의 지식창출을 지원하는 역할을 한다고 할 수 있다. 이러한 관점에서 볼 때 지식경영을 기초로 한 학습조직문화 정착은 구성원 개인 차원의 지식창출과 조직 차원의 지원환경 조성이라는 두 가지 조건이 잘 합치되어야 학습조직문화를 정착시킬 수 있다. 이를 위한 연구와 실천 노력들은 지금도 활발하게 이어지고 있다.

특히 정보화와 세계화의 진전과 더불어 지식경영과 학습조직에 대한 연구는 많은 학자들의 관심을 끌고 있는 과제다. 지식경영의 대표적인 학자는 일본의 노나카와 다케우치Nonaka & Dakeuchi다. 그의 지식경영 철학과 논리는 창조경영 개념과 맥을 같이하는 것으로 매우 중요하다. 그는 기업차원에서의 창조성을 "기업이 새로운 지식을 창조하여 이를 기업전체로 확산시키고 제품이나 서비스, 시스템 등에 구현하는 능력"이라고 정의하고 있다. 그는 지식은 조직 사회화 과정을 통해 표출, 공유, 조합, 내재화라는 4가지 변환단계를 반복하면서 확대 재생산된다고 주장한다. 암묵지와 형식지3)의 창조적 과정을 통해 기업의 생존력과 경쟁력을 높이려는 조직화 과정을 지식경영의 요체로 보고 있다. 그는 이러한 지식생산과정을 '창조적 루틴(creative routine)'이라고 지칭하며 이는 2차원 평면에서의 순환운동이 아니라 3차원 공간에서 지식증폭 활동이 역동적으로 계속되는 나선운동(upward spirals)과 같다고 설명하고 있다(Nonaka & Dakeuchi, 1995). 창조와 혁신은 논리분석이 아닌 고차원적인 새로운 지식체계를 동적으로 만들어 내는 과정이라는 것이다.

---

3) 암묵지는 개인에게 체화되어 있지만 명문화하기 어려워 겉으로 드러나지 않는 지식이며, 형식지는 문서나 매뉴얼 등의 공식적 형태로 표출되어 있어 쉽게 공유되고 전파될 수 있는 지식을 의미하는 개념이다.

따라서 창조경영은 틀에 박힌 모범답안을 요구하는 것이 아니라, 기존의 틀을 파괴할 수 있는 가치 창조적 해법을 필요로 한다. 기업의 장기·안정적인 가치 창출기반 구축은 구성원들의 내면에 감추어져 있는 다양한 지식들을 표출시켜 이를 체계화해서 빠르게 공유, 확산, 재창출하는 지식경영시스템의 품질에 좌우된다고 할 수 있다. 이런 측면에서 지식경영시스템 구축은 창조경영실현을 위한 하나의 큰 방향이자 목표가 되어야 하는 것이다.

창조경영의 또 하나의 축인 학습조직변화에 대한 연구도 활발하게 이루어져 오고 있다. 대표적인 연구학자는 셍게Senge다. 그는 '학습조직의 5가지 수련모형'(Senge, 1990)을 통해 시스템적 사고에 의한 지식공유와 가치 창출의 학습조직변화 과정을 강조하고 있다. 이 시스템적 사고는 조직 속에서 존재하는 모든 것은 전체 속의 한 부분으로 서로 피드백 고리에 의해 인과관계를 형성하고 있다는 개념으로 창조경영과 맥을 같이 하는 중요한 사상이다. 셍게의 학습조직변화 이론에서 깊이 생각해 봐야 할 포인트는 크게 두 가지다. 하나는 진정한 지식 및 가치 창출은 부분 최적화가 아닌 전체 최적화의 효과성을 인지하고 각 부분 간의 창조적인 순환적 인과관계가 유지되어야 한다는 사고의 틀이다. 단순한 선형적 관계나 단편적인 사고에 의한 부분 최적화의 손실을 방지하는 사고방식으로 경직된 조직에서 유연한 조직으로, 개인 차원의 창의력 발휘가 조직 차원의 협창력으로 승화되게 하는 창조경영 리더십이어야 한다는 점이다. 또 하나는 그러한 협창력은 변화를 통한 더 나은 가치 창출과 의미탐구의 지속성을 가져야 한다는 점이다. 개개인의 지식과 성공경험들이 상호교환 및 확대되면서 조직의 강점들로 승화되는 긍정적인 학습조직 변화에 초점을 둔다. 변화의 필요성을 위기인식이나 문제점 발견 및 개선에서부터 시작하는 방식과는 다르다.

하지만 이러한 지식경영과 학습조직은 제도나 기법의 습득 차원보다는 함의하고 있는 핵심사상에 대한 이해를 바탕으로 개인의 자발적인 창조적 행동을 유발시키는 다양한 조직차원의 지원환경과 리더십이 뒷받침되어야만 가능하다. 그동안 우리 기업들은 새로운 창조경영 시대를 맞아 변화와 혁신을 외치면서 앞다투어 선진 기업들의 각종 혁신제도나 기법들을 도입, 적용해 왔다. 지식 및 정보혁명 시대를 맞으면서 드러난 여러 가지 조직상의 문제점들을 빨리 개선해서 정상적인 선순환 경영으로 복귀하기 위한 목적이었다. 그렇지만 본래 의도한 대로 잘 정착이 되지 않고 각 기업조직의 여건에 맞지 않아서 제대로 효과가 발휘되지 않는다는 주장들을 많이 한다. 그 이유는 남의 것을 그대로 모방만 했기 때문이다. 예를 들면 6시그마는 GE의 혁신기법이요, TPS는 도요타의 생산방식이다. 조직 주도적으로 단순 모방에만 너무 습관화되어 버렸다는 데 있다. 가치 재창출 기반의 지식경영과 학습조직 변화 차원에서 정교한 리더십 지원환경조성 노력이 뒤따라지지 않았기 때문이다. 아무리 좋은 선진 제도나 시스템이라고 하더라도 그러한 자기화自己化 노력을 구성원 스스로 기울이도록 하지 않으면 제대로된 효과를 내는 우리의 것이 될 수가 없다. 지식경영과 학습조직 변화에 초점을 둔 리더십의 발휘가 필요하다는 뜻이다. 남의 것을 어떻게 자신의 것으로 소화해서 또 다른 새로운 창조물을 만들어 내는 것이야말로 앞으로 우리나라 기업들이 앞설 수 있는 하나의 창조경영 방식이요, 효과적인 리더십의 포인트가 될 수 있다. 지식경영과 학습조직은 기업의 장기·안정적인 가치 창

〈표 1〉 창조경영 실현목표

'그저 그런' 통상적 경영	'더 나은' 가치창조경영
* 단기 이윤추구(가격＞원가)	* 안정적 가치 창출(가치＞가격)
· 효율 및 생산성 중심	· 효과 및 창조성 중심
→ 이익진폭이 큰 불안정한 경영	→ 지속성장 잠재력 확충
* 선진제도 및 기법 도입, 적용	* 지식경영 및 학습조직변화
· 조직주도의 혁신운동	· 지식공유 및 재창출시스템
→ 혁신의 피로감 증대	→ 직무만족감 제고
· 경직된 위계지향 조직	· 유연한 학습조직 문화
→ 개인 및 부서 이기주의 상존	→ 긍정적 조직분위기 조성

출을 지속하게 하는 창조경영과 리더십의 핵심적인 양대 축이다. 따라서 창조경영의 궁극적인 목표는 더 나은 가치 창출의 안정성과 지속성이 보장되는 지식경영을 통한 학습조직문화 정착에 두어야 한다.

3. 창조경영 실현은 리더의 숙명적 과제

1) 기존 조직구조의 해체

그런데 이러한 개념의 창조경영이 오늘날 왜 절실하게 필요하게 된 것일까? 창조경영이 절박한 이유부터 살펴보는 것은 그 실현의 강도와 성공확률을 높일 수 있는 중요한 단계가 될 수 있다. 먼저 21세기 지식 및 정보혁명이 기업조직에 미치는 영향력 측면을 생각해 볼 수 있다. 산업혁명 이후 밀어닥친 지식 및 정보혁명의 물결은 기존 조직관리 구조의 틀을 근본적으로 변화시켜 놓고 말았다. 지금까지 유지해 왔던 많은 일들을 전혀 가치 없게 만들어 버림으로써 가치 창출의 새로운 조직구조와

인적자원관리의 돌파구를 찾게 만들었으며, 또 한편으로는 기업의 구조 조정이라는 명목으로 단행된 대량 감원과 이로 인해 구성원들의 조직 몰입 및 공동체의식의 약화라는 사회적 문제점을 낳게 하였다. 연령과 지위가 파괴되고 사람의 아이디어가 모든 것을 결정하는 탈계층화의 가속화를 불러일으켰던 것이다. 이는 갈수록 중간 관리층의 수평화와 간소화를 가속화시켜 기존 조직구조의 해체를 초래하고 말았다. 팀 조직, 글로벌 네트워크조직, 가상假想조직[4]들을 나타나게 했고, 경영구조도 계층적 통제모형에서 지식창출 및 창조적인 학습조직 모형으로 탈바꿈하게 만들었다. 지금도 우리는 실로 엄청난 변화들을 경험하고 있는 중이다. 오래도록 유지해 왔던 기계 자동화나 기법에 기초한 생산성과 효율성 향상 위주의 경영관리에서 사람을 통한 지식과 가치창조 중심의 새로운 경영 패러다임으로 전환하지 않으면 안 되게 만든 것이다(손태원, 앞의 책, pp.9-11). 이러한 기존 조직구조의 급격한 해체가 오늘날 창조경영을 실현하지 않으면 안 되는 그 첫 번째 이유라고 할 수 있다.

2) 국내 산업공동화의 급진전과 근로의식의 퇴화

이제 우리나라 기업들도 양적인 성장을 의미하는 생산성과 효율성 중심의 이윤 추구만으로는 생존이 어렵게 되었다. 세계시장에서 우위를 지켜 왔던 노동생산성마저 중국 등 후발주자들에 빼앗기게 되었고, 국내 제조업체들의 생산기반이 해외로 이전되었으며, 근로자들의 3-D 업종 기피

---

4) 가상(virtual)조직은 조직간 혹은 조직과 외부 사이에 물리적인 공간이나 장벽이 없어진 일종의 무경계無境界 조직의 형태다. 시장변화에 민첩하게 대응 가능하고 관리비용 절약의 장점이 있지만, 한시적인 임시조직으로 구성원들의 일에 대한 몰입도나 조직 애착심이 약해질 수 있다는 단점도 있다.

로 산업공동화 현상도 초래됐다. 그동안 세계적 수준의 제조 및 생산기술을 확보해서 세계 10위권의 경제대국으로 성장할 수 있었지만 경쟁력의 원천이 바뀌고 중국 등 신흥개도국의 부상으로 대내외 여건이 크게 변했다. 제조기술만으로는 경쟁력의 유지가 어렵게 되었다. 핵심 원천기술을 창조적으로 개발하여 선점하는 창조·개방형 기술혁신 전략의 추진으로 미래 성장동력을 키우지 않으면 안 되게 되었다. 국내 거의 모든 산업이 레드오션에 처해 있는 상황에서 전 세계는 산업의 융합을 새로운 패러다임으로 삼아 블루오션을 찾아 나서고 있는 상황이다. 이러한 변화는 우리에게 적응의 어려움을 주기도 한다. 하지만 개도국과의 가격경쟁, 선진국과의 원천기술 경쟁 등 현재 우리 경제가 처한 어려움을 극복할 수 있는 좋은 기회가 될 수 있다. 나아가 글로벌 시장을 선도하는 미래 산업의 최강자로 성장할 수 있는 절호의 찬스이기도 한 것이다.

그러나 무엇보다도 구성원들의 근로의식 퇴화가 문제다. 기업들이 경영환경의 불확실성 때문에 고용창출을 위한 투자를 기피하고 있는 상황 아래 지나친 물성중심과 개인주의적 사고에 치우쳐 직무에 대한 열정과 창조성, 그리고 조직발전을 위한 헌신적인 자세가 사라지고 있다. 성과에 대해 어떤 물질적인 보상이 주어지지 않으면 구성원들을 조금도 움직이게 할 수가 없다. 그리고 한 조직 내에서 어떤 강력한 제도와 효율적인 시스템으로 묶지 않으면 타 부서 및 사람들과의 협력이 잘 되지 않아 더 가치 있는 조직성과를 창출하기 어렵다.

조직이나 개인 차원에서 어떤 특단의 조치와 결심이 요구되는 시점인 것이다. 더 이상 머뭇거릴 시간이 없게 되었다. 지식 및 정보화 시대에 맞는 창조성 중심의 기업경영을 펼쳐야 할 때가 아주 가깝게 다가와 버린 것이다. 효율성과 생산성의 차원을 뛰어넘어 효과성과 창조성의 경영관리 차원으로 변모시키는 노력을 기울여야 할 때이다. 구성원들로 하여금 조직에 유용한 가치를 창출토록 하고, 이를 조직 전체로 확산 및 공유토록 함으로서 더 나은 변화와 가치 창출이 계속적으로 일어나게 만드는 창조경영 리더십이 필요하다. 사람이 가치 창출의 핵심적인 원천으로 크게 작용하는 새로운 글로벌 창조경영시대이다. 따라서 양적인 생산성과 효율성 향상에 초점을 둔 지금까지의 경영 패러다임에 일대수정이 시급하다. 계속되는 혼동과 동요의 소용돌이 속에서 가치 창출의 핵심 요소인 지식과 정보기반의 창조경영 실현에 적극적으로 나서야 할 때이다. 새로운 창조경영의 시대에 부합하는 새로운 경영관리와 리더십 행동 변화의 틀을 갖추기 위한 노력들이 끊임없이 이어져야만 한다.

하지만 과거의 것을 완전히 버릴 수는 없다. 여전히 효율성과 생산성은 기업경쟁력의 필요조건으로 중요한 리더십의 포인트가 되어야 할 것이다. 주어진 일을 제대로 잘 하는 능력(효율성)과 해야 할 가치 있는 일을 발굴해서 수행하는 것(효과성)은 모두 중요한 리더십의 범주가 되어야 할 것이기 때문이다. 그래서 효율적이면서 효과적인 경영이 되도록 해야 한다. 단지 효율성과 효과성, 생산성과 창조성의 조화와 균형을 어떻게 잘 맞추어나갈 것인가에 대한 리더의 고민과 노력이 필요할 뿐이다.

4. 창조경영 실현을 좌우하는 핵심요소

1) 자아실현 욕구충족

창조경영의 실현은 반드시 이루어 내야 하는 리더의 숙명적 과제가 되어 버렸다. 모두가 각 조직의 특성에 맞는 가장 효과적인 창조경영 리더십 모델을 개발해서 구현해야 할 절박성을 느끼고 있다. 그러나 모델 개발이나 실현방법을 모색하기에 앞서 그 실현성을 좌우하는 핵심요소에 대한 고찰이 먼저 필요하다. 왜냐하면 그것은 가장 효과적인 리더십 방법 강구의 전제가 될 수 있기 때문이다. 창조경영 실현의 핵심주체를 중심으로 살펴보면 크게 두 가지다. 하나는 무한한 창의성과 강점들을 가진 구성원들이요, 또 하나는 그들의 창의력을 마음껏 발휘하게 만드는 조직의 지원환경이다. 전자는 개인차원의 창의력개발 측면이고, 후자는 조직 차원의 가치창조성 경영 측면이다. 이는 지식경영과 학습조직문화 정착을 위해 고려되어야 할 두 가지 큰 리더십 방향이기도 하다.

창조경영의 기반이 되는 개인차원의 창의력 개발은 능력, 지각, 귀인 등 영향을 주는 요인들이 많지만 크게 성격과 태도, 두 가지 측면에서 그 근원을 살펴 볼 수 있다(Davis, 1999). 먼저 타인과 구별되는 내면적 특징인 성격 측면이다. Amabile 등과 같은 창의적 성격에 대한 연구자들은 사람들의 성격에 따라서 창조의 욕구가 다르다고 주장한다. 창의성이 높은 사람의 성격은 일반적으로 자발적이며 유연하고 흥미와 호기심이 강하며, 또 독립적이고 자부심과 인내력이 강한 특징을 갖는다고 말한다(손태원, 앞의 책, p.107). 이는 어떤 사건이나 사실을 볼 때 단편적 시각에서 보지 않고 흥미와 호기심을 갖고 다양한 측면에서 생각하면 무한한 아이디어가 나올 수 있음을 예측케 한다. 두 번째는 창의력 개발에 특별히 요구되는 태도다. 연구자들은 창의적 태도 중에 가장 중요한 요소는 강한 자기신념과 개방적 태도를 꼽는다. 즉 부정적인 결과가 실패를 의미하지 않는다는 신념, 타인의 생각을 자신의 아이디어와 비교해 보고 다양한 분야의 지식을 활용하여 자신의 상상력을 과감하게 표출하는 확신에 찬 용기가 필요하다고 주장한다(손태원, 위의 책, p.88). 그래서 창조에는 사람이 가진 능력보다 사물을 보는 태도가 더 중요하다고 볼 수 있다. 이러한 창의적 성격이나 태도의 속성들은 강한 내재적 동기요소(신념, 자율, 독창, 몰입, 헌신, 성찰 등)로 맡은 분야에 특출한 전문능력을 갖게 하고, 이는 상상력과 상호작용하면서 참신한 아이디어 창출을 가능하게 하는 핵심요소가 될 수 있다.

그런데 이러한 창의적 성격과 태도에 의한 창조욕구는 최상위수준인 자아실현이나 성장욕구에 해당된다고 할 수 있다. 매슬로우Maslow는 자아실현과 창의성이 상호의존적이고 서로를 더욱 상승시키는 관계이며 동일한 동기에 바탕을 두고 있다고 설명한다. 칙센트미하이Csikszentmihalyi는 지각과 자기관찰의 단계를 떠나 스스로를 잊고 몰입할 때 창의성과 만나게 되며, 이를 통해 자신에게 다시 활력을 불어넣는다고 한다. 창의성으로의 몰입은 자기존중과 자아실현의 욕구를 충족하는 과정이라는 주장이다(손태원, 위의 책, pp.59-60). 따라서 자아실현은 최상의 정신적 건강을 의미하는 동시에 일work로부터 의미를 찾고, 아름다움을 추구하고, 인생의 즐거움을 만끽하며, 값지고 창조적인 활동을 행하는 최상의 욕구단계인 것이다(손태원, 위의 책, p.109). 외부로부터 주어지는 다른 욕구와 달리 스스로 만족하고 지속되는 욕구특성을 가진다. 이와 같이 개인의 창의적 성격이나 태도는 자아실현의 욕구와 동일선상에 존재한다. 그래서 창조경영은 구성원 개개인의 자아실현 욕구충족에 초점을 둘 때 실현될 수 있다.

2) 창의력 발휘의 지원환경 조성

창조경영 실현의 두 번째 핵심주체는 개인의 창의력을 마음껏 발휘하게 만드는 조직 차원의 지원환경이다. 아무리 창의력이 뛰어난 사람이라고 하더라도 경직된 조직구조이거나 정형화된 업무수행 구조에서는 창의력발휘로 자아실현의 욕구를 충족하기가 어렵다. 일반적으로 조직구성원들의 창의력은 상황과 관련하여 두 가지 차원에서 설명될 수 있다. 하나는 개인이 창의력을 발휘하려고 할 때 조직 상황이 그것을 얼마나 수용해 주는가 하는 측면이고, 또 하나는 조직의 개인에 대한 창의력발휘요구를 개인이 얼마나 적절히 충족시킬 역량이 있는가의 관점이다. 전자가 조직 차원의 창조성에 대한 문제인 반면, 후자는 구성원들 개인의 창의적인 역량문제이다(Bruce et al, 1984). 리더십 측면에서 볼 때 개인의 창의력 개발과 함께 이를 유감없이 발휘할 수 있도록 자아실현 욕구충족을 위한 조직 차원에서의 지원환경조성이 필요하다는 점이 중요하다. 따라서 공동선共同善 추구를 위한 비전공유, 자율토론문화 등을 통한 자아실현, 그리고 가치 재창조를 위한 조직 차원에서의 여러 가지 지원환경이 동시에 뒷받침되어야 한다. 그래야 구성원들의 자아실현의 욕구를 자극하여 자신의 창의력 개발노력과 역량발휘를 동시에 유발시켜 조직 차원의 창조경영 실현으로 나아가게 할 수 있다. 어떤 면에서는 리더에게 구성원들의 창의력 개발보다 보유한 역량을 발휘케 하는 노력이 우선적으로 요구된다고 할 수 있다.

선진 혁신제도나 시스템들이 조직에 제대로 정착되지 못하는 이유도 구성원들이 가지고 있는 다양한 창의력을 마음껏 발휘하게 만드는 조직 차원의 지원환경조성 노력이 미흡했다고 할 수 있을 것이다. 그리고 최근 정부가 추진하고 있는 창조경제도 사회, 문화, 경제 등의 지원환경들이 조성되어야 그 실현이 가능하다. 1960년대 이후 제조업과 중화학공업을 기반으로 10%대의 높은 경제성장률을 보여 주었던 우리나라도 2011년 이후 3%대의 낮은 수준을 유지하고 있어 굴뚝경제에서 창조경제로의 전환이 불가피하게 되었다. 산업혁명을 계기로 농업사회가 산업사회로 대변혁됐다면, 정보혁명에 의한 창조경제 실현을 계기로 산업사회가 지식기반사회로 대변혁되어야 할 것이다. 그러나 창조경제는 현재까지 존재하지 않던 곳에서 새롭게 만들어 내는 것이 아니다. 기존의 산업이나 생산방식의 융·복합을 통해 새로운 부가가치를 만들어 내는 것으로 이를 위한 창조경제 중심의 사회적 환경 조성이 관건이라 할 수 있다. 창조성의 원천은 조직 구성원 개개인의 창의력이지만 이를 마음껏 발휘하게 만드는 지원환경이 국가나 기업차원에서 조성되지 않으면 창조경제나 창조경영은 실현될 수가 없게 된다. 그래서 창조경영 실현의 초점을 개인 창의력 발휘의 지원환경 조성에 더 크게 두어야 한다.

3) 마음의 뿌리인 본질의 변화

하지만 아무리 좋은 조직차원의 지원환경이 만들어져 있다 하더라도 진정한 창조경영의 구현은 어렵다. 왜냐하면 그것은 조직 구성원들의 마음의 뿌리, 즉 인간의 태도나 행동의 근원적 요소인 본질을 변화시켜야 하기 때문이다. 이 마음의 뿌리는 가치와 신념, 정신과 의식 같은 것으로서 보이지 않는 비실체적 형태지만 실체적인 속성을 가지고 있다. 그래서 태도와 행동의 근원인 마음의 뿌리다. 따라서 마음의 뿌리를 움직이게 한다는 의미는 가치관이나 의식의 긍정적인 변화 혹은 개조라고 말할 수 있는 것으로, 이것이야말로 리더십의 효과성을 근원적으로 높여서 창조경영을 실현케 하는 핵심적인 부분이라 할 수 있다. 이 마음의 뿌리인 본질의 변화는 개인 내적인 문제이기 때문에 어떤 경제적, 물적 보상이나 외부 압력에 의해서 이루어질 수가 없다. 그래서 좀 더 차원 높은 리더십이 필요한 것이다. 마음의 뿌리를 움직여서 창의력의 근원이 될 수 있는 자아실현의 욕구로 나아가게 만드는 리더십이다. 그렇지 않고는 변화를 통한 더 나은 가치 창출이 장기·안정적으로 지속되는 창조경영 실현이 어렵다.

그동안 우리는 선진기업들의 혁신 성공사례들을 그대로 복사해서 옮겨 놓는 방식에만 익숙했지 우리 고유의 것으로 만들기 위한 창조성 경영에는 솔직히 미흡하지 않았는지 성찰해 볼 필요가 있다. 물론 그렇지 않은 기업들도 있기는 하지만…. 조직 주도의 어떤 제도나 시스템에 의해 억지로 이끌려서 행동하는 시늉을 해 왔지, 진정으로 '하고 싶어서 하는' 자발적인 혁신이나 창조경영활동이 되지 못했다는 반성이 필요하다는 뜻이다. 이에 대한 진위여부는 지금 우리가 어떤 고유의 창조물로서 조직 발전에 기여하고 있는지를 찾아보면 그동안의 리더십 효과성을 쉽게 판단할 수 있을 것이다. 하지만 리더가 조직 구성원들의 마음의 뿌리를 움직여서 진정으로 '하고 싶어서 하는' 혁신이나 창조경영활동이 되도록 하는 일이란 매우 어렵다. 왜냐하면 오래도록 지나치게 물성중심의 하위 욕구에 치우쳐 있는 가치관을 일 자체의 성취에 목적을 두는 최상위 욕구인 자아실현의 가치관으로 전환시키거나 균형을 유지하게 만드는 일이란 결코 쉽지 않기 때문이다. 그것은 리더 자신의 끊임없는 성찰노력과 고차원적인 치밀한 리더십 방법이 뒤따를 때 가능하다.

그동안 우리의 리더십 교육은 리더의 윤리가치관 및 신념을 다듬는 자아성찰차원의 교육프로그램들(어벤저 리더십, 7Habit 리더십 등)도 있었지만 크게 효과를 거두기 어려웠고, 주로 기법과 대인 영향력을 키우는 데 필요한 조작적操作的 행동을 가르쳐 단시일 내에 조직에 큰 효과를 내려고 하는 경향이 있었다. 즉 여러 가지 소통방식, 대인관계기법, 정서적 접근 등이 많이 강조되어 왔다. 그리고 리더십 이론의 연구결과도 실제 현장에 활용되지 못하고 사장死藏되는 경우가 많았다. 따라서 기존 리더십의 한계를 극복하고 구성원들에게 보다 감동을 줄 수 있는 대안적 리더십개발이 필요하다. 마음의 뿌리인 본질을 변화시킬 수 있는 적합한 리더십을 찾아야 할 때인 것이다. 마음의 뿌리인 본질을 변화시킬 수 있는 리더십이야말로 창조경영 실현을 위한 핵심요소가 될 수 있기 때문이다.

〈그림 1〉 창조경영 실현 기조

창조경영 실현목표
① 장기, 안정적 가치 창출기반 구축 → 지속성장잠재력 확충
② 지식공유 및 재창출 시스템 → 직무 만족감 제고
③ 유연한 학습조직문화 정착 → 긍정적 조직분위기 조성

창조경영 실현을 좌우하는 핵심요소
① 자아실현 욕구충족
② 창의력 발휘 지원환경조성   ③ **마음의 뿌리인 본질의 변화**

창조경영실현 필요성
① 기존 조직구조의 해체
② 국내 산업공동화 급진전   ③ 근로의식 퇴화

제2장: 직무소명감

1. 일의 의미

* 더 나은 가치와 더 높은 의미

창조경영은 마음의 뿌리인 본질의 변화를 추구한다. 행동과 성과의 선행변수인 올바른 작업동기 및 태도, 그리고 그 근원인 정신이나 의식의 변화에 초점을 둔다. 이에 가장 적합한 개념을 가진 태도적 요소가 직무소명감이다. 직무소명감은 일 자체가 바로 일하는 목적이 되는 것으로 순수한 내재적 동기에 의해 추동推動되는 태도의 개념으로서 마음의 뿌리와 깊이 관련되기 때문이다. 직무소명감은 맡은 직무와 소속된 조직에 대해서 소명 지향적 태도를 갖는 것을 말한다. 자신의 에고를 뛰어넘어 '더 높은 의미Higher Meaning'가 있는 어떤 것에 기여하기 위해 부름을 받았다고 스스로 인식하는 차원 높은 정신이요, 태도다. 더 높은 의미는 변화를 통한 '더 나은 가치창조Better Value'의 지향목적이자 그 품질을 판단하는 기준이다. 즉, 진정한 가치창조는 더 크고 높은 의미를 가질 때 비로소 평가될 수 있다는 뜻이다. 따라서 직무소명감은 일을 단순히 돈을 벌거나 어떤 외재적 보상을 얻기 위한 수단으로 보는 태도와는 노력의 강도나 지속성이 다를 수밖에 없다. 이러한 이유로 직무소명감은 최근 긍정조직행동 분야에서 효과적인 리더십 연구와 실천의 중요한 변수로 등장하게 되었다. 그 속성과 효과를 중심으로 창조경영과의 관련성에 대해 살펴보는 것은 '창조경영과 소명리더십 모델' 구현의 출발점으로서 매우 중요하다.

1) 일과 삶

직무소명감의 내용을 보다 정확히 이해하기 위해서는 일의 일반적인 개념을 살펴보는 데에서부터 시작해야 한다. 직업 또는 직무는 조직 속에서 개인이 맡은 역할수행과 관련된 일의 개념으로 볼 수 있다. 따라서 조직 내에서 직무수행을 위해 주어진 과제들이 당연히 일의 범주에 들어간다. 그리고 조직 밖에서 어떤 의미와 목적을 가지고 행동하는 모든 노력들도 일의 범주에 들어간다고 할 수 있다. 즉 잠에서 깨어나서 생각하고 행동하는 모든 것 중에서 어떤 목적성을 가지고 있는 행동들이 일이다. 사람은 조직사회 속에서 타인들과 더불어 생활하고 일을 통해서 개인이나 조직의 행복과 번영을 실현시켜 나가는 존재이다. 이와 같이 우리의 일상생활 속에서 일이 차지하는 비중을 볼 때 일 자체가 바로 삶이요 개인의 행복과 조직발전의 수단이라고 할 수 있는 것이다. 우리의 삶은 일을 통한 조직 속에서의 삶인 것이다(삶=조직=일). 그래서 '창조경영과 소명리더십 모델'에서는 맡은 직무와 소속된 조직을 상호 밀접하게 영향을 주고받는 관계개념으로 본다. 그런데 이러한 조직에서의 일의 역할이 제대로 이루어지지 못하고 있는 것이 대부분이다.

일은 인간이 태어날 때부터 삶과 함께 존재하였다. 만약 인류가 태어나서 노동을 통한 생산활동을 하지 않았다면 굶어 죽고 말았을 것이기 때문이다. 최초 인류가 에덴동산에서 쫓겨날 때부터 이마에 땀을 흘려야 한다는 숙명적 과업을 받은 것을 보아도 좋든 싫든 인간과 일은 불가분의 관계임을 알 수 있다. 일을 하지 않는다면 죽을 수 있다는 것과 같은 개념이다. 일은 삶에 필연적인 사항인 것이다. 그래서 가능하면 일을 적게 하고 생산성을 높일 수 있는 방법, 그리고 일을 즐겁고 만족스럽게 하면서 살아갈 수 있는 방법을 주로 연구해 왔다고 할 수 있다(임창희, 2014). 이것은 지금도, 앞으로도 계속 이어질 숙명적인 과제다. 그런데 최근에는 일의 속성을 찾는 노력이 활발하게 일어나고 있다. 일이란 원래 괴로운 것인가? 즐거운 것인가? 괴로운 것이라면 왜 그런가? 그렇다면 즐거운 일, 삶에 행복을 안겨주는 일이 되도록 할 수는 없을까? 일을 둘러싼 많은 의문들을 풀어보고 그 해답을 찾아보고자 하는 연구노력들이다. 오늘날 모든 직장인들이 제일 먼저 생각해 보아야 할 가장 기본적인 과제이자, 본 '창조경영과 소명리더십 모델'에 대해 학습하는 근본적인 목적이기도 하다.

우리는 흔히 노는 것은 즐겁고 재미가 있으며, 일을 하는 것은 싫다는 생각을 갖고 있다. 놀이로 지샌 밤은 재미있어 피곤한 줄을 모르며 몰입을 하고, 조직이 부여한 일로 지샌 밤은 괴롭고 힘든 것이라면 한번 깊이 따져 볼 문제인 것이다. 그리고 실제로 직장에서 똑같은 일을 하면서도 즐겁게 일하는 사람이 있는가 하면, 하는 수 없이 마지못해 일을 하는 사람들을 발견할 수도 있다. 문제는 일하는 즐거움일 것이다. 그런데 일을 즐겁게 한다는 것이 그렇게 간단히 생각해 보는 것으로 그칠 문제가 아닌 것 같다. 그것은 다양한 특성을 가진 개인의 마음 가운데에서 일어나는 심리적 상태로서 그 근원을 찾아서 즐겁고 행복한 마음을 갖도록 하는 것은 결코 쉽지 않기 때문이다.

1960년대에서 80년대에 이르는 우리나라 고도 산업 성장시대의 직장인들은 집에서 잠을 자는 시간을 제외한 하루의 시간을 온통 회사에서 열정적으로 일을 하며 보내는 경우도 있었다고 한다. 그런데 이상하게도 오늘날 그들은 그때 그 직장에서 보낸 시간들이 즐겁고 행복했다고 말한다(2013, 김창호). 그들의 직업 혹은 직무를 보는 태도가 과도한 물성 중심이나 이기주의적 사고에 젖어 있는 오늘날의 직장인들과는 분명 괴리가 있어 보인다. 그들은 과연 일이 즐겁고 재미가 있어서 밤낮으로 회사에서 주어진 과업완수에 몰입하게 된 것일까? 진정으로 '하고 싶어서' 하는 열정이었을까? 그렇다면 그 이유는 무엇일까? 더구나 그들의 노동의 결과가 오늘의 '20-50클럽'(국민소득 2만 달러, 인구규모 5천만 명) 진입을 가능하게 했다면 직무 혹은 일이 우리에게 주는 개념을 어떻게 해석해야 되는 것일까? 어떻게 일이 즐거움과 행복의 근원이 될 수 있는 것일까? 풀어보아야 할 많은 의문들이 생긴다. 일의 개념에 대해서 좀 더 이론적으로 탐구探求할 필요성을 불러일으키는 흥미로운 의문들이다.

2) 일의 의미 형성

우리는 과거 산업화 시대와 오늘날 정보화 시대의 직장인들이 직무를 보는 태도에 차이가 나는 이유를 긍정심리학의 행복관 기준에서 찾을 수 있다. 조직 구성원들이 일의 즐거움과 행복의 근원을 어디에 두느냐는 가치관의 측면이다. 긍정심리학의 창시자인 셀리그만Seligman(2002)은 '의미 있는 삶'을 행복한 삶의 중요한 조건중 하나로 제시했다. 이는 자신의 직무에서 어떤 소중한 의미를 발견할 수 있을 때 그 일이 즐거우며 행복의 원천으로 작용할 수 있다는 것이다. 따라서 일의 의미발견이 개인이나 조직에 어떤 이점을 주는가를 알아보고 노력하는 것은 매우 가치 있는 일일 것이다. 긍정심리학자들은 인간은 일의 의미를 발견하고 추구하는 기본적인 욕구를 가지고 있다고 주장한다. 그들은 '의미'란 개인이 노력을 기울일 만한 것, 즉 가치 있는 의미를 발견하고 성취코자 하는 작업 동기적 욕구라고 정의하고 있다(Baumeister & Vohs, 2002). 그리고 진정한 일의 의미발견은 일에 대한 소명 지향적 태도에서 가능하다고 주장한다.

보통 리더는 모든 구성원들이 조직에서 주어진 일을 자신의 일같이 열정을 갖고 창의적으로, 그리고 헌신적으로 수행해 주기를 바란다. 그 이유는 강한 직무애착도 혹은 직무 몰입도가 일반적으로 높은 조직성과와 개인의 직무 만족감으로 이어진다는 사실을 현장에서 많이 경험하고 있기 때문이다. 그러나 이것은 긍정심리학의 행복관 기준에 의하면 일의 의미를 스스로 발견하고 그것이 자신의 삶에 어떤 긍정적인 효과로 작용됨을 스스로 느낄 때 가능하다. 따라서 조직 구성원들로 하여금 어떻게 일의 의미를 갖도록 할 것인가가 조직 관리 및 리더십의 중요한 과제라고 할 수 있다.

지금까지의 일의 의미는 조직설계상의 직무특성 측면에서 조직이 개인의 성장욕구에 맞추어서 일방적으로 의미 있는 일을 경험하도록 강요되거나, 또는 성별, 나이, 지위 등 개인이 가진 내적인 특성들에 의해서 형성되는 방법이다(Staw, Bell, & Clausen, 1986). 다시 말해 그 직무는 조직이 추구하는 비전이나 가치 측면에서 의미가 있느니 없느니, 혹은 그일은 당신에게 적성에 맞느니, 지위에 맞지 않느니처럼 주어진 일에 사람을 인위적으로 조합시키는 방법이라 할 수 있다. 이러한 두 가지 관점은 직무나 개인특성에 맞춰 일방적으로 결정되는 것으로서 개인이 자신의 일을 보는 생각이나 태도와는 관련이 없이 결정된다는 문제점을 안고 있다. 이를 미국의 긍정조직행동학자 에이미 래즈네스키Amy Wrzesniewski(2003)는 사람이 자기 주도적으로 일을 보는 태도에 따라 일의 의미가 달라지고 직무 애착도도 차이가 날 수 있다는 관점을 도외시 한 것이라고 주장한다. 일과 개인 간의 적합성에서 일에 적합한 개인을 맞추는 전통적인 방식과는 달리 개인이 주도적으로 일을 의미 있는 것으로 만들어 가도록 하는 것이 중요하다는 것이다. 이것은 동일한 직무라고 하더라도 작업자들이 일에 대해 자신의 주체적 의지와 자신이 고안한 방식으로 일에 접근할 때 그와 같은 일은 창조적 직무수행의 원천이 되며 이러한 사람이 많은 조직은 다른 조직과 차별화된 성과를 기대할 수 있다는 관점이다. 이는 전통적인 접근방법, 즉 조직의 성과는 직무를 얼마나 잘 설계해서 구성원들에게 맞추게 하는가에 달려 있다기보다는 구성원들로 하여금 실제 직무를 얼마나 주도적으로 하게 하는가에 달려 있다는 점을 보여 주는 것으로, 조직이 창조적으로 일을 하게 하는 데 기존의 직무설계방식이 오히려 창의성 발휘에 장애요인이 될 수 있다는 의미다. 이런 관점에서 진정한 일의 의미는 사람과 일 사이의 상호작용 관계로 보는 자기 자신의 태도에 의해서 형성되어야 하는 것이다.

2. 일을 보는 태도 (일에 대한 3가지 관점)

그런데 일의 의미형성을 자기 주도적인 측면에서 본다면 사람들은 어떤 직업, 어떤 직무에서든지 일을 보는 태도에 따라서 서로 다른 종류의 의미를 이끌어 낼 수 있다. 우리가 잘 알고 있는 3명의 벽돌공 이야기가 가장 좋은 예가 될 수 있다. 「3명의 벽돌공이 뙤약볕에서 땀을 뻘뻘 흘리면서 나름대로 열심히 일을 하고 있었다. 하지만 그들의 표정은 각각 달랐다. 지나가는 행인이 이를 쳐다보고 먼저 무덤덤한 표정으로 일하고 있는 한 벽돌공에게 '지금 무엇을 하고 있습니까?'라고 물어보았다. 그는 '몰라서 묻습니까? 돈을 벌기 위해서 하는 수 없이 벽돌을 쌓고 있지요' 라고 답했다. 또 한 벽돌공은 유난히 인상을 찌푸리고 불만스럽게 일을 하고 있었다. 그에게도 똑같은 질문을 던졌다. 그는 '보면 모릅니까? 벽돌을 쌓고 있지 않습니까?'라고 매우 퉁명스럽게 대답했다. 그런데 나머지 한 사람의 표정은 사뭇 달랐다. 무엇이 좋은지 활짝 웃는 얼굴로 즐겁게 일하고 있었다. 앞의 두 사람과 같은 질문을 받은 그는 '저는 지금 세상에서 가장 아름다운 성당을 짓고 있습니다' 라고 답했다. 그는 삶의 목적과 일에 대한 태도가 앞의 두 벽돌공과는 매우 달랐다. 그는 일을 단지 돈과 명예, 권력 등의 개인적인 보상을 얻기 위한 것보다 더 높은 존재의 행복에 의미를 두고 있었다. 돈의 노예도 일의 노예도 아닌, 차원 높은 가치를 스스로 부여하는 것으로, 바로 주어진 일에 대한 소명 지향적 태도였다.」

이 사례는 최근 긍정조직행동 학자들의 일을 보는 태도를 설명하는 논리와 똑같다. 일의 의미나 일의 종류가 중요하다고 해석하기에 앞서 똑같은 일이라고 하더라도 일의 의미를 어떻게 스스로 찾고 개인과 일이 어떤 상호작용관계에 놓여 있는가라는 관계측면이 중요할 수 있다는 점을 강조하는 것이라 할 수 있다. 이런 관점은 높은 조직 성과와 구성원 개인의 직무 및 삶의 만족을 동시에 추구하는 창조경영 리더십의 핵심적인 포인트가 될 수 있다. 앞의 3명 벽돌공들의 일에 대한 태도의 예와 같이 미국의 심리학자 벨라Bellah와 그의 동료들(1985)도 일에 대한 3가지 지배적 태도를 다음과 같이 설명하고 있다.

첫째는 일을 오로지 돈을 벌기 위한 직업수단으로 보는 태도이다(Job orientation). 이는 직무수행의 목적을 금전적인 보상으로만 보는 관점으로서 가장 낮은 욕구단계에 머물러 있는 수준이라고 볼 수 있다. 일을 오로지 직업 수단적 태도로 보는 사람에게는 당연히 경제적 교환의 외재적 동기부여(어떤 외적인 성과를 얻기 위한 행동)에 초점을 두고 있는 거래적 리더십5)이 효과적일 것이다. 이 유형은 물질이 정신을 지배하는 산업화 사회에서 대부분의 조직 구성원들이 가지고 있는 일에 대한 태도일 것이다.

둘째는 일을 통해 자신의 능력신장과 이에 수반되는 임금상승, 인정, 승진 등 여러 가지 외재적 보상이 관심의 대상이 되는 경력 추구적 태도이다(Career orientation). 알드퍼Alderfer(1969)의 성장욕구, 맥크리랜드McCleland(1965)의 성취욕구, 매슬로우Maslow(1943)의 존경 및 자아실현 욕구 등과 같은 상위수준의 동기욕구에 해당한다고 볼 수 있다. 일에 대

---

5) 거래적 리더십은 보상이 외적 동기를 높이기 위해 명시화 된 교환관계를 수행하기 위한 통제 수단으로 사용되는 리더십 개념이다. 낮은 욕구를 충족시키기 위한 경제적 보상지향의 수동적 리더십이라고 할 수 있다.

한 경력 추구적 태도를 가진 사람에게는 경제적 교환이나 자아실현 욕구를 만족시키기 위한 외재적 또는 내재적 동기부여 중심의 변혁적 리더십6)이 효과적일 것이다. 이 유형은 오늘날 세계화, 정보화에 의해 초경쟁시대에 접해 있는 대부분의 조직 구성원들이 갖고 있는 일에 대한 태도로 예상해 볼 수 있다.

셋째는 어떤 금전적 보상이나 개인의 성장욕구를 채우기 위해 일을 하는 것이 아니라 일 자체의 성취감을 얻기 위해 일을 하는 태도이다(Calling orientation). 앞의 두 가지 일을 보는 태도와 완전히 다른 관점이다. 즉 일 자체가 바로 일하는 목적이 되는 것으로 순수한 내재적 동기부여(행동 자체가 가진 고유한 만족을 위한 행동)에 의해 추동推動되는 행위라고 할 수 있다. 자신의 에고를 뛰어넘어 보다 큰 의미 있는 어떤 것에 기여하기 위해 부름을 받았다고 스스로 인식하는 차원 높은 태도를 말한다. 오늘날 단기 성과지향을 목표로 하는 기업조직의 리더나 구성원들에게는 찾아보기 힘든 태도일 것이다. 이는 매슬로우의 자아실현의 욕구동기에 가깝다고 볼 수도 있지만, 일하는 목적의 순수성 측면에서 차이가 있다. 자아실현의 개념은 다소 포괄적이라 일의 목적과 성취감이 개인이 추구하는 자아의 가치에 따라 순수하게 소명지향적일 수도 있고 그렇지 않을 수도 있기 때문이다.

이러한 일에 대한 소명 지향적 태도, 즉 직무소명감은 최상위의 자아실현욕구, 혹은 그보다 더 높은 영적인 욕구단계에 있는 심리적 상태로서

---

6) 변혁적 리더십은 더 높은 이상과 도덕적 가치관에 호소하는 변화추구 리더십이다. 보상은 부하의 몰입과 내적동기(자아실현욕구)를 높이기 위한 유인책으로 사용되는 내재 및 외재적 동기부여 중심의 리더십이라고 할 수 있다.

기존 전통적인 리더십으로는 그 효과성을 기대하기가 어렵다. 그것은 소명감이 마음의 뒤에 놓여 있는 가치나 신념, 정신과 의식에 관련되는 행동의 본질, 즉 마음의 뿌리에 해당되기 때문이다. 그래서 지금까지의 내적, 외적인 동기부여 방법으로는 근본적으로 변화시키기가 어렵다. 따라서 조직구성원들의 마음의 뿌리를 움직일 수 있는 소명리더십이 필요한 것이다. 소명리더십은 개인에게 주어진 자신의 일 자체가 바로 보상(my work is my reward)이라는 인식을 갖도록 하는 의식개조 리더십이 될 수 있기 때문이다. 소명리더십을 통한 창조경영 실현의 필요성이 바로 여기에 있다. 직무소명감의 속성에 대해 좀 더 자세히 살펴보기로 하자.

3. 직무소명감의 개념

1) 두 가지 견해

직무소명감의 개념은 종교적 견해와 세속적 견해로 나누어 그 근원을 살펴볼 수 있다. 전통적으로 소명감召命感은 기독교적 신조에서 사용된 개념이다. 신에 의하여 도덕적으로나 사회적으로 의미 있는 일을 하도록 부름받은 것(being-called by God)을 의미해 왔다(Weber, 1958,1963). 종교적인 견해의 소명감이다. 그런데 현대에 들어서서 이러한 종교적 관계를 상실하고 보다 넓은 세상에 기여하는 것이라는데 초점을 맞추고 있다(Davidson & Caddell, 1994). 종교적 견해가 세속적 견해의 의미로 크게 이동하게 되었다. 세상의 어떤 직업이나 직무에서도 소명감을 가질 수 있다는 것이다. 자신의 에고를 뛰어넘어 보다 더 높은 어떤 의미 있는 존재에 공헌하기 위해 부름을 받았다(being-called by higher beings)고 스스로 강하게 믿는 차원 높은 태도에 해당한다. 세속적 견해의 소명감이다(Sense of calling). 우리가 보통 말하는 사명감(Sense of mission)과 같은 맥락으로 볼 수 있다. 그러나 엄밀히 보면 사명감은 어떤 특정 과업(과제)에 지워진 강한 임무로 소명감보다 개념의 범위가 좁고 의식의 강도(기여, 공헌의 의미)가 낮다고 볼 수 있다. 아무튼 소명감에 대한 두 가지 견해는 모두 내적지향 본질과 타인 지향적 가치를 가지며, 이는 어떤 도구적道具的 목표에 의해 움직이지 않는 내재적 동기부여에 해당된다.

미국의 일 연구가들은 소명감을 가진 사람은 일 자체의 성취를 위해 일하는 태도로서 자신의 일이 보다 나은 세상을 만드는 데 기여하는 것이라는 신념이 매우 강하다고 주장한다. 그리고 최근에는 소명감을 직무의 경력 추구적 태도와 연계시킨 연구들이 활발히 이루어지고 있다. 이는 오늘날의 기업조직에서는 리더나 구성원들이 조직 생활 속에서 완전한 소명 지향적 태도로 일을 한다는 것은 현실적으로 불가능하다는 측면에서의 연구이기도 하다. 하지만 조직 구성원들이 자신의 직무에 대한 경력을 소명으로 볼 때 그렇지 않은 경우보다 더욱 큰 역량향상과 가치 창출이 이루어지며 매우 깊은 직무만족이나 심리적 성공감을 느낄 수 있다는 연구결과가 또한 발표되고 있다(Hall & Chandler, 2005). 그리고 직무소명감이야말로 조직구성원들의 마음의 뿌리를 움직일 수 있는 작업 동기로서 조직의 활력과 성장을 담보할 수 있다는 실증연구들이 계속 이어지고 있다.

이미 오래전부터 미국의 경영학계에서 이루어지고 있는 많은 연구논문들은 오늘날 우리나라의 조직사회에도 구성원들의 일에 대한 소명 지향적 태도형성이 모든 사회적 갈등과 불협화음을 막을 수 있는 근원적인 요소가 될 수 있다는 점을 일깨워 주고 있다. 나아가 개인의 창조성과 행복의 원천으로서 리더십의 핵심요소로 연구되어 현장에 적용할 필요가 있음을 시사하는 것이다. 단순히 돈을 벌기 위해서나 자신의 경력을 쌓기 위해서 일을 할 때에 오게 되는 끝없는 반목과 갈등, 피로감과 괴로움, 그리고 그 결과의 공허함에 대한 이유를 깨닫게 하는 리더십이 필요하다는 뜻이다. 그러면 이러한 세속적 견해에서의 직무소명감이 왜 조직의 진정한 경쟁력과 개인 행복의 원천이 될 수 있는 것일까? 그것은 직무소명감이 갖는 두 가지 기본적인 속성과 그 효과요소들에 연유한다.

2) 두 가지 핵심속성

① 자기 자신이 스스로 일의 의미를 부여한다(의미부여의 주도성)

세속적 견해의 소명감은 자신의 맡은 일이 보다 나은 세상을 만드는 데 기여하는 것이라는 강한 신념이다. 이는 자기 자신이 스스로 일의 의미를 부여한다는 개념이다. 그리고 소명감이 신에 의하여 도덕적, 사회적으로 의미 있는 일을 하도록 부름 받은 것이라는 원래의 종교적 개념을 기초로 볼 때, 직무소명감은 일의 의미발견 또는 인식에서부터 비롯되는 것임을 알 수 있다. 자기 자신의 직무에 대해 어떤 의미를 찾게 될 때 소명감을 가질 수 있게 된다는 뜻이다. 이러한 직무소명감과 의미의 관계는 동기심리이론 측면에서도 찾을 수 있다.

바우마이스터Baumeister와 보스Vohs 등 긍정심리학자들은 모든 사람은 의미 추구의 욕구를 가지고 있다고 주장한다. 누구나 조직 생활을 영위하면서 간혹 '내가 왜 여기에 있는가, 내가 지금 이곳에서 하고 있는 일은 어떤 의미가 있는 것인가?' 에 대한 생각을 하게 되는 것도 인간이 갖고 있는 의미추구 욕구 때문이다. 이 의미추구 욕구이론을 중심으로 생각해 보면 개인이 자신의 일에서 어떤 의미를 스스로 찾고자 하는 욕구가 바로 직무소명감으로 이어질 수 있다는 것을 쉽게 예상할 수 있다. 엄밀하게 보면 사회적으로 의미 있는 일을 하도록 부름받았다는 직무소명감은 의미추구 욕구의 결과변수인 셈이다. 따라서 직무소명감을 갖게 하려면 자신의 일에서 어떤 의미를 무조건 발견할 수 있어야 한다. 의미가 없는 일에서는 절대로 소명감이 일어날 수가 없기 때문이다.

그런데 리더십 측면에서 강조되어야 할 것은 이 직무소명감은 어떤 외부적 요인에 의해서 형성될 수 있는 성질의 것이 아니라는 점이다. 일이 세상을 더 좋은 장소로 만드는 데 기여하는지의 여부를 판단하는 것은 일을 수행하는 자기 자신이다(Wrzesniewski, 앞의 논문, p.301). 오로지 내적 지향적인 본질을 갖는다. 쉽게 말해 '내가 하는 일은 의미가 있는 일이다' 라고 일에 어떤 가치를 스스로 찾아서 부여하는 것이지, 누군가의 요구나 압력에 의해서 형성되는 것이 아니란 뜻이다. '의미부여의 주도성' 이라는 직무소명감의 속성은 '창조경영과 소명리더십 모델' 에서 유념해야 할 핵심속성 중의 하나이다. 이런 논리에서 본다면 어떤 직업, 어떤 일이나 직무에서도 개인 각자가 나름대로의 의미와 가치를 부여할 수 있다. 따라서 직무소명감은 기본적으로 물성 중심적 사고가 아니라 일이 가진 다양한 가치 중심적 사고로서 누구나 스스로 인식하고 판단할 수 있는 속성을 갖는다고 할 수 있다.

그래서 리더는 구성원들로 하여금 자신의 직무에서 어떤 의미를 스스로 찾을 수 있도록 하는 긍정적인 조직 환경을 최대한 조성할 필요가 있다. 의미 인식의 기회를 가능한 많이 부여할 필요가 있다는 뜻이다. 새롭게 방향을 잡아야 할 리더십 포인트이다. 만약 구성원들이 자신의 직무에서 의미를 발견하지 못하고 있으면 리더는 어떻게든 구성원 스스로 찾아낼 수 있도록 지원하는 노력을 해야 한다. 왜냐하면 맡은 직무에 대한 스스로의 의미발견은 직무성취에 대한 강한 신념과 자신감에 크게 영향을 주게 되고, 결국 이에 의한 긍정적 행동(열정, 창조, 헌신 등)들을 예상할 수 있기 때문이다.

② 일의 목적을 타인 지향적 가치에 둔다(공동체와의 연계성)

직무소명감의 또 하나의 핵심속성은 일의 목적을 타인 지향적 가치에 둔다는 점이다. 공동체와의 연계의식 차원에서 자신의 에고를 뛰어넘어 좀 더 높은 어떤 존재에 대한 공헌을 목적으로 하는 삶을 추구한다. 베버Weber(앞의 논문)는 직무소명감을 도덕적, 사회적으로 의미가 있는 일을 하도록 부름 받은 것으로, 래즈네스키Wrzesniewski(앞의 논문)는 자신의 일이 세상을 더 살기 좋은 장소로 만드는 데 기여하는 의미로 정의하고 있다. 모두 자신의 에고를 뛰어넘어 더 큰 존재의 행복을 위해 부름 받았다는 것과 같은 맥락이다. 이는 자신의 일이 세상을 보다 가치 있고 행복하게 만드는 일로서 누군가는 반드시 해야만 하는 중요한 의미를 가지고 있다는 점을 깊이 인식하고 행동하는 것을 말한다. 조직에서 개인의 모든 일은 타인과 연결되어 이루어지고 그것이 조직이 추구하는 목표와 가치실현에 기여를 할 때, 비로소 일의 의미와 가치를 평가할 수 있다. 이런 측면에서 보면 일의 목적을 먼저 타인 지향적 가치에 두는 것은 조직구성원으로서 당연하다고 할 수 있을 것이다. 그러나 대부분의 조직구성원들은 일의 목적을 자기 자신과의 이해관계에 두는 경우가 많다.

이러한 관점에서 리더는 자신의 에고를 뛰어넘지 못하고 단기·단편적인 효과만 바라본 행위들이 자신이 속해 있는 조직이나 사회에 주는 부정적 영향이 어떤 것인지를 깊이 생각해 볼 필요가 있다. 직무소명감의 속성인 타인 지향적 가치는 오늘날 일어나고 있는 우리사회의 여러 가지 갈등들을 풀 수 있는 근원적 요소가 될 수 있기 때문이다. 예를 들면 고객의 편의를 생각하기보다 조직의 관리·편의 위주로 설정된 행정규범이라든지, 대기업이나 독점기업들이 계열 및 협력회사나 납품업체들에 대한 우월적 입장과 전횡적 관리제도들로 인해서 야기되고 있는 조직적·사회적 문제들이다. 그 근본원인과 해결방안들을 타인 지향적 가치 속성을 가진 직무소명감에서 찾아볼 필요가 있다. 특히 자신의 직업이나 맡은 직무가 사회공동체의 안녕과 질서에 크게 관계되는 것이라면 더욱 그렇다. 결국 직무소명감은 일에 대한 의미를 좀 더 큰 차원으로, 그리고 자신보다 소속된 조직과 연결된 의미로 스스로 인식하는 것이라고 정의할 수 있다. 이는 자신의 맡은 직무의 의미를 이기심에서 벗어나 좀 더 높은 존재, 더 큰 목적에 둘 때 직무소명감이 생길 수 있다는 뜻이 된다. 새롭게 방향을 잡아야 할 또 하나의 중요한 리더십 포인트이다.

4. 직무소명감의 효과요소

그런데 구성원들이 이러한 속성의 직무소명감을 갖게 되면 구체적으로 어떤 행동의 변화가 일어나게 되는 것일까? 단순히 돈을 벌기 위한 목적의 직업 수단적 태도나 능력신장, 승진, 처우향상 등을 목적으로 하는 경력 추구적 태도와는 개인행동이나 조직효과 측면에서 어떤 긍정적인 차이가 나는 것일까? 일의 의미를 자신이 부여한다는 점과, 일의 목적을 타인 지향적 가치에 둔다는 직무소명감의 두 가지 핵심 속성을 생각해 본다면 다른 직무태도와는 효과측면에서 뚜렷한 차이가 나타날 것은 명확하다. 최근에 직무소명감의 효과요소에 대해 미국의 일work 연구자들이 내어놓고 있는 많은 실증연구 결과들의 공통적인 내용을 추려보면 크게 다음 네 가지로 요약할 수 있다.

1) 열정적인 행동

제일 먼저 생각해 볼 수 있는 것은 맡은 직무에 대한 열정의 정도이다. 구성원들의 직무에 대한 열정과 몰입도를 어떻게 높일 것인가? 리더가 곁에 있으나 없으나 상관없이 그 열정과 몰입도가 약해지거나 중단되지 않고 지속되도록 할 수는 없을까? 조직의 리더나 관리자들이 스스로에게 자주 던져보는 물음이다. 이에 적합한 리더십을 찾는다면 '리더다운' 진정한 리더로 존경받을 수 있을 것이기 때문이다. 래즈네스키Wrzesniewski 등 최근 미국의 일 연구자들은 조직에서 직무소명감을 가진 사람들은 주위 환경변화에 흔들리지 않고 늘 일에 대한 몰입도가 높다고 주장한다. 구성원들이 직무소명감을 갖게 되면 자신이 맡은 일이 어떤 것이든 의미를 찾아 늘 열정적으로 수행한다는 것이다. 일의 의미를 외재적 보상에 초점을 두는 경우와는 달리 일 자체의 성취감으로 일을 하기 때문에 외재적 보상과는 상관없이 늘 열정이 유지될 수 있다. 어떤 장애요소가 닥쳐도 긍정적으로 극복하며 항상 즐겁게 일을 하게 되는데 이는 강한 추진력에 의한 강박관념하에서의 열정이 아니라 마음에서 나오는 즐거운 열정이다.

그리고 직무소명감을 가진 구성원들은 자신의 일과 관련된 타인의 일에도 똑같은 관여도와 열정을 갖고 있으며, 퇴근시간, 휴가 등 규정에 정해진 일과 이외의 시간에도 자신이 맡은 일에 관심을 갖고 꾸준히 노력한다. 지칠 줄 모르고 자신의 일에 몰입하며 그 결과 나타나는 일의 성취감을 경험하게 된다는 것이다. 이와 같이 직무소명감이 직업 수단적 태도나 경력 추구적 태도에 비하여 일에 대한 열정과 몰입도에서 큰 차이를 나타낸다고 할 수 있다. 그것은 마음의 뿌리인 본질이 변화되었기 때문이다. 언젠가 어느 대기업에서 '즐거운 변화와 혁신'이라는 슬로건을 내걸고 6시그마 기법을 적용하고 있는 것을 본 기억이 난다. 얼핏 보면 어떻게 변화와 혁신을 즐겁게 할 수 있는 것인가?라는 생각을 할 수 있으나, 직무소명감의 속성이나 효과 측면에서 보면 일리가 있는 슬로건임을 이해할 수 있다. 비록 그 회사는 직무소명감을 갖도록 하는 교육이 없이 기법중심의 교육만 실시하고 있었지만 말이다.

직무소명감을 갖게 되면 일 자체의 성취를 위해 타인의 일에도 똑같은 열정을 갖는다는 행동의 변화는 협창력을 근간으로 한 창조경영 실현에 중요한 리더십의 포인트가 될 수 있다. 그런데 직무소명감이 형성되면 남의 일, 나의 일 관계없이 어떻게 일 자체의 성취감에 의미를 두고서 열정적으로 일을 하게 되는 것일까? 즉 일에 대한 의미발견이 어떤 심리적 변화라고 할 수 있는지에 대한 의문이 생긴다. 크게 두 가지로 생각해 볼 수 있다. 하나는 구성원들이 일의 의미를 스스로 찾아서 부여한다는 속성 때문이며, 또 하나는 '일의 흥미와 재미'라는 몰입이론(Csikszentmihalyi, 1997) 관점에서 찾을 수 있다. 전자의 경우는 구성원들 자신이 추구하는 가치와 맡은 직무의 가치가 어떤 합치점을 이루기 때문에 일에 대한 열정과 몰입도가 높아질 수 있다고 쉽게 이해할 수 있다. 후자의 경우는 사람은 누구나 자기 자신이 흥미를 갖는 활동에서 즐거움을 느끼며 몰입을 하게 된다는 논리로 설명될 수 있다. 우리는 이러한 몰입경험을 일상생활 속에서 겪게 되는 경우가 많다. 자신이 추구하는 비전이나 목표에 맞아 재미를 느낄 때 시간가는 줄 모르고 일이나 학습에 몰두해 본 경험을 갖고 있다. 하고 싶은 일을 할 때 느끼는 재미감과 몰입을 통해 나타나는 능률과 결과는 그렇지 않은 경우와는 엄청난 차이가 나게 됨을 알 수 있었을 것이다. 결국 재미가 있을 때 시간이 가는 줄도 모르고 몰입하며 그 결과 높은 성과로 이어질 수 있다는 관점은 자신과 일의 가치 일치성을 통해 나타나는 직무소명감의 열정이나 몰입과 같은 맥락으로서 창조경영 실현을 위한 중요한 리더십 포인트가 된다.

2) 의미 탐구적(창조적) 행동

직무소명감은 맡은 직무의 의미 인식에서 비롯된다. 그리고 일의 의미 인식은 의미 탐구적인 행동으로 나아가게 될 가능성이 높다. 인식자체에 머물지 않고 창조적인 행동으로 끊임없이 이어지게 된다. 직업수단이나 경력 지향적인 태도에 비해 보다 탐구적이고 창조적이다. 왜냐하면 탐구적 혹은 창조적 행동의 동기인 일에 대한 의미 인식은 개인의 추구가치관에 기초한 내재적 동기 요소에 해당되기 때문이다. 일의 목적을 타인지향적 가치에 두는 가치관은 강력한 태도와 행동으로 나아가게 하는 근원적인 요소가 될 수 있다. 그래서 직무소명감을 가진 구성원들은 어떤 외재적 보상에 관계없이 오로지 일 자체의 성취를 위해서 의미 탐구적 행동을 하게 된다. 가치 있는 의미를 만들어 내야 하기 때문이다. 조직 내 더 광범위한 창조적인 직무수행활동에 관여하기 쉽다. 일 자체와는 별개의 이유로 맡은 직무를 수행하는 직업수단이나 경력지향적인 작업동기를 가진 구성원들의 행동과는 확연히 구분된다. 조직 속에서 개인의 일에 대한 태도가 창조적 직무수행을 촉진 혹은 단념시키는 동기요소로 작용한다는 실증된 연구결과들이 많이 나타나고 있다.

일의 의미 인식이 창조적 행동으로 이어지게 되는 또 하나의 근원은 인간이 가지는 긍정적인 의미추구 욕구다. 의미 인식은 의미추구 욕구에서 비롯되며, 또 이는 소명 지향적 태도와 창조적 행동으로 이어지는 심리적 변화과정을 예상할 수 있기 때문이다. 그러면 의미 인식과 탐구적 행동의 근원인 의미추구 욕구는 어떤 것일까? 먼저 조직성과에 기여하는 일을 하고 싶어 하는 통제욕구(Need for personal control)다. 조직 속에서의 구성원은 누구나 일에서의 소외감을 회피하고 싶은 욕구를 가지고 있다. 쓸모없게 되는 것을 싫어한다. 따라서 일을 통해 자신의 존재 가치를 느끼게 될 때 더 탐구적이고 창조적인 행동으로 나아가게 된다. 그것은 조직에서 좀 더 통제력을 갖고 있다고 느끼는 사람은 자신의 일을 다르게 경험하고, 자신의 일이 조직에서 타인의 일과 얼마나 의미 있게 연결되어 있는지를 볼 가능성이 높기 때문이다(Ghitulescu, 2006). 또 하나 생각해 볼 수 있는 것은 타인들과의 관계성 욕구(Need for connection to others)다. 조직 속에서의 타인들과의 친밀한 정서적 결속과 긍정적인 인간관계는 일에 대한 의미 인식과 의미 탐구적 행동에 크게 영향을 줄 수 있다. 누구와 어떤 관계의 품질을 갖고 있는가라는 측면이 직무수행의 성과와 개인의 성취감에 지대한 영향을 미치게 되는 것은 너무나 명확하다. 관계성 욕구는 직무수행과 관련된 다양한 타인들과의 관계를 새롭게 설정하려는 시도를 하게 만들며, 이를 통해 자신의 직무 의미를 근본적으로 다르게 창조해 나가게 한다. 바로 의미 탐구적 노력으로 이어질 수 있다. 이러한 긍정적 의미추구 욕구들은 매일 자신이 맡은 직무에서 새로운 의미탐구와 가치창조의 행동을 유발케 하는 근원적인 작업 동기적 요소로 작용될 수 있다.

3) 높은 가시적 성과

한편, 직무소명감을 갖게 되면 조직에 기여하는 높은 가시적 성과를 계속 창출하게 된다. 그 이유는 간명하다. 직무소명감은 조직이 부여한 직무의 가치와 구성원 개인의 가치가 합치를 이룬다는 것을 의미하는 것인데, 이는 조직의 가치와 동일시를 이룬다는 것과 같은 논리가 되기 때문이다. 직무의 가치와 개인의 추구가치가 합치를 이룰 경우에 높은 조직성과로 이어질 것은 당연하다. 미국에서는 이에 대한 실증연구결과들이 많다. 직무소명감을 가진 구성원들이 많은 집단이 그렇지 않은 집단에 비하여 원활한 의사소통이나 창조적인 의사결정 등을 가지고 있는 더 건강한 집단과정이 되며, 직무소명감을 가진 사람이 강한 조직 공동체의식을 갖고 조직에서 최고의 성과수준을 내는 것으로 보고되고 있다 (Wrzesniewski, McCauley, Rozin & Schwartz, 1997).

오늘날 글로벌 기업들의 성장 동인도 들여다보면 구성원들의 강한 직무소명감에 기초한 조직 공동체 의식으로 볼 수 있다. 기업은 원초적으로 지속성장해야 하는 조직생리를 가지고 있다. 그래서 모든 기업들은 그 잠재력을 키우기 위해서 온갖 혁신노력들을 기울인다. 그들은 항상 창조적인 조직풍토를 유지하고 있고, 그 기저에는 직무소명감과 조직공동체 의식에 기초한 진정한 위기의식이 자리 잡고 있다. 그러한 기업들은 평소에 스스로 튼튼한 가치창조경영의 기반을 구축해 놓음으로써 지속 성장 가능한 기업으로 존속할 가능성이 높다. 왜냐하면 직무소명감이 갖는 열성적, 창조적, 헌신적인 행동의 효과요소 때문이다. 조직 구성원들의 열정적인 의미탐구와 창조적 직무수행결과가 조직성과에 기여하지 않는다면, 그것은 리더에게 아무런 의미가 없다.

4) 직무 및 삶의 높은 만족도

그런데 또 한 가지 생각할 것은 직무소명감을 갖게 되면 조직목표 달성을 위해 자신이 기울인 노력의 결과에 대해서 인지하고 평가하는 방법이 직무소명감을 갖지 않은 사람에 비해서 크게 다를 수 있다는 점이다. 그것은 자신의 행동결과에 대한 의미는 조직도 리더도 아닌 자신이 부여하기 때문이다. 래즈네스키Wrzesniewski(앞의 논문)는 직무소명감을 자신의 일이 세상을 더 좋은 장소로 만드는 데 기여한다는 강한 믿음으로 정의하고 있다. 여기에서 자신의 일이 조직사회에 얼마나 기여를 했느냐 혹은 하고 있느냐의 판단은 믿음의 강도문제로 매우 주관적이다. 따라서 직무소명감을 가진 사람은 직무만족의 기준을 가시적인 성과물에만 국한하지 않는다. 자신의 자아 혹은 정체성에 대한 인식을 바탕으로 설정한 나름의 가치기준에 의해서 성공여부를 판단하게 된다. 쉽게 말하면 남들이 실패로 평가하는 성과물을 자신은 성공으로, 남들이 성공으로 평가하는 성과물을 자신은 실패로 평가할 수도 있다는 의미이다. 이것은 직무소명감의 효과성을 이해하는 데 또 하나의 중요한 관점이다. 소위 긍정심리 및 긍정조직행동 연구자들이 말하는 심리적 성공감 또는 주관적 안녕감7) 이라는 개념이다.

　결론부터 말하면 직무소명감에 기초한 일에 대한 열정과 몰입의 결과는 개인 자신에게 깊은 심리적 만족감을 갖게 한다. 왜 그럴까? 그것은 주어진 일을 외재적 통제요소에 의해서 어쩔 수 없이 하는 직업 수단적 혹은 경력 추구적 태도를 생각해 보면 쉽게 이해할 수 있다. 두 가지 태도의 경우는 개인 자신의 추구가치 기준에 입각한 능동적 행동이 아니고 외재적 요소에 이끌려서 일어나는 수동적 행동이기 때문에 당연히 흥미와 재미를 갖지 못할 가능성이 높다. 결국 나타난 결과도 항상 기대에 미치지 못할 것이며, 외재적 목적이 충족되면 행동지속도 중단된다. 더구나 일에서 어떤 큰 의미도 발견하지 못하며 행복감도 크게 느끼지 못할 가능성이 높다. 따라서 최선을 다해서 열심히 일을 하였는데도 뭔가 공허한 마음이 든다면 그것은 바로 일의 의미를 발견할 수 없을 때 일어나는 심리적 현상으로 봐야 한다. 그러나 보다 더 가치 있는 일의 의미와 높은 목적을 추구하는 직무소명감을 갖게 되면 창조적인 몰입경험을 자주 하게 된다. 이는 직무만족감과 삶의 행복감으로 이어지게 될 것으로 예상할 수 있다. 직무소명감을 가진 사람은 자신의 가치관과 일 자체가 가지는 가치가 자율적으로 합치된 상태를 이룬 것이기 때문에 당연히 일 자체가 즐거운 것이고 이는 삶의 만족으로까지 연결될 수 있음을 충분히 예상할 수 있다. 그리고 직무소명감에 기초한 이러한 심리적 성

---

7) 주관적 안녕감(subjective well-being)은 자신의 삶에 대한 정서적, 인지적 평가를 가리키는 것으로 높은 생활만족과 긍정적 정서를 가진다. 즉 과거에 만족하고, 현재에 몰입을 경험하며, 미래를 낙관적으로 보는 특징을 갖는다.(Seligman & Csikszentmihalyi, 2000)

공감이나 만족감은 더 깊은 자아인식과 강한 환경적응능력을 이끌어 내어 소명감과 자신감을 다시 더욱 강화시키는 피드백 선순환을 만들 수 있다(Hall & Chandler, 앞의 논문). 지금까지의 조직 및 일에 대한 자신의 정체성8)에 긍정적인 변화를 일으키는 촉매작용을 하게 된다. 정체성을 사람이 자신이 맡아 하는 일이나 소속된 사회적 집단에 의해 영향을 받아 변화되는 의미 창조과정으로 볼 수 있기 때문이다(Pratt & Ashforth, 2003). 이와 같이 직무소명감에 의해서 일어나는 일과 삶에 대한 심리적 만족감은 자신의 정체성까지 변화시킬 수 있다. 여기에서 또 한 가지 관심을 가질 것은 개인의 직무소명감이 자신감이라는 보이지 않는 긍정적 심리자산으로 전환될 수 있다는 점이다. 그것은 직무소명감에 기초한 보이지 않는 긍정심리자산이 조직 경쟁력의 근원적인 요소로 평가되고 있기 때문이다.

5. 직무소명감과 창조경영의 인과성

그러면 지금까지 살펴본 직무소명감의 속성과 효과요소들이 제1장의 창조경영 속성들과 어떤 관계성을 갖는 것일까? 이는 소명리더십을 통한 창조경영의 실현 가능성을 가늠해 보는 중요한 절차에 해당된다. 표2에서 보는 바와 같이 직무소명감과 창조경영은 개념상 동일한 내적지향

---

8) 정체성(Identity)이란 다른 것과 구별되는 특성을 의미하는 것으로 개인정체성과 사회정체성이 있다. 전자는 타인에 대비한 개인이 갖는 특성(아들, 친구 등)이고 후자는 집단 성원으로서 갖는 특성(교수, 한국인 등)을 말한다(Tajfel & Turner, 1979). 사회정체성은 조직 속에서의 자아정체성으로 집단성원이라고 인지하는 것, 그것에 대해 부여한 가치 및 정서적 의미로부터 파생된 자기개념의 일부라고 할 수 있다(Tajfel, 1978).

의 본질을 가지고 있고 상호 밀접한 인과관계를 가지고 있다. 두 변수의 인과성을 다음 몇 가지로 설명해 볼 수 있다.

첫째, 직무의미 인식과 창의적 성격 및 태도 측면이다. 직무소명감의 두 가지 핵심속성은 개인의 창의적 성격이나 태도를 자극하는 창의력 촉발의 선행요소로 작용할 것으로 볼 수 있다. 그것은 자신의 맡은 직무가 조직발전에 기여하는 의미 있는 일임을 인식하게 되면 더욱 강한 신념을 가지고 자발적이며 개방적인 태도와 창의적 행동으로 주어진 일을 크게 성취시킬 가능성이 높을 것으로 예측되기 때문이다. 둘째, 직무수행의 목적 측면이다. 직무소명감의 핵심 속성인 타인지향적 가치에 두는 공동체와의 연계성의식은 개인의 창의성이 조직의 가치 재창조로 이어지게 하는 창조경영 실현에 크게 영향을 줄 수 있다. 셋째, 직무수행의 행동 측면이다. 직무소명감을 갖게 되면 나타나는 열정적, 의미 탐구적인 행동은 창조경영의 가치 재창조에 근본적인 영향요소로 작용할 수 있다. 두 가지 요소가 지향하는 목적이 바로 의미 있는 가치창조이기 때문이다. 넷째, 직무수행의 결과 측면이다. 타인 지향적 가치추구와 공동선 추구, 높은 가시적 성과와 가치 재창조, 직무 및 삶의 만족감과 자아실현 및 환경조성 속성들은 같은 맥락의 개념으로 볼 수 있다. 비록 직무소명감이 최상위의 자아실현욕구, 혹은 더 높은 영적인 욕구단계에 있는 심리적 상태로 일의 목적과 순수성면에서 다소 차이가 있다고 볼 수는 있지만 두 요소는 동일한 개념선상에 존재한다.

요약하면 직무의미 인식과 창의적 성격 및 태도, 직무수행의 목적과 행동 측면의 요소들은 상호 인과관계를 갖는다고 예상할 수 있으며, 직무수행의 결과 측면의 요소들은 같은 맥락의 개념이라고 볼 수 있다. 따

라서 직무소명감은 일 자체가 가진 의미와 목적을 추구하는 긍정 심리
적 태도로서 일에 대한 강렬한 열정, 끊임없는 의미탐구와 창조적 행동
을 갖게 하고 또 이는 조직의 큰 성과창출과 개인의 높은 직무만족감이
나 자아실현의 성취감으로 이어지게 하는 창조경영의 근원적인 선행요
소가 될 수 있다.

<표 2> 직무소명감과 창조경영 속성들 간의 인과성

직무소명감 ────────────▶	창조경영
(기본속성)	(개인 차원의 창의성)
* 의미부여의 주관성	* 자발성, 호기심, 자부심
* 타인 지향적 가치추구	* 신념, 용기, 개방성
→ 내적 지향의 본질	→ 내적 지향의 본질
(효과 요인)	(조직 차원의 창조성)
* 열정적, 탐구적 행동	* 가치 재창조
* 높은 가시적 성과	* 공동선 추구
* 직무 및 삶의 만족감	* 자아실현 및 환경조성

6. 직무소명감의 선행요소

직무소명감이 창조경영 실현의 근원적인 작업동기요소로서 직무소명
감을 가진 사람이 그렇지 않은 사람에 비해 개인은 물론 조직에까지 긍정
적인 영향을 미치게 된다는 사실은 의심할 여지가 없다. 이제 리더가 구
성원들로 하여금 직무소명감을 유발케 하여 이를 더욱 강화, 지속시킬 수
있는 효과적인 리더십의 방법을 강구해야 할 차례이다. 그러나 구성원들
의 마음의 뿌리를 움직여서 직무소명 지향적 태도를 갖도록 리더십 방향

을 새롭게 설정하고 효과적인 방법을 개발하는 일이란 쉽지 않은 과제다. 더구나 아직 우리나라에는 직무소명감과 관련한 리더십 연구개발이 활발치 않다. 다행히 최근 직무소명감을 갖게 하기 위한 다양한 연구들이 미국의 긍정심리 및 조직행동학자들을 중심으로 일어나고 있어 퍽 반가운 일이라 할 수 있다. 그들의 연구결과들은 소명리더십을 통한 창조경영 실현을 위한 모델개발의 방향을 설정하는 데 큰 도움이 될 수 있을 것이다. 모델개발에 앞서 그들의 연구결과들을 중심으로 직무소명감을 체화시킬 수 있는 리더십 방향을 생각해 보도록 하자.

1) 과업의 중요성 인식

리더는 구성원들이 조직생활 가운데 수시로 '내가 왜 이 일을 하는가?, 이 일이 나의 조직에 어떤 의미와 가치가 있는가?' 라는 물음을 스스로에게 던져 보면서 성찰하는 자세를 갖고 있는지를 살펴볼 필요가 있다. '스스로의 의미부여' 라는 속성을 가진 직무소명감은 맡은 직무의 중요성을 인식하는 데서부터 일어날 수 있기 때문이다. 즉 현재 구성원들이 가지고 있는 직무소명감에 대한 현상파악이다. 이것은 리더들이 직무소명감의 개념을 이해한 후에 반드시 점검해 보고 어떤 리더의 태도와 행동 변화를 결정할 선행단계이다. 구성원들이 지금 하고 있는 일들이 자신이나 조직에 큰 가치를 주지 못하고 있다는 사실을 발견하게 될 것이기 때문이다. 이는 일에 대한 소명감이 없이 조직의 정책이나 상사의 통제하에 어떤 주어진 제도나 혁신기법에 의해서 불필요한 일들을 제거하고자 노력하는 경우와는 다르다. 직무소명감을 가지고 일의 의미를 스스로 찾는 노력은 좀 더 실질적이고 지속적인 창조적 직무수행이 될 수 있고, 그것이 자연스럽게 조직문화로까지 정착될 수 있다.

그러나 진정으로 자신의 에고를 뛰어넘어 조직의 가치 창출에 기여하는 업무를 지속적으로 수행한다는 것은 강한 직무소명감이 내재화되지 않으면 실로 어렵다. 그것은 직무소명감이 본래 가지고 있는 내적 지향 본질을 고려할 때 어디까지나 스스로 목격하고 인식케 하는 감동적인 방법이 필요해 보인다. 즉, 리더가 먼저 자신에게 보다 진실하고 더욱 성숙해지려고 노력하는 모습과 행동을 계속해서 자주 보여 줌으로써 이를 목격한 구성원들의 직무소명감 형성에 크게 영향을 주고자 하는 간접적인 방법이다. 한편 지금까지 해 오고 있는 조직차원의 외재적인 방법도 매우 정교하고 감동적으로 병행할 필요가 있을 것이다. 어떤 방법으로든 과업의 중요성을 인식하게 함으로써 직무소명감을 유발시켜야 하기 때문이다.

이 과업의 중요성은 자신의 일에 대한 의미를 더 큰 목적에 두게 될 때 생길 수 있다. 그리고 과업의 중요성에 대한 인식은 개인 자신이 일의 목적을 어떻게 인식하고 있고, 또 자신의 일이 그 소중한 목적을 달성하는 데 어떻게 기여하는지를 알 수 있을 때 가능하다(Pratt & Ashforth, 앞의 논문, p.321). 이러한 측면은 맡은 직무의 진척도와 조직목표와의 관련성을 수시로 명확하게 확인할 수 있도록 하는 조직차원에서의 조치들이 직무소명감을 촉진하는 요소로 작용한다고 볼 수 있다. 이것이 중요한 이유는 대부분의 조직에서 리더나 구성원 자신들이 알게 모르게 조직의 가치 창출에 도움이 되지 않은 불필요한 일들을 계속해서 수행하고 있기 때문이다. 이로 인해 나타나는 보이지 않은 조직차원의 손실을 어떻게 없애야 할 것인가는 창조경영 실현을 위해 리더들이 계속해서 깊이 고민해 보아야 할 과제일 것이다.

그런데 이 과업의 중요성도 스스로의 인식을 통해서 이루어져야 한다. 과업이 중요하다, 중요하지 않다는 판단은 근본적으로 각 개인의 가치, 신념, 정신, 의식 등과 같은 내재적 요소에 영향을 받기 때문에 외부적인 어떤 접근방법들도 직무소명감 형성을 촉진하는 요소로만 작용할 뿐이라는 사실이다. 그래서 구성원들로 하여금 직무소명감을 갖게 하려면 그들의 마음의 뿌리를 움직이게 하는 효과적인 방법들이 강구되어야 한다. 최근에 대두되고 있는 영성리더십이 하나의 좋은 방법이 될 수 있다. 일터에서 자신들의 영적존재감을 일을 통해서 느끼게 할 때, 이는 바로 직무소명감을 높이는 결과로 이어질 수 있다. 그것은 소명리더십과 비슷한 개념이기 때문이다. 무엇보다도 중요한 것은 리더 자신이 먼저 자아인식의 능력과 신념 및 의식수준을 높이고자 하는 노력들이 구성원들의 직무소명감을 유발시키는 근본적인 요소가 된다는 점이다.

2) 직장의 의미 인식

직무소명감 형성을 촉진 및 강화하는 또 하나의 방향은 직장에 대한 의미를 인식하게 하는 리더십이다. 맡은 직무의 중요성과 소속된 직장에 대한 의미를 인식케 하는 리더십은 동시에 상호작용하는 영향력 관계다. 직무소명감과 조직 동일시 의식[9]은 같은 맥락으로 설명될 수 있다. 따라서 조직맥락에서 조직 동일시의식을 형성시키는 다양한 관행들도 역시 직무소명감 형성을 촉진시킬 수 있다. 다양한 방법들을 생각할

---

9) 조직동일시(Organizational identification)의식이란 조직의 구성원이 자신이 속한 조직과 '하나 됨'을 의미한다. 조직에 소속되었다는 인식과 함께 그 집단을 대표한다는 강한 믿음이라고 할 수 있다. (임창희, 앞의 책, p.124)

수 있으나 가장 효과적인 것은 조직의 추구가치를 정확히 반영한 비전을 일관되게 이끌어 가는 리더십이다(Pratt & Ashforth, 앞의 논문, p.318). 리더 자신의 에고를 뛰어넘어 보다 큰 조직의 안녕과 공동선에 연결된 비전은 구성원들로 하여금 직장에 대한 의미를 갖게 하고 이를 통해 직무소명감 형성을 촉진시킬 수 있기 때문이다. 그리고 이상적인 비전을 일관성 있게 실현시켜 나갈 때 고유의 긍정적인 조직문화가 형성되고 직무소명감을 더욱 강화시키는 요인으로 작용할 수 있다.

무엇보다 리더가 자신보다 조직을 우선시 하는 초월적 행동은 구성원들의 직장에 대한 의미를 인식시키는 중요한 요소가 될 수 있다. 이기심에서 벗어나 조직의 발전과 타인의 행복추구에 목적을 둔 자아 초월적 행동과 비전 실현과정에서 나타나는 역경들을 지혜롭게 극복해 내는 한계 초월적 행동들은 구성원들로 하여금 조직 동일시의식을 높이는 데 크게 영향을 준다는 사실이 널리 실증되고 있다. 결국 리더가 창조경영 실현을 위해 구성원들로 하여금 직무소명감을 갖도록 하는 리더십 방향은 소속된 직장의 의미와 맡은 직무의 중요성을 인식시키는 두 가지 과제가 그 핵심이라고 할 수 있다.

〈그림 2〉 직무소명감의 선행요인과 효과요인

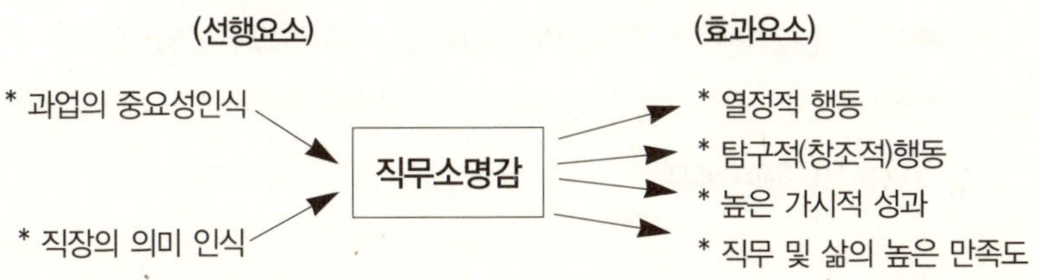

제3장 '창조경영과 소명리더십 모델'

창조경영시대에 적합한 리더십의 내용과 목표는 명확하다. 조직 구성원들의 마음의 뿌리를 움직이게 하여 직무소명감을 갖게 하고 열정과 의미탐구, 창조와 헌신, 성취와 만족 등과 같은 개인의 무한한 긍정성의 효과를 표출하게 만드는 내용이 되어야 한다. 그리고 리더십의 목표를 구성원들의 직무소명감이 체화된 창조적 직무수행이 어떤 경영환경에서도 약해지지 않고 지속되도록 하여 안정되고 탁월한 조직성과와 구성원들의 직무 및 삶의 만족감이 동시에 향상되도록 하는 데 두어야 한다. 바로 소명리더십을 통한 창조경영을 실현하는 일이다. 이러한 방향과 목적의식에서 조직 구성원들의 마음의 뿌리에 해당하는 직무소명감을 유발하여 이를 강화하고 지속시키는 리더십 모델을 정립하였다.

1. 개념 및 구현목표

지금까지 학습을 통해 확인한 사실은 구성원들의 직무소명감이 창조경영을 실현시킬 수 있는 선행요소가 될 수 있다는 점이다(제2장, 4항 항). 즉, 진정한 창조경영 조직문화의 정착은 직무소명감의 체화體化를 통해서만 가능하다는 두 변수의 밀접한 인과관계성이다. 이제 창조성과 소명감을 연계시킨 '창조경영과 소명리더십 모델'을 개발할 단계다. 두 변수의 개념적 속성을 고려할 때 이 모델은 구성원들로 하여금 직무소 명감을 일상생활 가운데 체화시켜 선순환 가치창조경영의 조직문화를 구현하는 리더십이라고 정의를 내릴 수 있다. 직무소명감의 체화란 구 성원들로 하여금 맡은 직무와 소속된 조직에 대한 의미를 스스로 찾게 하고, 또 이것이 더 큰 가치창조를 위한 긍정적인 태도와 행동으로 자연 스럽게 확대 및 지속되게 하는 리더십을 의미한다. 그리고 선순환 가치 창조경영의 조직문화란 직무소명감에 기초한 가치 창조적 행동이 어떤 경영환경에서도 멈추지 않고 끊임없이 일어나게 하는 지식경영 및 학습 조직변화의 선순환 모습을 갖도록 하는 리더십이라고 할 수 있다. 다시 말해 마음의 뿌리인 본질이 변화되게 만드는 근원적인 동기부여 방법이 며, 진심으로 '하고 싶어서 하는' 변화와 창조적 활동이 정착되도록 조 직차원의 지원환경을 조성하는 리더십인 것이다.

그리고 이러한 '창조경영과 소명리더십 모델' 구현의 목표는 직무소 명감의 체화를 통해 조직의 비전과 목표를 달성함과 동시에, 구성원 개 개인의 직무만족과 행복한 삶을 충족시키는 데 두어야 한다. 조직의 비 전실현과 구성원 개인의 삶과 생활은 분리되기 어려우며, 맡은 직무와 소속된 직장의 만족감과 행복감도 별개로 일어나는 심리적 현상일 수가 없기 때문이다. 하지만 궁극적인 목표는 구성원들로 하여금 일할 맛, 살 맛이 나게 만드는 데 두어야 한다. 왜냐하면 조직의 비전도 직무소명감이 체화된 구성원들의 창조적 활동에서 실현되는 것이며, 그리고 이 세상의 모든 현상에 대한 의미는 개인 자신이 부여하는 것이라는 직무소명감이 갖는 내적지향의 본질적인 속성 때문이다. 이러한 개념과 목표를 가진 '창조경영과 소명리더십 모델'은 지금까지의 변화와 혁신활동의 문제점을 근원적으로 해결하고 이 시대가 요구하는 '하고 싶어서 하는' 창조경영의 선순환 학습조직문화를 정착시킬 수 있는 가장 확실한 대안적 리더십이 될 수 있을 것이다. 문제는 리더가 얼마나 그 필요성을 깊이 인식하고 효과적인 방안들을 계속 고민하면서 구체적으로 태도와 행동 변화를 일으키느냐에 있다.

2. 모델구현의 필요성

'창조경영과 소명리더십 모델'은 기존의 경제적 교환수단이나 단지 자아실현 욕구를 충족시키기 위한 유인책으로서의 동기부여 방법보다 가치관, 의식 등과 같은 마음의 뿌리인 본질의 변화에 크게 초점을 둔다. 창조경영실현을 좌우하는 핵심적인 요소들에 부합하여 새로운 변혁적인 방법으로 접근함으로써 리더십의 효과성을 추구한다. 그래서 리더에게는 새로운 것을 배워서 실행하는 것에 대한 학습 불안감이 행동 변화를 저해하는 요소로 작용될 가능성이 충분히 있다. 즉 변화로 인해 그동안 쌓아 놓은 고귀한 것들(지위, 권력, 친분, 노하우 등)이 상실되고 조직에서 자신의 존재가치가 약화될 수 있다는 두려움이 큰 장애가 될 수 있다. 따라서 '창조경영과 소명리더십 모델'의 구현은 그 필요성에 대한 리더의 깊은 인식에서부터 시작되어야 한다. 특히 이 모델이 오늘날의 우리 조직사회에 왜 절실히 요구되고 있는지를 점검해 보는 것은 모델구현의 성공가능성을 높이는 출발점이 될 수 있다. 크게 두 가지 편향된 의식구조로 인한 조직사회적인 부작용 측면에서 모델구현의 필요성을 찾을 수 있다. 하나는 지나친 물성物性 중심적 사고요, 또 하나는 편향된 이기주의적 사고다. 이는 빈부, 지역, 노사, 세대갈등 등 많은 사회적 문제들을 야기시키는 근원적인 요인이 되고 있음은 이미 인지하고 있는 사실이다. 이것은 한국의 과거 고도산업 성장사회의 부정적인 결과로 나타나고 있는 현상으로서 선진사회로 나아가는 과정이라고도 볼 수 있다.

그러나 문제는 일에 대한 가치가 과도하게 물성物性 및 개인 중심 쪽으로 기울어진 조직사회는 진정한 조직 번영과 개인의 행복을 이루기가 어렵다는 데 있다. 경제적으로 좀 힘들다고 해도 이를 극복하기란 어느 정도 쉬운 것이지만 정신적으로 타락한 조직사회는 이를 회복하기가 쉽지 않기 때문이다. 정신이 살아 있는 국가나 조직은 존속·번창하고 정신이 죽어 있으면 쇠퇴·멸망한다는 것은 동서고금의 역사가 증명해 주는 사실이다. 일을 게을리 하면서도 받는 것은 많아야 된다는 근로의식, 오로지 돈을 벌기 위해 일하며 돈에 행복의 기준을 두는 물질만능주의 사고, 노력한 만큼 대가가 주어지지 않는 불공정한 사회, 개인의 이기심을 채우기 위해서는 수단과 방법을 가리지 않는 비윤리적 행태들, 공공질서를 교란하는 불법적 행동이나 비인륜적 행동을 하고서도 전혀 죄의식을 느끼지 못하는 사회, 이러한 것들이 물성 및 개인주의적 사고로 퇴화해 버린 조직사회의 양태들이다. 퇴락한 정신과 활력을 잃어버린 조직사회를 바로 세우는 데에는 많은 시간이 필요하며 다각적인 치유방법이 동원되어야 한다. 이것이 일의 의미와 궁극적인 삶의 목적에 초점을 두고 있는 직무소명감에 대한 이해와 그 체화방안에 대해 리더의 노력이 절실히 요구되는 이유이다.

　기업조직을 비롯하여 모든 조직사회의 구성원들로 하여금 직무소명감을 유발하여 이를 더욱 크게 강화하고 지속시키는 새로운 리더십이 필요하게 되었다. 구성원들의 사고와 태도를 어떻게 일에 대한 열정으로, 그리고 조직 공동체의식으로 바꾸어 놓을 것인가, 누가 시켜서가 아니라 스스로의 결정에 의해 '하고 싶어서 하는' 변화와 혁신이 되게 하고, 개개인의 창의력이 마음껏 발휘될 수 있도록 할 것인가에 대한 답쏨을 찾아내야 한다. 창조경영은 모든 구성원들의 창의적인 아이디어가 끊임없이 창출되고, 또 그것이 조직의 더 큰 가치실현으로 이어지는 학습조직문화를 구현하는 경영이다. 이를 '창조경영과 소명리더십 모델'의 개념으로 정의하고 직무소명감을 유발하여 강화하고, 이를 지속시키는 원칙과 방법들을 학습코자 하는 것이다.

　그동안 한국기업들은 선진시스템이나 기법들을 경쟁적으로 도입해서 적용하는 데 크게 노력을 기울여 왔다. 일부 효과를 보이기도 하지만 각 산업 및 조직특성에 맞지 않아서 뿌리내리지 못하고 실패하는 경우도 많다. 그것은 조직구성원 개개인의 무한한 창의력을 존중하고 이를 마음껏 발휘토록 하는 리더십의 부족에 그 원인이 있다고 봐야 할 것이다. 구성원들이 단순히 돈을 벌기 위해 마지못해 나가는 직장이고, 하는 수 없이 하고 있는 일이라면 아무리 좋은 선진시스템이나 제도라고 할지라도 자신의 조직만이 가지고 있는 고유의 것으로 만들어 내기가 어려울 것이기 때문이다. 따라서 오늘날 리더들이 변화와 혁신의 속력을 강조하지만, 그것이 조직문화로 뿌리내리지 못하는 근원적인 이유와 그

해결방안을 조직과 직무에 대한 소명감을 갖고 매일 자신의 일을 자기 주도적으로 새롭게 만들어 나가는 구성원들의 창조적 직무수행에서 찾을 필요가 있는 것이다. 이상이 오늘날 '창조경영과 소명리더십 모델'의 구현이 절실히 요구되고 있는 특별한 이유이다. 이제 리더가 고민해야 할 부분은 동 모델을 어떤 합리적인 이론과 원칙하에 어떻게 실제적으로 구현할 것인가이다.

3. 이론적 배경

"좋은 이론만큼 실천적인 것은 없다, 이론과 실천은 결코 분리해서 생각할 수 없다"라는 말이 있다. 이는 이론에만 치우친 학자들과 현장 경험만을 주장하는 실무자들에게 경종을 울리는 좋은 지적이다. 모든 이론들은 수많은 실증연구 결과에 의해 정립된 것이며 실천적인 가치를 전제로 하지 않은 이론이란 전혀 의미가 없기 때문이다. 더구나 모델은 한걸음 더 나아가 주어진 상황에 따라 바로 실행할 수 있는 성격을 갖는다. 따라서 가치 있는 이론을 배경으로 설계되지 않은 모델은 수용성이 약하다고 할 수밖에 없다. 이런 측면에서 '창조경영과 소명리더십 모델'의 개념과 목표를 뒷받침할 가치 있는 관련 이론들을 먼저 찾아보는 것은 중요한 절차에 해당된다. 동 모델개발과 관련된 이론은 인간의 의미 추구욕구, 긍정정서의 구축 및 확장, 내재적 심리욕구이론 3가지다. 이 이론들은 직무소명감과 창조경영의 개념적 속성과 맥을 같이할뿐더러 이론과 실천의 타당성이 검증된 것으로서 이미 우리가 실무현장에서 실제로 많이 경험해 오고 있는 내용들이기도 하다.

1) 의미추구 욕구이론

직무소명감은 현재 자신이 하고 있는 일의 의미와 궁극적인 삶의 목적에 대한 것이다. 그 기준은 자신보다 타인 중심이요, 이기심에서 벗어나 기여와 공헌의 의미가 있다. 따라서 일의 의미와 공헌이라는 이 두 가지 핵심적인 속성을 기초로 '창조경영과 소명리더십 모델'의 근거이론을 찾고, 이에 기초한 설계방향을 잡아야 할 것이다. 무엇보다 먼저 '창조경영과 소명리더십 모델'의 설계는 조직에서 개인이 맡은 직무의 의미와 가치를 스스로 인식하게 만드는 것이 핵심내용이자 그 출발점이 되어야 한다. 직무 가치창조 행동은 의미 인식에서부터 비롯되기 때문이다. 이는 인간은 누구나 자신의 삶 속에서 나름대로의 의미를 찾으려는 욕구를 가지고 있고, 일의 의미발견을 통해 진정으로 행복한 삶을 추구하려고 노력한다는 긍정심리학자들의 이론과 관련이 있다. 긍정심리학자 셀리그만은 사람들은 자신들의 삶과 행위로부터 어떤 소중한 가치를 스스로 발견하고 의미를 부여할 수 있을 때 진정한 직무만족감과 삶의 행복감을 가질 수 있다고 주장한다(Seligman, 앞의 책).

그런데 그 소중한 가치와 의미는 자신만을 위한 이기적인 삶보다 가족, 직장, 지역사회, 국가, 인류 등 자신이 소속되어 있는 더 큰 집단에 기여함으로써 자신의 존재가치를 느낄 수 있을 때 창출될 수 있다. 인간은 일을 통해 소망하는 성과를 이룸과 동시에 타인과 좋은 인간관계를 유지하면서 조직사회에 봉사하고 공헌하는 데에도 삶의 큰 의미를 부여하는 욕구를 가지기 때문이다. 그것은 혼자서는 존재할 수 없는 인간 본성의 소속 욕구와 사회성에 연유한다. 따라서 우리는 오늘날의 조직 구성원들이 자신들의 근로생활 속에서 다양한 욕구를 충족시키기 위해 노력하고 있지만 맡은 직무와 소속된 조직이나 집단에서 어떤 가치 있는 의미를 찾지 못한다면 결코 행복감을 가질 수 없을 것이란 예측을 충분히 할 수 있다. 이런 이론적인 배경하에서 '창조경영과 소명리더십 모델'은 구성원들로 하여금 맡은 직무에 대한 보다 높은 의미를 스스로 인식하게 만듦으로써 직무소명감을 유발하는 리더의 태도와 행동 변화 내용들로 설계되어야 할 것이다.

2) 긍정정서 경험의 구축 및 확장 이론

직무소명감을 갖게 되면 나타나는 효과요소는 크게 두 가지이다. 하나는 조직에서 개인이 맡은 일에 대해 어떤 의미를 발견하게 되면 그렇지 않은 경우보다 더 열정적, 탐구(창조)적으로 일에 몰입을 하게 된다는 사실이고, 또 하나는 조직이 부여한 과업완수를 위해 흥미를 갖고 즐겁게 일한 결과 나타나게 되는 일에 대한 성취감과 만족감도 크게 경험하게 된다는 것이다. 그런데 이 부분에서 한 가지 의문은 개인의 이러한 긍정적 행동과 정서의 경험이 자신의 직무소명감의 강도나 조직 변화에 어떤 파급영향을 주게 되는가 하는 점이다. 즉, 개인 차원의 단발성으로 끝나는 것인지, 아니면 더욱 강화 및 지속되어 조직 전체 차원의 변화로 이어지게 되는 것인지에 대한 의문이다. 그런데 한 개인의 일의 의미발견을 통한 만족감과 성취감은 일시적인 정서가 아니고 긍정적 정서로 구축되어 성취동기를 더욱 크게 하면서 지속될 가능성이 높다. 그것은 단순한 일이 아니라 의미 있는 일로 깊이 인식되었기 때문이다.

나아가 일터에서 개인의 긍정정서의 경험은 다른 구성원들에게도 영향을 주게 된다. 긍정조직 행동학자들은 이를 긍정정서 경험의 공명共鳴 혹은 전염傳染이라고 표현하고 있다. 조직에서의 한 개인이 어떤 가치 있는 의미발견을 통해 즐거움, 흥미, 만족감과 같은 긍정정서의 경험을 하게 되면 이는 가치 있는 의미를 탐구하는 방향으로 조직 전체로 전염이 되어 점차 넓혀 나가게 작용할 가능성이 높다고 주장한다(Barbara Fredrickson, 1998, 2000, 2001).

특히 리더의 일의 의미발견을 통한 긍정정서의 경험은 더욱 크게 확대될 수 있다는 연구결과들도 많다. 그들의 연구결과에 의하면 조직이 추구하는 중요한 가치를 직무소명감을 가진 구성원들이 함께 탐구해 나가면서 동시에 조직 및 타인과의 의미 있는 관계창조가 확장될 때, 유발된 직무소명감은 더욱 강화될 수 있다. 각 개인의 강점들이 융합을 이루고(가치창조), 이는 더 큰 조직의 에너지로 활성화되는 단계(가치 재창조)로까지 나아가게 할 수 있다(Cooperrider & Sekerka, 2003). 개인의 일에 대한 소명 지향적 가치관이나 태도가 점차 강화되는 조직변화과정을 이룬다. 이러한 논지에서 '창조경영과 소명리더십 모델' 은 소속된 조직 속에서의 '일의 의미' 발견을 통한 개인의 긍정정서의 경험을 더욱 강화하고 확장되도록 하는 리더의 태도와 행동 변화 내용들로 설계되어야 할 것이다. 그래서 직무소명감에 기초한 창조경영 학습조직문화의 튼튼한 기반을 조성해야 한다.

3) 내재적 심리욕구 이론

직무소명감을 갖게 되면 일을 어떤 물질적 보상으로 보는 것보다 일 자체의 성취감으로 일한다. 이것은 어떤 외부적 요인에 의해서 형성될 수 있는 성질의 것이 아니라 기본적으로 내적 지향적 본질을 갖는 것을 뜻한다. 이는 일 자체가 가진 내적인 만족을 위해 행동하는 내재적 동기다. 그렇기 때문에 타율적이 아니라 자율적이며, 어느 직업, 어느 직무에서나 존재할 수 있다. 쉽게 말해 '지금 내가 하는 일은 의미가 있는 일이다'라고 스스로 찾아서 부여하는 것이지 누군가의 요구나 압력에 의해서 만들어지는 것이 아니다. 오로지 자기주도적이다. 일에 대한 '스스로의 의미부여'라는 이 관점은 오늘날의 조직 관리나 리더십 차원에서 크게 고려되어야 할 중요한 개념이다. 이와 같이 직무소명감의 속성에 내재되어 있는 자율성과 일 자체의 성취감은 인간의 내재적 심리욕구와 직접 관련된다.

사람은 누구나 내부에 심리적 욕구를 가지고 있기 때문에 내재적 작업동기를 경험하게 된다. 긍정심리학자들은 크게 3가지 심리적 욕구를 강조하고 있다. 자율감自律感, 유능감有能感, 타인과의 관계맺음 욕구이다. 즉 구성원들이 일상 직무수행을 통해서 자율적이라는 느낌, 유능하다는 느낌, 타인들과 안전한 관계로 연결되어 있다는 느낌을 강요가 아닌 스스로 경험함으로써 작업동기가 일어나게 된다는 것이다(Ryan & Deci, 2003). 특히 이 심리적 욕구의 만족경험은 조직 차원의 지원환경이나 타인들과의 건강한 관계조성이 지지될 때 일어날 수 있다. 지금까지 리더들은 구성원들을 동기화시키기 위해서 급료와 보너스, 통제와 감독, 경쟁과 해고 등과 같은 쉬운 방법들을 주로 사용해 왔다. 그러나 이러한 외재적 동기부여 방법은 일 자체가 가진 의미와는 별개로 무엇을 얻기 위한 동기이기 때문에 극히 제한적이고 일시적이다. 자발적이지 못하고 어떤 외재적인 유인책에 따라서 행동의 강도에 차이가 나며 심리적 욕구만족을 통한 본질적인 마음의 변화를 일으키기 어렵다.

　그러면 왜 내재적 동기화에 의한 심리적 만족을 경험케 하는 방법을 사용해야 하는 것인가? 사람은 내재적으로 동기화가 될 때 일이 즐겁고 더 나은 가치창조를 위한 도전의욕이 크게 생길 수 있기 때문이다. 그러한 행동유발의 핵심적 동인은 자율성이다. 리더나 구성원 모두가 조직생활 가운데 의사결정 과정에서 선택의 기로에 놓일 때가 많다. 이때 행동결정이 누구에 의해서 이루어지느냐는 성과와 만족감에 중대한 영향을 미치게 된다. 즉 '스스로 선택한 결과인가, 아니면 외부압력에 이끌려서 선택한 결과인가' 라는 측면이다. '창조경영과 소명리더십 모델' 에는 기본적으로 전자의 자율성에 초점을 둔다. 인간은 자신의 행동을 스스로 결정하기를 원하며, 그리고 행동의 강도가 외부환경에 의해서보다 자발적일 때 더욱 크게 일어날 수 있기 때문이다. 자율성이 없는 역량 보유만으로는 내재적 동기를 높이지 못할 것이며, 조직 내 타인들과의 질 높은 관계창조도 어렵다는 긍정심리학자들의 주장에 주목할 필요가 있다. 따라서 창조경영 학습조직문화를 정착시키기 위해서는 반드시 이러한 인간의 내재적 심리욕구충족을 통해 내적 지향본질을 가진 직무소명감을 일상생활 속에 체화시켜 지속되게 하는 리더의 태도와 행동 변화 내용들로 설계되어야 할 것이다.

　이상에서 살펴본 의미추구욕구이론, 긍정정서 구축 및 확장이론, 내재적 심리욕구이론은 직무소명감의 핵심속성이나 효과요소들과 밀접한 관련성이 있다. 일의 의미를 스스로 인식하고 일 자체가 가진 높은 가치실현을 위해 항상 적극적으로 행동한다는 측면에서 같은 맥락이다. 즉 의미추구욕구와 의미 인식, 의미발견을 통한 긍정정서의 경험강화 및 확장과 타인 지향적 가치에 둔 열정적, 탐구적, 헌신적인 행동, 그리고 내재적 심리욕구와 일 자체의 성취감 및 만족감은 상호 동일한 개념선 상에 존재하는 요소라고 할 수 있다.

4. 동기부여 과정

리더의 일이란 쉽게 말해 구성원들로 하여금 조직의 비전이나 목표달 성을 위해 더 열심히 일하도록 동기부여시키는 것이라고 할 수 있다. 그 러나 그것은 구성원들이 원하는 것을 찾아서 이루어질 수 있도록 지원 해야 가능하다. 결국 리더십은 동기부여요, 그것은 욕구충족에서 비롯 된다는 뜻이다. 이런 측면에서 볼 때 '창조경영과 소명리더십 모델' 은 구성원들의 의미추구욕구 충족과 리더의 조직 비전실현이라는 상호이 익 상황을 만드는 동기부여 과정이라고 할 수 있다. 그래서 동 모델의 동 기부여의 기본방향을 마음의 뿌리인 직무소명감의 체화에 두고 직무소 명감의 속성들과 관련 이론들을 적용한 일반적인 동기부여 프로세스를 바탕으로 정립하였다. 즉 어떤 특정한 행동을 일으켜서, 바람직한 방향 으로 행동을 유도하여, 그 행동이 지속되게 하는 3가지 측면의 동기부여 과정이다.

첫째, 욕구와 동기유발 측면이다. 행동은 어디에서 어떻게 시작되는 가라는 관점이다. 사람은 의미추구욕구를 갖고 이를 충족시키기 위해서 동기부여 된다. 따라서 직무소명감은 일의 의미 인식 및 발견에서 유발 되며, 이는 의미추구욕구에 의해서 동기부여된다. 인식 혹은 인지認知는 개인의 사고방식과 신념을 기초로 일어나는 것으로 마음의 뿌리가 움직인다는 것과 같다. 그리고 그것은 의미추구 욕구에 의해서 생기는 심리적 변화현상이다. 그래서 리더는 구성원들로 하여금 맡은 직무의 의미인식을 통한 가치관이나 의식의 변화에 초점을 둔다.

둘째, 행동의 방향과 강도 측면이다. 왜 그 행동은 다른 지향가치를 두고 특정 목표를 더욱 향하게 되는가, 라는 관점이다. 직무소명감을 가진 구성원들은 가치 있는 의미추구욕구를 충족시키기 위해서 보다 열정적, 탐구적, 창조적인 행동을 한다. 그리고 한 개인의 직무의미 인식 및 의미창조를 통한 긍정적 정서의 경험은 타인들과의 관계창조 경험을 통해 더욱 강화되고 확대된다. 조직과 개인의 추구가치가 일치상태를 이루기 때문에 보다 강력한 행동일 수 있다. 또 그것은 삶의 목적과 가치를 자신의 에고를 뛰어넘어 조직의 번영과 타인들의 행복에 기여코자 하는 데 두기 때문이다. 단순히 직업수단 및 경력 추구적 태도나 행동과는 다르다. 그래서 리더는 구성원들의 타인들과의 관계창조 경험을 통한 긍정적인 태도 및 행동 변화에 초점을 두고 리더십을 발휘하게 된다.

셋째, 성과와 보상에 대한 수용성의 측면이다. 자신의 행동결과를 어떻게 평가하고 피드백시키는가 하는 관점이다. 구성원들이 직무소명감을 갖게 되면 자신들의 가치창조 행동결과가 조직 비전이나 목표달성에 기여하는 것에 더욱 크게 만족한다. 그것은 자신들의 행동의 동기를 일 자체가 가진 가치에 더 큰 비중을 두기 때문이다. 가장 높은 자아실현의 욕구충족에 초점을 맞춘다. 그래서 일의 성취 자체를 보다 큰 보상으로 보고, 더 나은 가치 창출을 위해 보다 강화된 행동으로 나아가는 피드백 고리를 갖는다. 그래서 리더는 의미 탐구적이고 가치 창조적인 학습조직변화에 초점을 두고 긍정심리 욕구인 자율감, 유능감, 도전감 등의 효과성을 경험케 하는 리더십 방식을 사용한다. 어떤 제도나 시스템 및 기법에 의존하는 방식이 아니다. 행동결과에 대해 단지 물질적 보상을 주어 만족으로 이끌고 성과를 증대시키는 통상적인 동기부여 과정과는 다르다.

이러한 동기부여 과정을 기초로 '창조경영과 소명리더십 모델'은 직무소명감을 유발시켜 강화하고 이를 지속시키는 3단계 체화과정으로 설계되어 있다. 즉, 직무소명감 유발단계는 가치관이나 의식 같은 본질적인 정체성의 변화가, 강화단계는 행동의 변화가, 지속단계는 학습의 변화가 자발적으로 일어나게 하는 의미탐구 및 의미 창조 동기부여 과정이라고 할 수 있다.

〈그림 3〉'창조경영과 소명리더십 모델'의 동기부여 과정

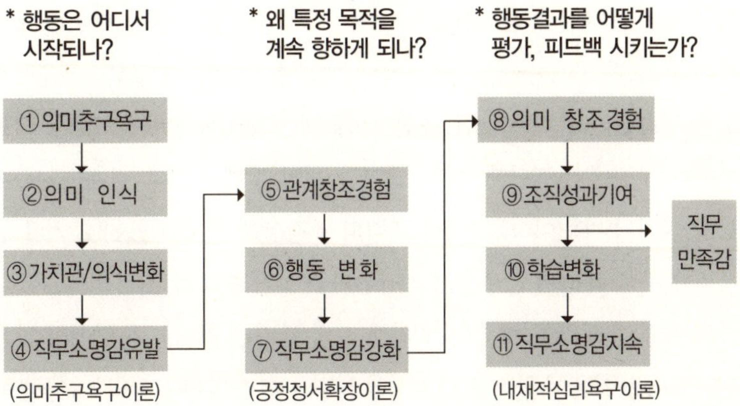

5. 기본설계 구조

1) 직무의미 인식을 통한 가치관 및 의식의 변화

'창조경영과 소명리더십 모델'의 이론적 배경과 동기부여 과정을 기초로 구체적인 리더의 행동 변화 내용을 설계해 보도록 하자. 먼저 맡은 직무의 의미 인식을 통해 가치관이나 의식의 변화가 일어나게 하는 내용이 되어야 할 것이다. 직무소명감을 유발시키는 최초의 리더의 태도와 행동 변화 단계다. 구성원들로 하여금 소속된 조직 전체 차원에서 맡은 직무의 의미와 목적을 스스로 인지하고 새롭게 형성해 보도록 하는 리더의 태도와 행동 변화 내용들이 포함된다. 그러나 조직 속에서 자신의 직무의 의미를 깊이 인식하고 그 범위를 스스로 설정해 본다는 것은 용이한 일이 아니다. 왜냐하면 조직 속에서의 각 집단 및 개인의 직무수행은 대부분 타인과 상호연계되어 있어 협력적으로 추진되어야 하기 때문이다. 조직 속에서 어느 한 부서나 개인의 직무범위를 모두 구체적으로 규정화시켜 관련 직무를 독립적으로 수행되도록 할 수는 없다. 이런 이유로 조직내의 집단과 집단, 개인과 개인 간에는 업무 경계영역들이 항상 생기기 마련이다. 그래서 조직의 규정상에 정해져 있지 않거나 중복된 업무들 때문에 발생하는 조직상의 손실이 항상 많다.

그동안 이 문제를 해결하기 위해 조직 관리나 리더십 측면에서 많은 연구노력을 기울여 왔으나 근원적인 해결은 쉽지 않아 보인다. 다양한 특성의 사람들이 모인 집단성集團性과 역할배분을 통한 효율성 추구라는 조직이 안고 있는 본래의 속성 때문에 업무 경계영역 해결문제는 조직 관리상의 영원한 과제일지도 모른다. 그러나 그 근원적인 해결의 주체는 어디까지나 조직 구성원들 개인일 수밖에 없을 것이며, 그들이 일을 보는 태도나 행동에서 실마리를 찾아야 할 것이다. 따라서 조직 구성원들로 하여금 스스로 맡은 직무의 의미를 찾아서 직무에 대한 인지적認知的 경계영역(맡은 직무를 한 부분으로만 인식할 것인가, 아니면 통합된 전체로 인식할 것인가)을 자기 주도적으로 설정해 보도록 유도하는 고高 차원적인 리더십을 발휘함으로써 맡은 직무와 소속된 조직에 대한 자신의 정체성을 새롭게 인식토록 하는 단계가 필요하다. 더구나 자신이 맡은 직무의 의미와 목적을 조직 전체 차원에서 인식하려는 학습노력과 능력이 없다면 직무소명감에 기초한 진정한 창조적 직무수행이 나오기 어렵다. 그것은 조직 및 타인들과의 훌륭한 관계창조와 직무 의미 창조 행동들도 직무의 인지적 경계영역 설정과 연계되어 일어나기 때문이다. 따라서 직무의 의미를 인식케 하는 리더의 태도와 행동 변화 내용들은 '창조경영과 소명리더십 모델' 구현의 출발점이자 핵심이 되는 중요한 단계로써, 특히 다음 두 가지 가정에 대한 이론적인 배경을 기초로 하고 있다.

첫째는 직무의미 인식의 심리적 변화과정에 대한 가정이다. 직무의미 인식은 자신의 정체성(존재가치)을 통해서 일어난다고 본다. 왜냐하면 맡은 직무의 의미를 인식한다는 것은 자신의 삶의 목적과 의미를 점검해 본다는 것과 관계되기 때문이다. 따라서 직무의 의미 및 목적과 개인의 정체성은 서로 연결되어 일어나는 상호작용의 관계라고 할 수 있다. 그런데 조직 구성원 개인의 정체성은 맡은 직무와 소속된 조직이라는 두 가지 요소에 의해 영향을 받으며, 그것이 긍정적인 영향을 줄 때만 의미 인식과 직무창조 활동이 일어날 수 있게 된다. 조직 구성원 개인의 삶의 목적과 추구가치는 소속된 조직생활 속에서 조직과 타인들과의 사회화 과정을 통해서 다듬어지면서 실현이 된다. 조직 안에서의 자신의 역할(나는 어떤 가치 있는 일을 하고 있는가)과 소속된 직장의 멤버십(나는 어디에 소속되어 있는가)의식은 개인의 정체성(나는 누구인가) 변화에 영향을 주게 되고, 이들의 통합과정을 통해서 긍정적인 의미성(내가 왜 여기에 있는가)이 형성될 수 있다(Pratt & Ashforth, 앞의 논문, pp.312~314). 따라서 조직이 부여한 책무의 중요성을 깨닫게 하고 동시에 조직 공동체의식을 함양하는 리더의 태도와 행동 변화 내용들이 고려되어야 한다.

두 번째는 직무의미 인식을 하게 하는 수단에 대한 가정이다. 조직차원에서 무엇이 의미 인식을 하도록 만드는 근원이 될 수 있는가 하는 점이다. 그것은 현재보다 훨씬 더 좋은 미래의 비전과 이의 실현을 위한 명확한 사명이라고 본다. 비전과 사명은 조직에서의 개인의 행동방향과 역할에 대한 준거準據가 될 수도 있지만 조직의 특정 목적, 가치, 신념을 갖게 하는 기능을 할 수 있기 때문이다(Conger & Kanungo, 1987). 다시 말해 조직의 비전과 사명은 직무소명감을 갖게 하는 근원적 요소가 될 수 있음과 동시에 특정 조직의 멤버십을 갖게 하고 강화시키며 의미 있게 하는 준거역할을 한다(Shamir, House, & Arthure, 1993). 조직과 개인 간의 정체성의 괴리를 확인시켜 주고 바람직한 방향으로 유도하는 역할을 할 수 있다. 그리고 비전과 사명을 통한 직무 및 직장에 대한 의미 인식과 정체성과의 상호작용관계는 매우 역동적이고 서로 조정될 수 있다. 조직, 역할, 정체성은 복잡한 실체이기 때문에 완전한 일치성이 이루어지는 경우는 드물다(Gardner, 등 2001). 그러나 '창조경영과 소명리더십 모델'에서는 통합의 가능성이 항상 존재한다고 보고 리더의 끊임없는 노력에 초점을 두고 있다.

이러한 두 가지 가정을 기초로 최초의 소명리더십 단계에서는 구성원들로 하여금 맡은 직무의 의미를 조직 전체차원에서 인식케 함으로써 자신들의 가치관과 의식의 변화를 통한 직무소명감 유발에 중점을 둔다. 즉 조직 속에서의 자신의 직무의미를 매일 새롭게 만들어 나가려는 신념과 의욕을 불러일으켜 직무소명감을 갖도록 유도하는 리더의 태도 및 행동 변화내용들로서 삶의 목적과 추구가치, 맡은 책무의 중요성, 소속된 직장의 고마움을 스스로 인식케 하는 지원환경조성 내용들이 그 범주가 된다.

〈그림 4〉 의미를 인식케 하는 소명리더십의 범주

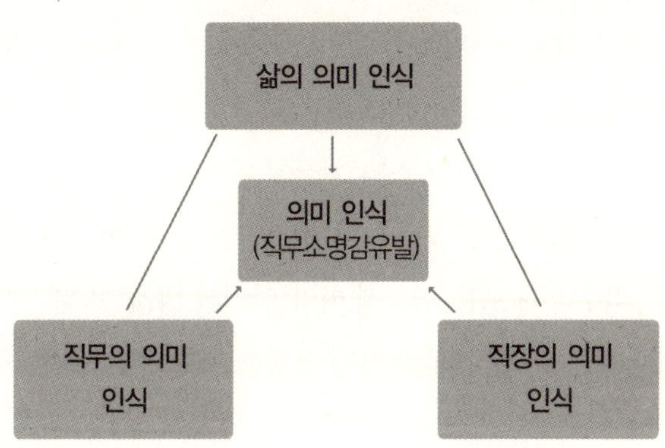

 # 직무의 인지적 경계영역을 변경하는 책임감 있는 간호사 사례

(Wrzesniewski & Dutton, 2001, 'Crafting a job', p.192)

한 환자를 더 잘 돌보기 위해 관련정보나 사소한 업무들까지 관심을 갖고 최선을 다하는 병원 간호사의 사례이다. 간호사들이 자신의 일을 보는 방식을 스스로 변경하는 경우이다. 그들은 일반적으로 병원조직에서 요구되고 있는 간호사의 직무규정을 벗어나 자신들 스스로 간호사의 일의 의미를 설정하고 있다. 단순히 높은 간호기술로 환자를 간호하는 수준을 뛰어넘어 환자의 보호자(advocacy) 및 환자 돌보미(patient care)의 방식으로 변경한다. 의사의 지시대로 언제 어떤 약물로 어느 정도 투입하는 기술적, 양적인 간호가 아니라 환자의 가족관계, 고민거리, 불안한 심리상태 등에 대한 부분까지 직무의 인지적 경계영역을 넓힌다. 비의학적, 비계량적인 부분을 중요하게 여긴다. 책임감이 있는 간호사의 행동은 그들의 마음 가운데 직무소명감이 내재화되어 있기 때문에 가능한 것이다. 직무에 대한 인지적 경계영역 설정은 외부적 상황에 의해 영향을 받는다기보다 작업자 자신이 직무를 보는 태도나 강한 신념과 뚜렷한 가치관의 내용이 작용한다고 볼 수 있다. 간호사라는 자신의 직무를 생계유지를 위한 직업 수단적 태도를 갖는 사람과, 인간을 존중하고 한 생명을 소중하게 여기는 소명 지향적 직무태도를 가진 사람과는 일의 의미와 일의 정체성에 대해서 가지는 인지와 신념이 차이가 날 수 있다. 똑같은 직무라도 보는 태도에 따라 인지적 경계영역과 책임감의 정도가 판이하게 다르다. 그런데 직무에 대한 소명 지향적 태도를 가진 책임감 있는 구성원들은 오늘날의 우리 조직사회에서는 그렇게 많지 않은 것 같다.

2) 조직 및 타인들과의 관계창조 경험을 통한 행동의 변화

다음은 직무의미 인식에서 '더 나은' 가치 창조를 위한 행동으로 나아가게 만드는 리더의 태도와 행동 변화 단계이다. 구성원들로 하여금 조직 및 타인들과의 훌륭한 관계의 의미를 스스로 경험케 함으로써 직무소명감을 강화하는 리더십이다. 직무의미 인식과 이에 기초한 의미 창조 행동은 조직의 멤버십에서 나온다. 조직 구성원은 누구나 자신이 어디에 소속되어 있고, 누구와 어떤 관계를 갖고 있는지, 그리고 어떤 공헌을 하는가라는 이슈들에 의해서 영향을 받기 때문이다. 따라서 자신의 정체성을 정의하는 데 있어 '집단범주와 멤버십의식[10]' 이 중요하다. 이는 개인 자신을 조직과 독립된 존재로 보지 않고 집단성원으로 인식하게 되는 심리적 변화를 말한다. 사람들은 삶의 목적과 의미를 조직 멤버십이나 주변 사람들과의 상호작용 속에서, 그리고 조직이 신봉하는 목적, 가치, 신념에서 찾기도 한다(Pratt & Ashforth, 앞의 논문, p.314). 당연히 삶의 목적을 타인 지향적 가치에 두는 직무소명감도 조직 사회화 과정을 통해서 형성되고 강화된다고 할 수 있다. 그래서 직무소명감은 조직 및 타인들과의 훌륭한 관계 맺기 확장을 통한 의미 창조 행동과 밀접한 인과관계를 갖는다고 할 수 있는 것이다.

그런데 직무수행과 관련한 타인들과의 관계 경계영역의 확장은 직무를 수행하는 동안에 타인들과의 상호작용에 대한 재량권 행사를 의미한다고 할 수 있다. 앞의 직무 인지적 경계영역에서 언급한 바와 같이 조직상에서 주어지는 대부분의 개인적 직무는 상호의존성을 갖고 있기 때문에 조직 및 타인들과의 직무관계 경계설정을 어떻게 갖는가 하는 문제는 조직의 역동성과 효과성에 영향을 미치는 매우 중요한 요소이다. 이러한 이유로 조직 내 집단 단위 및 개인들 간의 상호의존성을 어떻게 해결할 것인가 하는 문제가 지금까지 조직 설계나 조직행동 측면에서 계

---

10) 집단범주集團範疇는 심리적으로 소속집단에 묶이게 되는 것이며, 멤버십은 집단소속감이다. 범주화(Categorization)를 통한 정체성은 집단의식을 창출해내며 내 집단의 고유한 특성인 집단 원형을 규정하도록 만들고 소속된 범주에 스스로를 동일시하며 그 범주에서 추구하는 이데올로기 및 신념을 내면화하게 만든다.(Turner, 1985)

속 핵심적인 연구과제가 되어 왔던 것이다.

그러나 조직 차원이나 관리자 중심으로 실시해 오고 있는 관행적인 직무설계로는 개인의 창의력을 마음껏 발휘케 하는 데 한계점을 가질 수밖에 없었다. 이는 구성원 개인이 직무를 보는 태도와는 상관없이 설계가 이루어지므로 직무 애착도나 몰입의 강도에 차이가 날 수밖에 없기 때문이다. 따라서 직무수행과 관련한 타인들과의 관계적 경계영역을 자기 주도적으로 설정, 변경해 나가는 창조적 직무수행이 자신과 조직의 가치를 보다 크게 높이는 근원적인 해결방법이 될 수 있다. 긍정조직행동 연구가들은 조직은 관계창조의 능력을 가진 살아 있는 존재로서 긍정적 조직변화11)를 위해서는 조직 및 타인들과의 연결 관계가 의미 있게 확장되어야 하며, 모든 구성원들이 자기중심적 사고에서 벗어나 자신과 타인 모두를 장점을 가진 자로 바라보는 균형 잡힌 세계관을 확대하는 능력이 생길 수 있다고 주장한다(Cooperider & Sekerka, 앞의 논문).

이러한 측면에서 개인의 직무의미 인식의 다음 단계는 구성원들로 하여금 자신이 소속된 조직과 자신의 직무를 둘러싼 조직 및 타인들과의 상호작용의 질과 양을 긍정적인 방향으로 변경하는 관계의미 창조 활동들로서 그 효과성을 스스로 경험하도록 만드는 리더십이 되어야 한다. 즉 소속된 조직과는 단기적이 아니라 미래지향적인 관계를, 조직 내외 관련자들과의 직무수행방법을 부문적 이익차원이 아니라 전체성 차원의 가치

---

11) 긍정적 조직변화란 문제 및 결핍해결의 접근방식이 아닌 강점탐구방식의 조직변화를 말한다. 그 변화 과정은 조직이란 인간관계를 맺는 중심이라고 가정하면서 시작된다. 조직변화모델은 강점탐구 활성화에서 강점들의 융합, 집단에너지의 활성화로 이동하는 3단계로 구성된다. 각 단계는 의미있는 탐구 행동을 활성화하고 타인에 대한 관계맺기를 확장함으로써 촉발될 수 있다. (Cooperider & Sekerka, pp.231-232)

창출 관계를, 그리고 진실성에 기초한 조직과 타인들과의 신뢰관계를 갖게 함으로써 이로 인한 효과성을 스스로 경험케 하는 리더의 태도 및 행동 변화 내용들이 그 범주가 된다. 특히 조직 내외 관련자들과의 훌륭한 관계의 질을 높이기 위한 리더의 태도 및 행동 변화는 구성원들로 하여금 조직 전체 차원의 시너지 효과성을 경험케 하는 핵심적인 내용이다. 즉 자신의 직무수행을 누구와 함께 할 것이며, 얼마나 자주 관계할 것인지 등 직무를 수행하는 데 필요한 타인들과의 관계영역을 자기 주도적으로 새롭게 형성할 수 있도록 지원환경을 조성하는 내용이라고 할 수 있다.

〈그림 5〉 관계창조를 경험케 하는 소명리더십의 범주

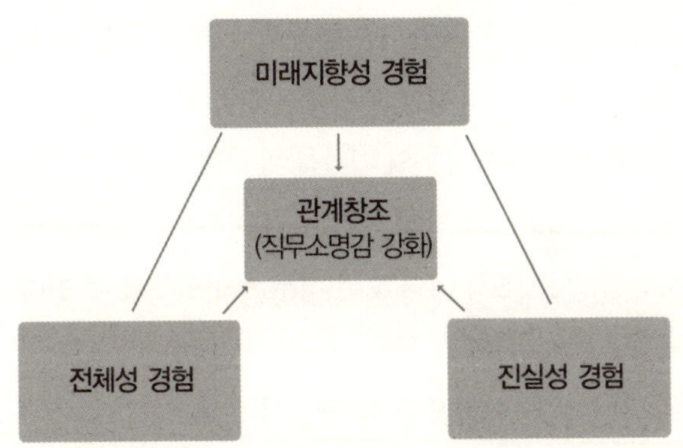

 # 직무관련 타인과의 상호작용의 질과 양을 변경하는
병원청소부의 사례

(Wrzesniewski & Dutton, 앞의 논문, pp.190~191)

병원청소부가 자신들의 마루청소 직무의 의미를 환자들의 도우미가 되는 것으로 변경하는 경우이다. 자신들의 마루청소 작업을 보잘것없는 별개의 한 부분이 아니라 병원의 중요한 부분으로서 통합된 전체로 보는 것이다. 즉 자신들의 마루단위 작업흐름을 환자들과 가족들을 위해 적극적으로, 그리고 진심으로 보살피는 병원청소부의 직무의미로 변경한다. 단순한 바닥 청소직무 자체에만 머물지 않고 환자와 가족들을 돕는 역할과 관련되어 있는 부서 및 구성원들과의 훌륭한 인간관계를 적극적으로 확대, 형성함으로써 더욱 질 높은 마루청소와 환자도우미의 역할수행을 본연의 직무로 본다. 간단한 마루청소 작업이 아니라 환자를 돕는 중요한 직무의 의미로 변화시킨 것이다. 그녀의 직무는 '그저 그런' 단순한 일이 아니라 의미 있는 일이 된 것이다. 청소원이자 환자도우미로서 조직 구성원들과의 이런 색다른 관계형성을 통해 적극적으로 병원조직에 관여함으로써 조직 공동체에 좀 더 통합될 수 있다. 오로지 돈을 벌기 위해 직무 규정에 의거해서 일을 하면서 퇴근 때가 되면 바닥청소 상태에 만족하며 하루의 일과를 마치는 '그저 그런' 청소부의 경우와는 다른 것이다. 이와 같이 똑같은 일을 하면서도 또 다른 방식으로 일할 수 있는 경우는 조직 내의 모든 직무에서 일어날 수 있다.

3) 직무 의미 창조 경험을 통한 학습의 변화

세 번째는 구성원들로 하여금 맡은 직무의 의미를 실제로 창조하는 경험을 쌓아가게 함으로써 직무소명감이 지속되게 하는 학습의 변화 단계이다. 직무소명감을 스스로 갖게 하고 이를 더욱 강화시키게 되면 어떤 행동의 변화가 일어나게 될까? 최근 긍정 조직행동 학자들은 직무소명감은 자기 주도적으로 직무를 새롭게 형성, 변경하는 창조적 직무수행으로 나아가게 하고, 또 이는 자신의 정체성을 변화시키며 다시 소명감을 강화하는 선순환 프로세스를 이루게 된다고 주장한다. 자신의 맡은 직무를 단순히 수동적으로 수행하기보다는 자기 주도적으로 좀 더 의미 있게 만들어 내려는 능동적인 행동, 즉 창조적 직무수행행동을 전개할 가능성이 더욱 높아진다는 것이다(Wrzesniewski & Dutton, 앞의 논문, pp.184-185). 래즈네스키와 듀톤은 job crafting[12] (장인적 혹은 창조적 직무수행)이라는 개념을 도입하여 작업자들은 스스로 자신의 작업에 대한 인지적 해석 체계(일을 해석하는 방식)와 직무 수행의 조건 및 내용들을 변경함으로써 일을 보다 생산적으로 할 수 있다고 강조한다. 즉 자신의 직무에 대해서 직무 경계를 조정하고 이루어져야 할 일들에서 빠진 부분이 있다면 이를 보충하며, 아울러 그 일과 관련된 사람들과의 관계를 넓히거나 변경시켜 일을 자기에 맞게 바꾸어 나간다는 것이다. 요약하면 일은 작업자의 특성에 의존하지 않을 수 없다는 점이 이 이론의 핵심이다. 이런 관점에서 볼 때 직무소명감을 갖고 일의 의미를 해석하게 되면 매일의 일들에서 자신의 무한한 창의성과 강점을 최대한 발휘하여 보다 더 나은 가치를 창출함으로써 자신의 추구가치를 실현시켜 나가는 차원 높은 삶을 영위할 가능성이 높다. 따라서 직무소명감은 인식과 함께 행동의 개념을 동시에 함의하고 있으며, 또 가치관과 연계된 인지적 태도 변화로써 한 번 체화體化되면 오래 지속될 수 있는 특성

---

12) job crafting은 아직 표준화 된 번역용어가 없다. 래즈네스키와 듀톤(앞의 논문, p.179)의 개념과 정의를 기초로 볼 때 장인(craftsman)의 자기주도적인 능숙한 직무처리 및 직업정신(craftsmanship)에 가깝다. 장인은 그저 일 자체를 위해서 일을 훌륭히 해내려는 욕망으로 사는 사람으로서 기능이 완숙해지면 일을 느낌으로 알게 되고 일에 대한 생각도 깊어지게 된다. 인간은 스스로 자신을 만드는 자기 창조자로서 자기 창조 활동의 근본은 물건을 만드는 일이며 그 만드는 것이 곧 생각의 과정이다.(Sennett, 2000)

을 갖는다고 할 수 있다. 그래서 구성원들로 하여금 맡은 직무를 수행하는 동안 관여하는 제반 활동들의 형태나 수를 스스로 변경토록 하여 그 효과성을 실제로 경험케 하는 지원환경조성이 필요하다.

특히 여기에서 리더들은 어떻게 과제다운 좋은 과제를 창출할 수 있는지, 혹은 창출토록 할 것인지에 대한 고민과 학습이 필요하게 된다. 이 문제를 해결하기 위해 선진 혁신기법들을 도입하여 시스템을 바꾸고 교육을 실시한다. 그런데도 뚜렷한 효과가 없는 경우를 많이 경험하고 있다. 매년 구성원들이 제안하는 계획과 과제들이 새로운 혁신과제라기보다 몇 년 전에 실시했던 비슷한 과제들을 형식과 문구만 살짝 바꾸어서 내어 놓는 경우도 많다. 소위 눈가림 혹은 속임수 과제들이다. 이러한 문제를 근원적으로 해결하려면 구성원들로 하여금 직무소명감을 갖게 하여 직무과제의 경계영역을 자기 주도적으로 설정케 하거나 변경하게 하는 접근방법으로 바꿀 필요가 있다. 바로 구성원 개개인의 다양성을 존중하고 자율성의 폭을 넓히는 리더십 방향이 그 핵심내용이다. 이것은 업종, 직위, 조직특성 등에 따라 정도의 차이는 있을 수 있겠으나 과도하게 조직 주도적이거나 틀에 박힌 제도나 시스템위주가 아니다. 구성원들의 참신한 아이디어는 개인의 다양성을 존중하고, 자율성이 주어졌을 때 크게 창출될 수 있다는 원칙에 리더십의 초점을 둔다. 따라서 직무의 미 인식과 타인과의 관계창조의 경험을 통해 유발 및 강화된 소명감을 지속시키는 단계는 스스로의 직무의미 창조를 통한 유능감, 스스로의 도전적 목표 설정과 성취감, 이로 인한 직무 및 삶의 만족감과 심리적 성공감을 매월 받는 급여나 외재적 보상들에 못지않게 중요한 작업 동기적 요소로 본다.

이러한 논지에서 볼 때, 그동안 유발 및 강화된 직무소명감을 지속시켜 창조경영의 학습조직문화를 정착하기 위해서는 맡은 직무의 의미 창조를 일상 직무수행 과정에서 스스로 경험하게 만드는 리더의 태도 및 행동 변화가 필요하다. 즉, 자율성의 폭을 지속적으로 넓혀줌으로써 구성원들의 다양한 창의력이 마음껏 발휘되게 하고, 구성원 개개인의 창의력과 강점들이 조직의 장기 성장잠재력 확충과 더 큰 가치 창출로 이어지게 하며, 맡은 직무의 인지적 경계영역과 도전적인 목표를 스스로 설정해서 추진케 하는, 자기 주도적인 의미탐구 학습 내용들이 그 범주가 된다.

〈그림 6〉 의미 창조를 경험케 하는 소명리더십의 범주

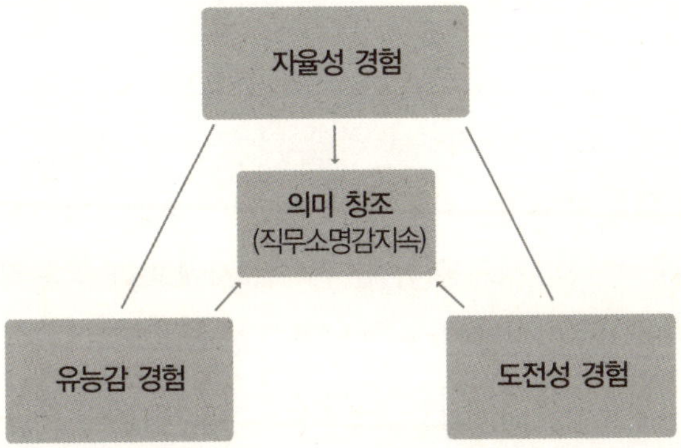

자율성 경험

의미 창조
(직무소명감지속)

유능감 경험

도전성 경험

설계엔지니어의 직무과제 경계영역 변경 사례

(Wrzesniewski & Dutton, 앞의 논문, pp.191~192)

하나의 프로젝트를 시작에서 완성까지 관계되는 모든 업무들에 깊이 관여하는 설계엔지니어의 직무수행 사례이다. 설계업무와 설계 후의 운영업무를 분리해서 조직 및 인사관리제도를 운영하고 있는 경우가 실제로 많다. 그래서 설계 후 설비구매 요소가 추가되거나 실제 공장운영이 설계대로 이루어지지 않아서 여러 가지 문제들이 발생한다. 프로젝트의 완성이란 설계되어 현장에 적용되는 것까지를 말하는 것으로 규정에 정해진 자신의 설계부분만을 책임지고 열심히 일하는 경우와는 다르다. 소위 일을 하나의 묶음단위로 일하게 된다(doing a set of work). 소명감이 있는 설계엔지니어는 자기주도적으로 자신의 설계직무 경계영역에 관계되는 주변의 일들을 고려하여 하나의 완성된 프로젝트를 이루어 내게 된다. 이 영역에서 설계직무와 관련한 또 다른 일의 가치가 만들어지기 때문이다. 자신의 직무가 프로젝트 설계추진자이자 프로젝트 관리자로 변경이 되는 것이며, 이 경우 일이 좀 더 빠르게 최적의 형태로 완성될 수 있다.

두 종류 사무실 청소부의 직무수행 비교 사례
(Amy Wrzesniewski, 앞의 논문, p.303~304)

똑같은 일을 다른 방식으로 일하는 두 가지 종류의 사무실 청소부 직무사례이다. 하나는 생계를 위해 직무기술서에 따라 일을 하면서 퇴근시간이 되면 사무실, 쓰레기통, 바닥청소 상태에 만족하면서 하루의 일을 마치는 청소부의 경우이고, 또 하나는 직무기술서에 주어진 일 외에도 청소해야 할 사무실의 상태에 스스로 맞추기도 하는 청소부의 경우다. 후자의 청소부가 장인적 혹은 창조적 직무수행을 하는 좋은 사례인 것이다. 그는 사무실 직원들의 휴가나 병가의 시기를 알고서 자리를 비울 때 그곳에 놓인 화분들을 보살피거나 버린 화분들을 다시 살려 놓는 일도 한다. 이는 본연의 역할과는 관계없는 가외加外의 작은 행동이지만 실제로는 창조적 직무수행에 속한다. 이처럼 동일한 일이 주어지더라도 작업자가 그 일을 해석하는 방식이나 일에 대한 관심, 흥미, 숙련도, 주도성 등에 차이가 있기 때문에 작업자들이 그 일을 만들어 가는 방법이 다르다. 특히 리더가 보이지는 않지만 조직이나 구성원들에게 필요한 가외의 행동들을 찾아서 할 때 구성원들은 크게 감동을 받을 수 있다. 나아가 조직의 역동성과 성과를 크게 높이는 효과를 가져오게 할 수 있다. 두 종류 청소부의 사례는 맡은 직무에 대한 소명감의 유무나 강약에 따라 그 효과성에 큰 차이가 있음을 대조적으로 보여주고 있다.

<그림 7> '창조경영과 소명리더십 모델'의 Framework

선순환 창조경영 조직문화 정착		
① 직무 및 삶의 만족감 제고 (개인행복)	② 긍정적 조직분위기 조성 (집단활력)	③ 지속 성장 가능한 잠재력 확충 (조직번영)

구성들의 직무소명감 체화 (마음의 뿌리인 본질적인 변화)		
직무소명감 유발 (정체성의 변화)	직무소명감 강화 (행동의 변화)	직무소명감 지속 (학습의 변화)

소명리더십 발휘 (리더의 태도와 행동 변화)								
직무의미 인식 (의미추구욕구)			관계 창조경험 (긍정정서의 확장)			직무의미 창조경험 (내재 심리욕구)		
삶의 의미 인식	직무의 의미 인식	직장의 의미 인식	미래 지향성 경험	전체성 경험	진실성 경험	자율감 경험	유능감 경험	도전감 경험

'창조경영과 소명리더십 모델' 구현의 필요성
① 구성원들의 지나친 물성 및 개인 중심적 사고 ② 혁신 및 창조경영의 품질과 속력제고 필요

더 나은 가치, 더 높은 의미 창조를 위하여!

지난 한 세기 동안 리더십 이론들은 조직 구성원들의 동기부여를 높일 수 있는 리더십의 효과성에 초점을 둔 연구였다고 할 수도 있을 것이다. 하지만 리더가 구성원들의 마음을 움직이게 하여 진정한 태도변화를 이끌어 내고 행동으로 이어지게 한다는 것은 리더십의 영원한 연구과제로서 지금도 그 노력은 진행 중이다. 그러면 구성원들의 마음의 뿌리를 움직이게 하여 그들의 다양한 창의력을 마음껏 발휘하게 만들어야 하는 오늘날의 창조경영시대에 적합한 리더십은 무엇이 되어야 하는 것일까? 바로 무한한 긍정성의 속성들(의미, 가치, 성취, 만족, 열정, 창조, 헌신)을 가진 직무소명감을 갖게 하는 소명리더십이다. 그것은 인간의 내면성(자율, 호기심, 독창성, 몰입, 신념 등)에 바탕을 두고서 새롭고 유용한 아이디어를 창출케 하고 이를 조직의 성공적인 가치실현으로 이어지게 하는 창조경영구현의 근간이 되는 리더십이 될 수 있기 때문이다. 따라서 '창조경영과 소명리더십 모델'은 작업동기의 근원인 직무 의미 인식에서 시작하여 '가치 있는 의미 창조'로까지 이어지게 하는 고차원적이고 다양한 동기부여 방법들을 통해 구현된다.

제4장: 더 높은 의미 인식
(Cognition of Higher Meaning in Work)

일에 대한 소명 지향적 동기 유발 리더십은 자신이 맡은 직무의 의미를 스스로 찾아 깊이 인식하는 것에서부터 출발된다. 단순한 일이 아닌 의미 있는 일이라는 인식이다. 의미 있는 일이란 직무 수행자 자신이 보기에 어떤 높은 목적성을 가지고 있으며 중요하다고 인식하는 것을 뜻한다. 자신의 직무를 보는 관점을 스스로 바꾸게 하는 리더십 단계인 것이다. 하지만 직무를 오로지 돈을 벌기 위한 생활수단이나 개인 능력신장과 이에 수반되는 외재적 보상이 관심의 대상이었던 고착된 관점에서 일 자체가 갖는 의미와 성취감에 관심을 갖도록 하기 위해서는 다양한 동기부여 방법을 필요로 한다. 즉 조직 속에서의 자신의 삶의 가치를 맡은 직무를 통해 재발견하는 기회를 포착케 하는 것으로 마음의 뿌리를 움직이게 하는 리더십 접근방법이 동원되어야 한다. 이런 측면을 고려하여 의미 인식 단계는 의미추구 욕구이론과 직무소명감의 속성을 중심으로 이에 관련된 리더의 태도 및 행동 변화내용들로 구성되어 있다. 맡은 직무

와 소속한 조직에 대한 스스로의 의미발견과 인식을 통한 가치관 및 의
식의 변화로 직무소명감을 유발하는 최초의 심리적 변화단계이다.

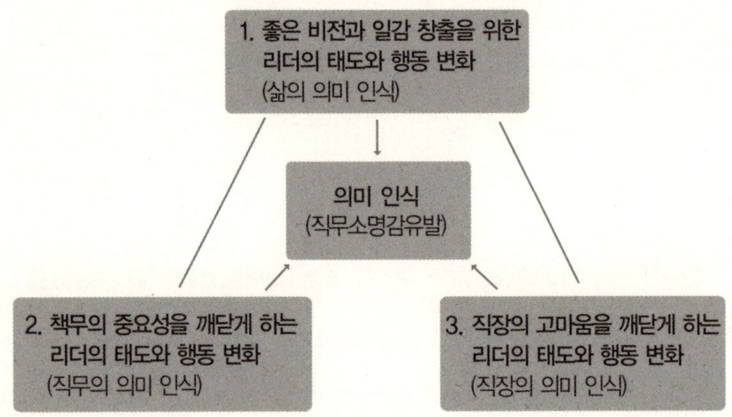

1. 좋은 비전과 일감 창출을 위한 리더의 태도와 행동 변화

(삶의 목적과 의미를 인식케 한다)

* 우리에게 미래창조의 꿈은 있는가?

미래창조의 꿈이 점차 없어지는 나라가 되어 가고 있다. 도전의욕을
상실해 버린 젊은 직장인들이 많아지고 있기 때문이다. 자신들이 속해
있는 조직사회를 행복하게 만들기 위해서 뭔가 의미 있는 일을 성취해
보고자 하는 뜻있는 젊은이들은 귀하다. 그들은 자신들의 삶의 가치관
이나 적성에 관계없이 한번 직장에 들어가면 크게 노력을 하지 않아도
그럭저럭 살아갈 수 있는 안정적인 직장을 찾는다. 이렇듯 우리 시대의

화두는 단연 '안정적인 직장' 이다. 학벌, 세대, 지역을 불문하고 이구동성으로 안정된 직장을 구하기 위해 혈안이 되어 있다. 그래서 오로지 공무원이 우리나라 모든 젊은이들의 꿈이 되어버린 것이다. 공무원이 나쁜 직업이라는 것은 결코 아니다. 어느 직장, 어떤 직무에서든 나름의 꿈을 찾을 수 있어야 하고 그 꿈을 이루기 위한 도전의욕이 솟구쳐 올라야 한다는 뜻에서 이를 강조하기 위한 말이다. 그리고 안정을 향한 질주는 도달지점이란 것이 없기 때문이다. 어떤 직업을 확보하면 정말 안정을 찾았다고 말할 수 있겠는가? 그 이유는 학습을 통해서 알게 될 것이지만 결론부터 말하면 이 시대에 안정보다 먼저 찾아야 할 것은 젊은이들의 미래창조의 꿈이다. 그들에게 의미 있는 꿈을 갖게 하는 일이다. 우리 대한민국의 보다 밝은 미래창조를 생각할 때 이것이야말로 해결해야 할 근본적인 문제가 되어야 할 것이다.

지금 우리가 안고 있는 이러한 현실적인 문제의식에서 가치 있는 비전과 매력 있는 일감 창출을 '창조경영과 소명리더십 모델' 구현의 출발점으로 잡았다. 그리고 비전은 몸담고 있는 조직과 구성원 개인 정체성 간의 괴리를 확인케 하고 의미 인식과 가치 있는 의미 창조로 나아가게 만드는 시작점이 될 수 있다. 따라서 어떤 직업, 어떤 직장에 있든지 자신이 속해 있는 조직에서 비전을 갖게 만드는 리더십이 가장 먼저 필요하다는 생각에서이다. '내가 왜 여기에서 이 일을 하고 있는 것일까? 내가 이 조직에서 근무하면 어떤 희망이 있는 것일까?' 자신들의 삶의 의미와 가치에 대해서 냉철하게 생각해 보는 기회를 수시로 갖게 만드는 것이 기업의 리더들을 비롯한 우리 대한민국 호에 승선해 있는 모든 리더들의 공통적인 과제가 되어야 할 것이다. 인재 창조원, 미래창조 과학부 등 조직의 명칭만 바꾼다고 해서 비전이 생기는 것은 아니지 않겠는가? 우리의 조직은, 또 나는 어떤 의미 있는 미래창조의 꿈을 가지고 있는가? 왜 없는가? 만약 있다면 그 실현을 위해서 지금 얼마나 열정을 쏟고 있으며 그리고 그 성과에 얼마나 만족하고 있는가? 그 근원적인 해결 방법을 찾아야 할 때인 것이다.

* 좋은 비전의 위력

인간은 비전을 먹고 성장하는 동물이다. 오늘보다 내일이다. 밝은 미래에 대한 기대감 때문에 오늘의 고통은 인내할 수 있다. 희망과 기대감이야말로 신이 우리 인간에게만 준 참으로 크나큰 심리적 자산이다. 비전은 조직이나 개인이 열망하는 미래의 모습을 상정한 것으로 삶의 활력, 생활의 에너지를 일으키는 원동력이다. 인생에 있어 비전이 없다면 삶의 의미를 상실하고 만다. 있는 그 곳에서 앞으로 나아가지 못하고 곧 성장이 멈추어 서게 될 것이다. 그래서 젊음의 잣대도 나이가 아니라 비전의 유무나 그 내용이 되어야 한다. 비전이야말로 인간에게 더 가치 있는 삶으로 안내하면서 더 크고 진정한 성공의 그릇을 만들어 내는 근원적인 요소라고 할 수 있기 때문이다. 하지만 그러한 조직의 비전은 구성원들로 하여금 도전해 볼 만한 가치 있는 내용일 때 가능하다. 다시 말해 비전다운 비전, 즉 좋은 비전이어야 한다는 뜻이다. 좋은 비전은 누구의 압력에 의해서가 아니라 스스로 나서게 만드는 위력을 가지기 때문이다. 그 이유와 논거를 좀 더 구체적으로 찾아보면 이렇다.

스스로 나서게 만드는 비전의 위력은 그 속에 담겨 있는 조직의 추구 가치와 구성원 개인이 신봉하는 가치가 어떤 합치점을 이루게 될 때 나타나게 된다. 그래서 좋은 비전은 구성원들로 하여금 자신들의 신봉가치를 중심으로 공유상태가 이루어지기 때문에 자연히 조직 활력에 미치는 위력이 클 수밖에 없다. 조직 구성원들이 소속된 조직에서 미래에 희망을 갖고 열정적으로 노력을 해야 하는 이유와 의미 창조적인 행동방향을 명확히 하여 주는 역할을 한다. 일의 의미를 찾게 하고 일에 몰입을 하게 만들며 희망과 신념을 북돋워 줄 수 있는 기능을 할 수 있다(Daft & Lengel, 1998. Nanus, 1992). 이런 이유로 좋은 비전이 '창조경영과 소명리더십 모델' 구현의 출발점으로서 그 효과성을 좌우하는 중요한 요소가 될 수 있는 것이다. 프라이Fry(2003)는 자신의 영성리더십 인과모델에서 리더의 가치 있는 비전창조가 구성원들의 직무소명감을 갖게 하는 중요한 선행요소임을 증명하였다. 이러한 논거를 기초로 비전다운 좋은 비전과 이를 기초로 도출되는 매력 있는 일감이 조직 구성원들의 마음의 뿌리에 해당하는 직무소명감을 유발시켜 창조경영의 대열에 스스로 나서게 만드는 근원적인 요소로 작용할 수 있을 것으로 충분히 예상할 수 있다.

1) 에고 중심적 가치관에서 자아 초월적 가치관으로

좋은 비전이란 구성원 모두가 공감하는 가치 있는 비전을 의미한다. 하지만 그러한 비전을 만들어 제공한다는 것이 리더가 반드시 수행해야 할 고유의 역할로서 결코 쉽지는 않다. 그것은 리더가 자신의 삶의 가치를 소아小我에 머무는 것이 아니라 자신보다 더 큰 대의大義에 둘 때 가능한 일이기 때문이다. 그야말로 자신의 에고를 뛰어넘어 어떤 큰 존재의 번영과 행복을 지향하는 삶을 추구하는 자아 초월적 리더가 되어야 가능하다. 이는 의미 있는 목적을 추구하고 타인의 행복과 번영을 위한 도덕적 선을 지향하는 것과 관련되는 것으로 삶의 목적을 타인 지향적 가치에 두고 있는 직무소명감과 리더의 가치 있는 비전창조는 밀접한 인과관계를 가진다고 할 수 있다.

포스코 창업자 박태준 회장의 평생 좌우명은 '짧은 인생을 영원 조국에!'이다. 일찍이 그는 단 한 번뿐인 인생의 목적을 자신의 에고를 뛰어넘어 더 큰 '제철보국'에 두었다. 그의 삶 전체를 일관되게 관통하고 있는 가치관의 기조는 보국報國사상이었다. 그것은 하루빨리 양질의 철강재를 값싸게 대량으로 생산하여(제철製鐵), 국부를 증대시키고 국민생활을 윤택하게 하며 복지사회건설에 이바지해야겠다(보국報國)는 것이다. 그는 모든 구성원들로 하여금 이러한 비전을 가슴 깊이 간직하게 만들어 철강강국의 기적을 이루어 내었다. 그의 '제철보국'의 비전은 당시 많은 사람들의 행복과 안녕을 추구하는 매우 높은 차원의 가치를 지녔기에 구성원 모두로부터 큰 공감성을 얻고 성공적인 실현을 이룰 수가 있었다. 자신의 보국사상 가치관에 바탕을 둔 제철보국의 비전은 구성원들로 하여금 직무 및 직장에 대한 의미 인식을 통해 소명감을 갖게 하는 큰 위력을 발휘할 수 있었던 것이다. 보통의 리더들이 제시하는 '그저 그런' 평범한 비전이 아니라 남다른 가치를 가진, 의미 있는 비전이었기 때문이다.

또 하나의 좋은 사례를 든다면 일본 소프트 뱅크 '손정의' 회장의 비전이다. 그의 좌우명은 '뜻을 높게(志高く : 고코로자시타카쿠)'이다. 의미 있는 미래창조의 비전을 가져야 한다는 뜻이다. 그는 한평생 이 좌우명으로 성공한 삶을 살았다. 한 번뿐인 인생, 뭔가 큰일을 하자는 꿈이다. 일본 제1의 사업가가 되자고 결심한 그는 16세에 일본을 떠나 미국

으로 유학을 가서 자신의 높은 뜻을 실현시켰다. 19세에 인생 50년의 계획을 세웠다. 이른바 '손정의 인생 50년 계획'이다. 자신이 도전할 것들, 이루어 내야 할 것들에 대한 비전계획을 완성한 것이다. 이후 그는 그 비전을 현실화하는 데 모든 것을 바쳤다. 계획을 바꾼 적도, 목표치를 낮춘 적도, 달성하지 못한 적도 없었다고 한다. '신중히 계획하되 반드시 실행한다'는 것이 평생을 두고 지켜 온 원칙이었다. 오래전 어느 날 한국을 찾은 그가 한국의 젊은이들에게 던져 준 메시지는 매우 의미 깊다. "젊음은 무한한 가능성입니다. 어떤 꿈이든 펼칠 수 있지요. 차車나 집이 아닌, 더 많은 사람들을 위한 꿈을 꾸세요. 다른 이들의 행복을 위해 고민할 때 세상을 바꾸고 본인도 행복해질 수 있습니다"(동아일보, 2013년 9월 16일자 기사). 그는 소아小我에 머물지 않고 모든 사람들의 행복을 위한 남다른 꿈을 가졌다. 그 의미 있는 미래창조의 꿈이 모든 어려움을 극복케 하는 원동력으로 작용하여 디지털 시대 성공한 기업인이 되게 한 것이다.

그런데 이러한 사례들의 내면에서 찾아내어야 할 부분은 평소에 보다 성숙해지고자 하는 스스로의 성찰노력이다. 리더가 보이지 않는 나름의 특별한 시간과 노력이 뒤따르지 않으면 소아小我에 머물게 되어 가치 있는 비전창조가 어렵다는 점이다. 따라서 가치 있는 좋은 비전을 창조하는 자아 초월적 리더가 되려면 조직에서 리더 자신이 맡고 있는 일의 의미를 찾는 노력부터 먼저 필요하다. 자신이 맡고 있는 일이 어떤 의미를 가지는지 깊이 인식하고 소명감을 가질 때 비로소 자신의 에고를 뛰어넘는 자아 초월적 의식과 행동이 가능할 것이기 때문이다. 리더 자신이 먼저 자신의 일터에서 일에 대한 의미발견을 통해 정신적으로 성장코자 하는 노력부터 있지 않으면 구성원들의 마음의 뿌리를 움직이게 하는 가치 있는 비전을 만들어 제공하는 것이 어렵다는 뜻이다. 앞만 보고 열심히 뛰어 왔지만 뭔가 항상 부족하여 불만족스러움을 느끼는 리더들이 많다. 목표와 현실의 괴리가 항상 존재하고 이것이 긍정적이 아닌 부정적인 사고패턴으로 작동된다. 뭔가 이루어 내었는데도 항상 심리적인 불만족 상태에 놓여 있게 하는 원인이 바로 지나친 자기이익 중심적 사고이다. 이런 상태로는 구성원들에게 미래창조의 꿈을 심어 줄 수가 없다. 그래서 자아초월의 필요성이 있다.

영성 및 초월적 리더십 연구가들에 의하면 이러한 리더의 일에 대한 의미 발견은 자아 초월의 가치 있는 비전창조를 가능하게 하며, 그 비전은 조직 구성원들로 하여금 일의 의미를 찾게 하고 영적 생존감(삶의 의미가 있다, 조직에 뭔가 기여를 한다)을 경험케 하는 시발점이 될 수 있다고 주장한다. 이는 조직 구성원들로 하여금 직무소명감을 유발시켜 강화하고 또 이를 지속시키는 '창조경영과 소명리더십 모델' 구현의 개념과 맥락을 같이한다고 할 수 있다. 동 모델의 구현은 리더의 가치 있는 비전창조로부터 시작이 되며, 또 그것은 리더 자신의 직무에 대한 의미인식을 통한 소명감이 그 바탕이 된다. 리더가 먼저 에고 중심적인 삶의 가치관에서 자아 초월적인 삶의 가치관으로 변화를 시도해야만 가치 있는 비전창조가 가능하다. 그리고 이는 구성원들로 하여금 자신들의 삶의 목적과 의미를 인식케 하는 데 크게 영향을 주게 된다.

2) 보이는 자원 확보에서 보이지 않는 심리적 자원 개발로

그러나 좋은 비전은 실현이 될 때 비로소 그 가치가 인정된다. 조직 속

에서 구성원들의 정체성의 인식과 변화는 조직의 비전실현 과정을 통해
서 일어나기 때문이다. 공감자체로 끝나버리게 해서는 전혀 의미가 없
게 된다. 그런데 문제는 비록 좋은 비전이 누구나 도전해 볼 만한 매력을
가지고 있지만 쉽게 달성될 수 없다는 점이다. 필요로 하는 물적 자원이
충분히 확보되어야 하며 강한 자신감과 효능감에 기초한 지혜나 용기,
열정과 몰입 등의 특별한 노력을 필요로 하기 때문이다. 전자는 보이는
외적 자원의 확보차원이며, 후자는 보이지는 않지만 존재하는 내적 자
원의 개발차원으로서 이는 특출한 심리적 기반의 정신자세에 의해 나타
나는 행동들이다. 특히 모두가 공감하는 가치 있는 비전은 지금까지의
방식과 현재 가지고 있는 역량만으로는 극복하기 어려운 난관들이 많다
고 보아야 한다. 이들은 일반적으로 비전설계와 동시에 나타나게 되는
경우가 많다. 이를 극복해 나갈 수 있는 근원적인 힘은 물적인 자원 확보
가 아니라 리더가 스스로 개발해서 보유하고 있는 심리적 자원, 즉 정신
이다. 왜냐하면 이 심리적 기반의 내적인 자원은 물적 자원 확보를 가능
하게 하는 원동력이 되며 무엇보다도 다른 사람이나 조직이 쉽게 모방
할 수 없는 속성을 가지고 있기 때문이다. 이것이 보이는 물적 자원 확보
보다 보이지 않는 심리적 자원개발에 더욱 큰 관심과 노력이 필요한 이
유이다.

　이러한 측면에서 그동안 우리가 경험한 리더의 특출한 정신자세가 있
다. 바로 긍정적인 정신자세와 행동이다. 페퍼Pfeffer(1994) 등 긍정심리
및 조직행동 연구가들은 오래전부터 이를 조직의 경쟁우위를 확보할 수
있는 새로운 기업자산이라고 주장한 바 있다. 그것은 리더 개인이 가지
고 있는 자신감 및 자기효능감, 희망, 낙관주의, 회복탄력성 같은 것으로

서, 타 조직이 복제하기 어려울뿐더러 조직의 경쟁력에 지속적으로 영향을 주는 핵심적인 자본이 될 수 있다는 점을 강조한다. 이러한 리더의 긍정적인 정신과 행동들이 좋은 비전 실현에 얼마나 큰 자원으로 작용했는지를 알 수 있는 사례들은 많다.

우리나라 산업근대화의 주역인 포스코의 박태준, 현대그룹의 정주영 명예회장 같은 분들이 좋은 사례가 될 수 있을 것이다. 포스코가 창업의 힘든 시련을 극복하고 연간 조강생산규모 550만 톤인 포항제철소 3기 확장설비까지 완성하고 난 후, 다시 연간 조강생산규모 850만 톤이라는 세계적인 제철소규모로 확장할 계획을 가졌을 때 일본의 철강회사들은 극구 말렸다고 한다. 당초 자기들의 생각과는 달리 포스코가 성장하는 것에 대한 우려와 견제가 작용하면서 포스코의 능력으로는 연산 조강규모 550만 톤이 적정하니까 무리하게 확장해서는 안 된다는 논리였다. 그러나 박태준 명예회장은 그동안의 축적된 경험과 기술을 바탕으로 충분히 가능하다는 자신감과 효능감으로, 그리고 독자적인 국제경쟁력을 가지려면 여기에서 멈추어서는 안 된다는 굳은 신념으로 확장계획을 기어코 성공시켰다고 한다. 강한 자신감과 신념이 제철보국의 비전을 실현시킨 동인이 되었던 것이다.

현대의 정주영 명예회장 역시 '하면 된다'는 신념에 찬 자신감이 큰 성취로 연결시킨 사례를 보여 주었다. 그는 산업화의 동맥인 경부고속도로건설 사업을 비롯하여 자동차, 조선, 중공업 등 우리나라 산업근대화의 근간이 되는 핵심 산업들을 아무런 경험과 기술도 없는 무의 상태에서 일으켜 세워 오늘날 경쟁력 있는 글로벌 산업으로 발전시켰다. 그것을 가능하게 했던 것은 그의 '하면 된다'는 자신감에 기초한 강력한 추진력이었다. 그는 어떤 일을 하든지 안 될 수도 있다는 생각은 조금도 하지 않았다고 한다. 자신이 하고 있는 일에 최고의 결과를 얻기 위해서 평생을 처음의 자전거 쌀 배달꾼 때처럼 열정적인 노력을 쏟아부었다고 한다. 자신감과 추진력이 그의 원대한 사업비전과 목표들을 크게 성취시킨 동인이 되었던 것이다.

두 가지 사례 모두 조직 구성원들로 하여금 미래창조의 꿈을 갖게 하고, 희망과 신념을 북돋워 가치 있는 비전을 성공적으로 실현시키기 위해서는 리더가 보이는 물적 확보보다 보이지 않는 긍정 심리적 자원개발에 더 큰 관심을 가져야 함을 시사해 주고 있다. 그리고 비전실현 과정상에 보여 주는 리더의 긍정적인 자세와 행동들이 구성원들의 정체성 변화와 조직문화에 미치는 영향력이 지대함을 동시에 깨닫게 하고 있다.

● <u>긍정심리자본의 종류와 특성</u>(Luthans와 동료들, 2007)
· 자기효능감(Self-efficacy) : 자신의 능력에 대한 강한 신념(자신감)을 갖고 도전적 과업을 맡으며 거기서 성공하려고 노력하는 것
· 낙관주의(Optimism) : 현재, 그리고 미래에 성공을 이룰 것이라는 긍정적인 태도로 높은 동기 수준의 열망을 가지고 도전적 목표를 세우며 장애에 맞서 견딜 수 있는 것
· 희망(Hope) : 바라는 것이 일어날 것이라는 믿음으로 목표달성을 위해 어려움을 참아내면서 필요한 경우 목표달성 방법을 바꾸는 것
· 회복력(Resiliency) : 개인 및 조직이 장애나 역경에 부딪칠 때 포기하지 않고 다시 복원하여 역경을 극복하는 것

3) 업무적 사고에서 전략적 사고로

그러나 급변하는 경영환경하에서 리더가 좋은 비전을 실현하려면 긍정심리 역량개발 노력과 함께 또 한 가지 개발해서 가져야 할 역량이 있다. 바로 앞을 내다보는 전략적 사고와 통찰력이다. 이상적인 비전을 구체적인 목표와 전략과제로 전환함으로써 피부에 와 닿도록 만드는 리더의 역량을 말한다. 거창하게 시작된 비전이 용두사미 격으로 끝나 버리게 해서는 안 될 것이기 때문이다. 그러나 그것은 지금까지의 업무적인 사고방식과 역량차원에서 벗어나 조직의 미래 성장잠재력 확충의 견지에서 보다 전략적인 사고와 정신자세를 필요로 한다. 그리고 이에 기초한 남다른 전략실행력과 변화관리 역량도 요구된다. 바로 변화를 주도하기 위해 미래를 예측하고 가치 있는 비전을 창조 및 실현하는 전략적 리더십 역량이다. 구성원들로 하여금 좋은 비전실현 과정을 통해 자신의 삶의 목적과 의미를 인식케 하고, 이를 통해 직무소명감을 갖도록 하기 위해서는 기본적으로 이러한 역량을 갖추는 것이 매우 중요할 수 있다. 추상적인 조직의 비전을 피부에 와 닿게 만들 수 있는 역량이기 때문이다. 이것은 평소 업무수행과정에서 집중적인 노력이 뒤따른다면 그 개발이 가능하다.

특히 앞을 내다보는 전략적 통찰력은 상위층으로 올라갈수록 더욱 요구되는 비전실현의 요소가 될 수 있다. 그렇지 못하고 현상수긍이나 연장선상에서의 문제개선 접근방식인 업무적 사고차원에 갇혀서 자리에만 연연하는 사장이나 임원들이라면 심각하게 생각해 보아야 할 중요한 문제일 것이다. 그것은 리더의 사고와 행동이 구성원들에게 미치는 영향력 때문이다. 전략적 통찰력은 고객관점의 의사결정능력, 조직전체

차원의 프로세스 중심적 사고, 최고의 전문지식과 스킬에서 나올 수 있다. 이는 평소에 현 상황을 정확히 해독하고 장래대책을 명쾌히 내리는 전략적 사고함양을 위한 부단한 노력이 뒤따라야만 가능하다. 리더의 얕은 통찰력에 의한 잘못된 의사결정이 조직에 큰 영향을 끼쳤으나 드러나지 않은 채 지나가 버린 사례들도 많지 않던가? 리더가 자신의 이기심을 뛰어넘어 장기적 시각에서 조직전체에 무엇이 중요하고 가치 있는 것인지를 포착할 수 없다면 리더십 영향력 발휘의 한계점에 도달할 수 있다. 왜냐하면 조직구성원들의 마음의 뿌리를 움직여서 특별한 노력을 이끌어낼 수 있는 매력 있는 일감 창출이 어려울 것이며 자신들의 정체성 인식을 통한 비전실현과 직무소명감 유발이 또한 어려울 수 있을 것이기 때문이다. 이름만 리더일 뿐 학습과 일할 의욕이 왕성한 부하 구성원만도 못하다고 할 수 있다.

따라서 리더가 업무적 사고에서 벗어나 전략적 사고로 체화하는 것이 매력 있는 일감 창출을 통한 좋은 비전실현을 위해 매우 중요하다. 이것은 학습과 훈련으로 가능하다. 경영컨설팅 회사인 비즈니스 컬래버레이션Business Collaboration사의 일본 사이토 요시노리 사장은 최고경영자를 포함한 회사의 주요한 의사결정을 책임지고 있는 리더들에게 불확실한 비즈니스 환경하에서 장래의 사업시나리오를 창조할 수 있는 3가지 전략적 사고능력 함양을 강조하고 있다. 즉 책임감을 갖고 구체적인 결론을 내릴 수 있는 가설적 사고능력, 과거에서 미래까지 사업구조를 통찰할 수 있는 논리적 사고능력, 명확한 가치기준을 가지고 위험부담을 수반하는 판단을 행할 수 있는 사업적 사고능력을 제시하면서 그 훈련방법을 구체적으로 제안하고 있다(서한섭과 정지창, 2001).

　책임 직위에 있는 조직의 리더들이 행하는 의사결정의 합리성 여부는 가치 있는 비전을 구체화할 수 있는 전략적 사고역량에 좌우된다고 할 수 있다. 그런데 직무소명감이 체화된 '리더다운' 진정한 리더는 앞을 내다보는 전략적 사고와 이에 기초한 통찰력으로 향후 예상되는 문제점들을 찾아낼 수 있으며, 정합성이 높은 전략수립 및 실행이 가능하다. 그것은 직무의 의미발견을 통한 소명감이 많은 타인들에게 장기적으로 미치는 긍정적 영향력과 밀접하게 연계되어 나타나는 태도이기 때문이다. 결국 정합성이 높은 전략은 의사결정의 리스크를 최소화함으로써 구성원들 모두가 공감하는 비전을 실현할 수 있게 만들 수 있으며, 이를 통해 자신들의 정체성과 맡은 직무의 중요한 가치와 의미를 스스로 발견하도록 유도할 수 있게 된다.

4) 보이는 문제해결에서 숨겨져 있는 문제발굴로

　한편 전략적 사고함양과 함께 리더가 가져야 할 정신자세는 조직의 비전실현을 위해 가장 시급하고 중요한 과제를 찾아낼 수 있는 강한 문제의식이다. 왜 구성원들이 변화와 혁신의 효과를 실감 있게 느끼지 못하고 피로감을 갖게 되는 것일까? 리더가 문제다운 문제, 고질적이고 본질적인 문제, 숨겨진 문제들을 여전히 발굴하지 못하고 피상적으로 겉돌고만 있는 데에 큰 원인이 있기 때문이다. 직무소명감이 체화된 리더는 다른 사람의 지시에 의해 이미 발생된 문제, 보이는 문제해결에 초점을 두지 않는다. 앞으로 조직에 중대한 영향을 끼칠 핵심적인 문제를 사전에 스스로 찾아내 정공법으로 부딪히면서 끊임없이 학습할 줄 안다. 이것이 매일 가치 있는 직무를 창조해 내는 '리더다운' 진정한 리더의 자세와 행동이라 할 수 있다. 숨겨진 문제가 매력 있는 일감으로, 문제발굴 자체가 가치 창출행동으로 연결되기 때문이다.

그리고 구성원들에게 크게 영향력을 발휘하여 가치 있는 비전을 함께 실현시켜 나가는 과정을 통해 그들 자신의 직무와 삶의 의미를 스스로 깊이 생각하게 만들 수 있다. 그래서 숨은 문제들을 발굴해 낼 수 있는 자세와 능력이야말로 리더와 구성원을 구별하는 하나의 기준이 될 수 있다. 반드시 체화시켜야 할 정신자세이자 함양해야 할 역량이다. CEO 같은 역량 있는 구성원들도 존재한다는 사실을 염두에 두고서 부단한 노력이 필요한 부분이다. 구성원들에게 큰 영향력을 발휘하여 변화를 이끌어 가고 있는 리더인지, 그렇지 아닌지는 본인이 잘 안다. 그래서 조직에 기여하는 가치 있는 존재로 계속 남아야 할 것인지, 어떤 특단의 조치를 취해야 할 것인지는 리더 본인이 판단할 수밖에 없다. 유임과 퇴직의 시그널을 인식하지 못하는 리더야말로 실패하는 조직으로 이끄는 가장 불행한 리더라고 해야 할 것이다. 따라서 이미 발견되어 드러난 문제해결에 초점을 두는 '그저 그런' 통상적인 리더에서 전임자들 모두가 골치 아파 하는 숨겨진 문제를 과감하게 들추어내어 해결하는 '리더다운' 진정한 리더로의 변화가 필요하다. 이러한 리더의 숨겨진 문제발굴 능력은 매력 있는 일감 창출과 비전실현에 기여함과 동시에 구성원들로 하여금 자신들의 정체성 변화를 통해 맡은 직무의 의미를 인식하게 만드는 데 크게 영향을 미칠 수 있다.

결론적으로 리더의 일에 대한 의미발견은 자아초월의 가치 있는 비전 창조를, 리더의 특출한 사고와 역량들은 비전실현과 매력 있는 일감 창출을 가능하게 하는 근원적인 요소가 된다. 이러한 '리더다운' 진정한 리더의 태도와 행동들은 최근 긍정심리 및 조직행동학자들의 실증연구 이론들과 연관해 볼 때 구성원들로 하여금 자신의 맡은 직무나 소속된 조직의 의미성과 자신의 정체성을 깊이 인식하게 만드는 계기로 작용할 수 있다. 우리는 가치 있는 비전을 설계하여 실현시킨 훌륭한 리더십의 사례를 중심으로 그 특성들을 많이 보고 학습해 왔다. 이제 그 구체적인 실천방법들에 대한 아이디어를 모으고 실천해야 할 차례이다.

5) '그저 그런' 일에서 매력 있는 일감 창출로

조직의 가치 있는 좋은 비전이 설계되면 그 한 방향으로 조직 내 각 집단의 모든 역량을 집중시킬 수 있어야 한다. 실현되지 않는 비전과 전략은 전혀 의미가 없을 것이기 때문이다. 이를 위해서는 구성원들로 하여금 매력을 느낄 수 있는 일감을 만들어 특별한 노력을 기울이게 해야 한다. '그저 그런' 통상적인 일이 아니라 의미 있는 일이 되게 해야 한다는 뜻이다. 일감과 비非일감의 개념은 명확하다. '그저 그런' 일이란 과거에 수행했거나 지금까지 늘 해 오고 있는 낡은 일로서 구성원들로 하여금 크게 관심과 흥미를 이끌어 내지 못하는 일이다. 조직에 필요한 일이지만 그렇다고 눈에 띄게 큰 가치증대를 가져오는 일은 아니라고 할 수 있다. 그리고 구성원들의 시장가치를 신장시키는 것과도 별로 관련성이 없다. 반면에 매력 있는 일감은 그와 반대되는 개념이다. 구성원들의 관심과 흥미를 이끌어 낼 수 있고 조직성과와 개인의 능력신장을 통한 가치증대와 관련되는 일로 인식된다. 그야말로 열정을 쏟고 싶은 마음이 일어나게 하는 일다운 일이다. 누구나 매력을 갖게 할 수 있는 일감을 말한다. 그래서 구성원들이 매일 자신들의 직무수행과정에서 성장과 창조경영의 속력이 크게 높아짐을 느낄 수 있게 된다.

　비전실현의 대상을 명확히 찾아내는 일이야말로 개인 정체성 인식을 통한 직무소명감 유발의 시작단계에서 리더 본연의 역할과 책임이 아닐 수 없다. 이것은 부하에게 온통 맡겨서는 안 되는 리더 고유의 영역이다. 체계적인 절차와 방법을 통해 가치창조적인 일감들이 도출되고 있는 것인가? 이 꼭지 부문이 잘 끼워지지 않고 겉돌게 되면 아무리 많은 과제들을 수행하여도 그 효과를 피부로 느끼기가 어렵고 비전실현도 요원하게 된다. 그리고 이는 직무의미 및 정체성 인식을 통한 소명감 형성을 기대하기 어렵게 함은 물론 혁신 및 창조경영의 피로만 가중시킬 수 있다. 따라서 구성원들에게 매력 있는 일감을 창출하여 제공하는 일은 직무의미 및 정체성 인식을 통한 소명감유발 시작단계에서 매우 중요한 리더의 역할로서 그 구체적인 절차와 방법을 익힐 필요가 있다

　조직 구성원들이 매일 수행하는 직무관련 일들이 매력 있는 일감으로 느끼게 하려면 조직(전사 및 부서)의 비전과 정확히 연계된 해당 부서의 목표나 과제가 되도록 해야 한다. 크게 3단계 프로세스를 거쳐 도출될 수 있다. 첫째는 조직의 비전을 실현하기 위한 해당부서의 세부전략을 수립하는 단계이다. 조직 비전과 목표에 정확히 연계된 부서의 전략을 대내외적 환경 분석 및 관련기법들을 활용하여 명확하게 수립해야 하는 것이다. 해당부서의 전략방향에 대한 리더의 깊은 고민이 반드시 필요하다. 구성원들에게 맡기거나 대충 건너뛰어서는 결코 안 되는 과정이다. 두 번째는 전략실행 정도를 무엇으로 측정하고 어떻게 관리할 것인가에 대한 고민이다. 측정할 수 없는 전략은 의미가 없다는 말을 기억하는가? 해당 기간의 전략을 구체적으로 설명할 수 있는 적정한 핵심성과

지표(Key Performance Indicator)를 개발하고 지표별 목표를 설정해야 하는 단계이다. 핵심성과 지표를 잘못 정하면 비전실현과 목표달성에 기여치 못하는 일, 소위 영양가가 없는 일을 하게 되고 열심히 노력했지만 성과가 보이지 않게 되어 자신의 정체성과 맡은 직무의 의미 인식을 어렵게 만들 수 있다. 세 번째는 설정한 핵심성과지표별 목표를 어떻게 실현할 것인가에 대한 고민이다. 더 나은 가치를 창출할 수 있는 과제다운 과제, 즉 창조적인 과제를 도출하는 단계이다. 중요한 관련기법들을 학습해서 익혀 둘 필요가 있다. 이상이 리더가 매력 있는 일감을 창출하기 위해 전사 및 해당부서의 비전과 전략을 한 방향으로 정렬시키는 일반적인 프로세스라고 할 수 있다. 구성원들로 하여금 가치 있는 비전과 매력 있는 일감을 통해 자신들의 정체성과 맡은 직무의 의미성을 스스로 인식케 만듦으로써 일을 통한 학습의 열정을 계속 분출시키는 일은 '리더다운' 진정한 리더가 해야 할 본연의 역할이다.

6) 조직의 비전에서 구성원 개인의 비전으로

좋은 조직비전은 구성원들의 생각과 행동들을 한 방향으로 모으고 변화와 창조과정에 따르는 고통과 어려움들을 스스로 이겨 내게 하는 위력을 가진다. 그리고 리더의 가치 있는 비전창조 역량은 구성원들로 하여금 자신의 직무와 삶의 의미를 인식하게 만드는 계기가 되게 함으로써 직무소명감을 유발시키는 중요한 요소가 될 수 있다. 그런데 이러한 좋은 비전의 위력이 보다 실제적으로 나타나도록 하기 위해서는 리더의 또 다른 노력이 더욱 필요하다. 좋은 조직비전을 창조하여 제공하는 자체에만 그칠 경우가 있기 때문이다. 실제로 구성원들이 조직비전이 '나와는 별로 상관이 없다'는 식으로 인식되어 공감하지도 않고 실현되지도 않는 액자 속의 조직비전이 되고 있는 경우도 많다. 그것은 구성원 모두가 바라는 가치 있는 좋은 비전이 아니라는 점, 또 좋은 조직비전에 기초한 매력 있는 전략과제 도출이 되지 않고 있다는 점, 그래서 조직의 비전과 전략들이 구성원 개개인의 비전과 일감으로 되지 못하고 있다는 데 그 원인이 있다. 따라서 구성원들이 조직의 비전이 자신들에게 어떤 의미가 있는지를 구체적으로 스스로 느끼도록 만드는 리더의 노력이 필요하다. 조직의 비전에서 어떤 의미를 스스로 발견할 수 있는 구체적인 방법에 대한 강구다. 즉 전사 비전을 자신이 속한 부서의 비전으로 구체화시키고, 또 구성원 개개인의 비전이 될 수 있게 만드는 일이다. 이는 전사—부서—개인 차원에서 가치의 한 방향 정렬상태를 이루도록 하는 중요한 비전화과정이다. '창조경영과 소명리더십 모델'의 구현은 실제적으로 이 연결 부위의 빈틈여부를 점검하는 것에서부터 비롯될 수 있다.

만약 어떤 회사의 비전이 '글로벌 초일류 기업'으로 설정되었다면 이를 교육부서에 소속된 구성원들의 비전으로 구체화시키기 위해 교육부서의 팀리더는 어떤 노력이 필요한지를 생각해 보도록 하자. 먼저 회사 비전 및 전략에 연계시켜 교육부서의 비전과 전략은 회사의 미래가치 창조를 주도하는 글로벌 역량을 갖춘 부서로 설정되어야 할 것이고, 구성원들의 비전도 경쟁사의 구성원들보다 시장가치가 더 큰 세계적인 교육전문가가 되기 위한 구체적인 내용이 되어야 할 것이다. 이와 같이 회사—교육부서—구성원들의 비전이 한 방향정렬이 되도록 하는 리더의 역할이 뒤따를 때, 비로소 비전실현의 가능성을 높일 수가 있다.

이와 같이 명확하게 통일된 조직비전은 구성원들로 하여금 자신의 삶의 목적과 직무의 의미를 찾게 하여 혼신의 노력을 이끌어 내는 큰 촉진제 역할을 할 수 있다. 그러나 이는 해당부서의 비전과 전략과제들이 학습을 통해 구성원들 자신의 능력신장과 연결될 때, 그리고 리더가 구성원 개인별 역량개발 로드맵 이행상태를 수시로 관찰하면서 격려해 줄 때 가능하다. 그것은 리더가 구성원들의 직무 역량향상과 태도변화에 관심을 갖고 매일 세심하게 들여다보지 않으면 곧바로 멈출 가능성이 크기 때문이다. 구성원들이 자신의 비전에 기초한 역량개발 로드맵에 의해서 역량의 성장속도를 평소 조직 생활 속에서 느끼게 될 때 이는 자신들의 삶과 맡은 직무에 대한 의미 인식을 통해 직무소명감 유발로 밀접하게 이어질 수 있다. 조직의 비전을 늘 잊지 않고 깊이 간직하고 간절히 염원하면서 맡은 직무에 열정을 불태우게 만들 수 있다. 조직의 비전이 남의 비전이 아니라 바로 나의 비전이기 때문이다.

그 일에 꿈을 갖고 특별한 노력을 쏟게 하라! '리더다운' 진정한 리더는 구성원들로 하여금 항상 변화를 통해 더 나은 가치와 의미를 추구하게 만들 수 있다. 그 변화의 내용은 일을 통한 학습의 열정을 갖게 하는 것이라 할 수 있다. 그러나 진정한 변화와 학습은 스스로 '하고 싶어서' 할 때 가능하다. 맡은 직무에 열정을 쏟고 싶은 마음이 스스로 일어나게 만들어야 하는 것이다. 마음이 움직이지 않고 누군가에 이끌려서 마지 못해서 하는 혁신이나 창조경영 활동이라면 오래 지속되지 못하고 피로감을 느끼기 쉽지만 누구든지 맡은 직무의 의미를 스스로 발견하고 '하고 싶어서' 한다면 즐겁게 되고 재미를 느끼게 되는 법이다. 따라서 일에 열정을 쏟고 싶은 마음이 일어나게 만들어야 한다. 그것은 가치 있는

비전과 매력 있는 일감 제공을 통해 맡은 직무의 의미성을 스스로 찾게
되고, 이를 기초로 자신의 정체성의 변화가 일어나 직무소명감 유발과
학습의 열정으로 이어지게 될 때 가능하다. 가치 있는 좋은 비전창조와
매력 있는 일감 창출을 위한 구체적인 실천방법에 대해 끊임없는 연구
와 학습노력이 뒷받침되어야 한다.

※ 소명리더십 자기평가(1)

* 가치 있는 좋은 비전창조와 매력 있는 일감 창출을 위한 리더의 태도와 행동 변화 내용들을 적극적으로 실천함으로써 구성원들로 하여금 조직 속에서의 자신의 정체성을 깊이 인식토록 하고 있는지 다음의 척도를 사용하여 점검해 보자.

* 각 문항의 내용을 읽은 후에 리더 자신의 행동이 다음 5가지 중 어느 위치에 해당하는지를 골라서 그 숫자를 ( )에 적고 합산해 보자.

  5—매우 그렇다. 4—다소 그렇다. 3—보통이다.
  2—다소 그렇지 않다. 1—매우 그렇지 않다.

1. 나는 에고 중심적인 삶의 가치관에서 자아초월적인 삶의 가치관으로 변화하기 위해서 적극적으로 노력하고 있으며, 구성원들에게 미래창조의 꿈을 심어 주기 위해 직무소명감을 갖고 가치 있는 좋은 조직(전사 혹은 부서)비전을 설계하여 제공하고 있다. (   )

2. 나는 조직의 비전과 목표를 성공적으로 실현시키기 위해서 보이는 경영자원 확보 노력 못지않게 그 원천인 보이지 않는 긍정 심리적 역량 개발도 평소 관심을 갖고 노력을 기울이고 있다고 생각한다. (   )

3. 나는 과거의 메커니즘이나 현상타개의 연장선상에 머물러 있는 업무적 사고에서 벗어나려고 노력한다. 전략적 사고역량을 함양하기 위해 관련 기법들을 습득하여 이를 일상 업무에 활용하고 있다. (   )

4. 나는 타인에 의해서 이미 드러난 문제해결에 초점을 두는 '그저 그런' 통상적인 리더가 아니라, 모두가 골치 아파 하는 숨겨진 문제들을 과감히 드러내어 해결하는 '리더다운' 진정한 리더라고 생각한다. (   )

5. 나는 조직 비전과 정확히 연계된 부서의 전략과 목표를 설정하고 그 실현을 위한 매력 있는 일감(과제다운 과제)을 도출해서 제공하고 있다. (   )

6. 나는 전사 및 부서 비전을 개인차원의 비전으로 구체화하고 이를 구성원 개인별 역량개발 로드맵과 연계시켜 수시로 그 이행상태를 점검하면서 구성원들의 직무소명 지향적 태도변화에 관심을 갖고 관찰하고 있다. (   )

✔ <u>자기평가 시 참고해야 할 리더십 기법</u>

    부록 1. 조직 비전창조 프로세스

    부록 2. 전략적 사고함양 기술

    부록 3. 매력 있는 일감 창출 프로세스

    부록 4. 비전공유 및 실현 프로세스

* 점검결과에 대한 해석

30	24	18	12	6
(높은 비전경영)				(낮은 비전경영)

- 점수가 높을수록 좋은 비전과 매력 있는 일감을 창출할 수 있는 역량을 갖추고 구성원들로 하여금 참된 삶의 목적과 가치를 스스로 깊이 인식하게 만드는 '리더다운' 진정한 리더라고 할 수 있다. 점수가 낮은 항목에 대해서는 실천행동계획을 수립하여 추진해야 할 것이다.

2. 책무의 중요성을 깨닫게 하는 리더의 태도와 행동 변화
(맡은 직무의 의미를 인식케 한다)

*** 소멸해 버린 천직天職의식**

천직이란 타고난 직분 또는 직업이란 의미다. 그것은 마음에는 흡족하지 않지만 하는 수 없이 임시방편적으로 가지고 있는 직업이 아니다. 무사안일주의로 그때그때 적당히 요령 있게 수행하는 직무자세는 더욱 아니다. 평생토록 신명을 바쳐 좀 더 높은 어떤 존재의 번영과 행복한 삶을 위해서 공헌코자 하는 직무수행 자세나 직업의식을 말한다. 직무소명감과 같은 뜻이다. 대학을 가고, 취직을 하며, 승진을 하고, 성과를 내는 것은 목적이 될 수 있다. 하지만 그 목적이 자신의 가치가 아닐 수 있다. 천직의식이나 직무소명감은 삶이나 직무수행의 목적을 의미 있는 가치에 둔다. 오늘날의 조직사회에 이러한 천직의식을 가지고 매일 주어진 자신의 일에 신명을 다하는 직장인들이 얼마나 될까? 그런 사람은 보기가 드물다. 그 근본적인 원인은 대부분의 조직에 만연되어 있는 지나친 물성 중심적 사고일 것이다. 오로지 돈을 벌거나 입신출세하기 위해서 하루하루 직장에 나가서 열심히 주어진 일을 수행하고 있는 '일벌레' 직장인들이 많기 때문이다.

그러나 돈을 벌면 벌수록, 지위가 올라가면 갈수록 언제나 부족하고, 인간의 그 한없는 욕망을 채울 수가 없어 늘 바쁘고 안절부절못한다. 시간이 어느 정도 지나면 처음보다 일에 대한 열정이 약해지면서 점차 소극적이 되고, 하는 수 없이 나가는 직장이 되어 버리기도 한다. 쉽게 말해 일을 돈이나 권력을 얻기 위한 자기 자신의 생활 수단적 개념으로만 생각하니 항상 문제가 발생하게 되고 피곤하다. 긍정심리학의 행복론 측면에서 본다면 이렇게 직무에 대한 수동적인 자세는 즐거운 조직생활이 될 수가 없다. 일 자체에 더 큰 의미를 두지 않고 돈, 승진, 권력 등 한정된 외재적 보상에 의미를 두기 때문에 진정한 즐거움을 갖기가 어렵다는 뜻이다. 이것이 매일의 조직생활이 피곤하고 행복감을 느끼기가 어려울 수밖에 없는 근본적인 이유일 수 있다. 특히 리더가 소속된 조직에서 물질적 보상이 보장되어 있지 않은 일은 창의력 발휘는커녕 전혀 신경을 쓰지 않고 대충 처리한다든지, 자신이 스스로 선택했고 삶의 생활터전이 되고 있는 조직이 부여한 일인데도 남의 일같이 생각하고 적극적인 직무수행자세가 결여되어 있다면 심각하게 한 번 생각해 보아야 할 일일 것이다. 리더 자신의 문제보다 구성원들에게 미치는 부정적인 영향력 때문이다.

*** 소명리더십이 유일한 해법이다.**

따라서 직무 자체의 가치와 의미를 스스로 찾거나 찾게 하는 리더십이 오늘날 만연된 물성 중심적 사고를 치유하고 진정한 행복감을 갖게 하는 가장 근원적인 방법이 될 수 있다. 일이 갖는 진정한 가치를 볼 수 있게 하는 것이다. 그것은 개인 자신의 삶의 가치관이나 신념의 변화와 관계된 것으로 마음의 뿌리, 즉 본질의 변화다. 따라서 조직 구성원들로 하여금 '나는 지금 무엇을 위하여 어떤 가치 있는 일을 하고 있는가?'라는 조직 속에서의 역할수행에 대한 근본적인 생각을 하게끔 의도적으로 만들 필요가 있다. 어떻게 하면 직무에 만족감과 조직 생활의 행복감을 원천적으로 가질 수 있을 것인지를 깊이 생각하게 만드는 차원 높은 리더십을 발휘할 필요가 있다는 의미다.

그 해답은 바로 리더가 먼저 일에 대한 소명 지향적 태도를 갖는 데 있다. 지속적인 욕구불만을 근본적으로 해소하는 방안을 직무소명감에서 찾을 필요가 있다. 직무소명감은 통상 일터에서 오로지 돈을 벌기 위한 생계중심의 직업 수단적 태도나 승진, 처우개선 등에 초점을 두는 경력 추구적 태도와는 다르기 때문이다. 반복해서 언급하지만 직무소명감은 일의 의미와 가치를 고도화하는 것이며 더 큰 어떤 존재로부터 부름을 받은 것, 즉 소명召命이라고 자신이 스스로 인식하는 것을 말한다. 일을 어떤 물질적인 보상의 대상으로 보는 관점보다는 일 자체의 더 높은 의미와 목적을 추구하는 것에 해당한다. 마음 가운데 사욕이 없는 매우 발전적이고, 긍정적인 심리상태다. 따라서 창조경영을 실현하려면 리더가 먼저 직무소명감이 체화된 자세, 즉 지나치게 물성에 오염되지 않은 맑은 마음의 밭을 일구어 놓는 것이 매우 중요하다. 이러한 직무소명감의 속성과 그 영향력은 본 학습과정에 핵심적인 내용으로 필요한 부분에서는 반복해서 언급할 것이다. '창조경영과 소명리더십 모델'은 직무소명감의 체화프로세스에 초점을 두고 있기 때문이다.

1) 남의 일에서 나의 일로

이러한 속성을 가진 직무소명감을 갖게 되면 타인의 일과 나의 일에 대한 경계선이 없게 된다. 조직에서 일어나는 모든 일들이 나의 일이요 학습의 대상으로 여긴다. 그리고 주어진 일에 한눈팔지 않고 열정적으로 몰입한다. 바로 지극한 일사랑 정신이요, 마음이다. 어떤 어렵고 힘든 일도 회피하지 않고 마땅히 내가 해야 할 일로 생각하며 자기 자신을·희생할 줄 안다. 그것은 자신의 에고에서 벗어나 삶의 목적을 타인 지향적 가치에 두고 일 자체의 더 큰 성취를 위해 항상 열정적, 탐구적, 헌신적인 행동을 하기 때문이다. 직무소명감이 없거나 일상생활에 체화되지 않는 사람들의 삶의 가치기준이나 행동과는 전혀 다르다. 일사랑 정신에서 나온 리더십 행동사례를 중심으로 소명감의 위력과 그 체화의 필요성을 깊이 생각해 보도록 하자.

일 속에서 살다가 일 속에서 숨져 간 포스코의 대표적인 장인, 고 김준영 이사의 '일사랑' 이야기가 좋은 학습사례가 될 수 있을 것이다. 김 이사는 회사 창립 초기인 1970년에 입사하여 제철소 건설현장에서 발생하는 어려운 고비들을 맞을 때마다 살신성인의 본을 보임으로써 직원들로부터 존경을 받아 온 리더로 알려져 있다. 그는 77년 9월 1일 오후 회의가 한창 진행되고 있을 때 갑자기 현장사고 발생의 보고를 받게 된다. 냉연공장(제철소공장 중 하나)의 지하 13m에 위치한 기름 저장탱크가 원인 모르게 탄산가스를 내뿜어 현장의 직원들이 모두 질식하였고 탄산가스에 뒤덮인 지하 현장에는 도저히 사람이 들어갈 수가 없는 상태가 되었다는 보고였다. 촌각의 차이로 수십 명의 인명이 죽느냐 사느냐의 위기에 놓인 것이었다. 더구나 지하의 작업인원들은 모두 질식하여 스스로 밖으로 뛰쳐나올 의식마저 상실한 상태였던 것이다. 모두들 안타깝게 발만 구르고 있을 뿐 어떻게 할 엄두를 내지 못하고 있을 때, 김 이사는 급히 현장에 달려갔다. 그는 즉시 고高중량물을 지하로 내려 보낼 때 사용하는 갱(Pit)의 뚜껑을 열어 제치고 크레인을 지하의 기름 저장탱크로 내려 보낸 후 가스 마스크도 없이 지하 13m계단으로 곧장 뛰어 내려가 위험을 무릅쓰고 작업크레인의 방향을 조정했다. 지하 8m 높이 계단에서의 작업이었기에 한 발짝만 실수를 해도 당장 생명을 잃게 되는 아슬아슬한 작업이었다. 지하 13m의 사고 현장으로부터 좁은 갱의 통로로 질식자들을 예인해 올리는 작업은 대단히 위험한 것이었다. 자칫하면 갱의 벽에 부딪혀 더욱 처참한 사고를 일으킬 우려가 다분히 있었기 때문이다. 간신히 질식자를 끌어 올리면 잠시 맑은 공기를 들이마시고 다시 지하로 뛰어들기를 반복한 결과, 단 한 사람의 희생자도 없이 전원을 무사히 구출한 것이다.

구조작업 중 갱 상부에 실족할 위기가 왔을 때 한 직원이 김이사의 허리띠를 잡고 "이사님, 어찌 그렇게 위험한 작업을 서슴지 않고 감행할 수 있습니까?"라고 묻자, "이 사람아, 사람이 죽어가는 판에 위험한 것 안 위험한 것 따질 겨를이 어디 있어?"라고 나무랐다고 한다. 이후 그를 찾아온 질식자들이 "이사님께서는 저희들 생명의 은인이십니다. 이 은혜는 죽어도 잊지 않겠습니다" 하며 고개를 숙였다. "이 사람들아, 사람이 사람을 위기에서 구출하는 것이란 당연한 일이 아닌가. 내가 질식해 있었더라도 자네들이 뛰어 들었을 거구."(포스코 사내보 '쇳물지', 80년 2월호)

이러한 그의 일사랑에서 나온 책임정신과 살신성인의 희생정신은 오늘도 포스코 후배들에게 좋은 귀감이 되고 있다고 한다. 구성원들로 하여금 맡은 책무의 중요성을 스스로 깊이 깨닫게 하는 자아 초월의 리더십을 보여 준 것이다. 타인 지향적 가치추구의 속성을 가진 직무소명감이 일상생활에 체화되었을 때 나타나는 무서운 행동의 위력을 보여 준 사례다. 무엇보다 이 사례는 2014년 4월 16일 발생한 진도 앞바다 세월호 침몰사고의 선장 및 선원들과는 너무나 대조적인 것이어서 그 근본적인 원인과 사고대응 과정을 비교해 보는 것은 의미 있는 학습이 될 수 있을 것이다. 무엇보다 두 사건의 근원적인 차이를 직무소명감에 기초한 일사랑 마음에서 찾아볼 수도 있다. 세월호 선장과 선원들은 위급한 상황이 닥쳤을 때 자신의 맡은 직무에 대한 소명감이 전혀 없이 자신들의 이익과 안위에만 급급하였지만, 포스코의 김이사는 달랐다. 그는 제철보국의 투철한 소명감이 체화되어 있었기 때문에 촌각을 다투는 위험한 상황에서도 헌신적인 행동으로 부여된 책무를 완벽히 수행했다. 그는 당시 인명구출작업 자체는 자신의 업무소관이 아니라는 생각으로 핑계를 대거나 회피할 수도 있었을 것이다. 그러나 그는 그 위험한 작업이 누구의 일인지는 아예 생각지도 않았다. 머뭇거림이 없이 곧바로 현장으로 달려가서 목숨 건 구출작업을 감행하였다. 사람을 위기에서 구출하는 일은 남의 일, 나의 일의 경계가 있어서는 안 된다는 김이사의 철학은 바로 일사랑 정신인 직무소명감에서 비롯된 것이라 할 수 있다. 결국 두 위기사건의 대응자세의 차이는 리더가 자신의 맡은 직무를 남의 일로 보느냐 나의 일로 보느냐의 인식의 차이, 즉 직무소명감의 유무 혹은 그 강약정도에 귀결된다고 볼 수 있다.

그런데 직무소명감이 형성되면 왜 남의 일이 나의 일로 인식하게 되는 것일까? 이것은 직무의 가치 및 의미발견과 소명감유발의 관계성을 이해하는 데 매우 중요한 부분이다. 미국의 일 연구가들은 자신의 신봉가치와 직무의 가치가 합성을 이룬 상태에서는 남의 일, 그들의 일이 아닌, 나의 일 또는 우리들의 일이라는 개념이 마음 깊숙이 각인이 되며 이 시점에서부터는 외재적인 모든 지각요소들도 이미 인지된 직무소명감의 관점에서 해석하고 평가하게 된다고 주장한다. 특히 최근 미국에서는 직무소명감을 갖게 되면 그렇지 않은 경우보다 일에 대한 몰입이나 열정, 직무만족도가 높다는 연구이론과 실증결과들이 많이 이어지고 있다. 그래서 리더들은 조직 구성원들로 하여금 어떻게 직무소명감을 갖게 할 것인가에 대해서 다시 한 번 큰 관심을 갖게 되었다. 맡은 직무를 나의 일로 깊이 인식하는 마음이 일어나게 하여 어떤 상황에서도 약해지지 않고 지속되게 하는 새로운 차원의 리더십 연구가 필요하게 된 것이다.

리더십 관점에서 일사랑은 직무를 보는 시각을 바꾸어 일에 대한 무한한 애착심을 갖거나 또는 갖도록 만드는 것이라고 할 수 있다. 그것은 수시로 '내가 지금 하고 있는 일은 어떤 의미가 있는 것인가'에 대해 깊이 생각을 하게 될 때 가능해질 수 있다. '일사랑'의 마음, 즉 직무 애착심은 자신의 삶의 추구가치와 조직이 부여한 직무와의 동일시의식이라고 할 수 있는데 그것은 일의 의미발견에서 비롯되며, 이는 남의 일, 나의 일의 경계를 없어지도록 만들기 때문이다. 의미성意味性이 높은 일은 긍정적인 결과와 뛰어난 개인 및 조직성과를 가져오게 된다. 따라서 만약 의미가 없다면 어떻게든 찾아내도록 하는, 다양하고 심도 있는 리더의 노력이 필요하다. 더구나 직무소명감을 갖게 되면 일에 대한 높은 열정과 탐구적 행동, 그리고 창조적 성과창출이라는 폭발력과 영향력 때문에 더욱 그렇다.

2) '그저 그런' 태도에서 굳은 결의와 각오의 자세

그런데 직무에 대한 애착심을 갖게 될 때 제일 먼저 일어나는 심리적 변화는 주어진 과업을 회피할 수 없는 생의 소명으로 가슴 깊이 받아들이면서 책무완수를 위한 굳은 결의와 각오에 찬 태도가 나타난다는 점이다. 직무 애착심을 가지게 된 구성원들은 자신에게 주어진 과업수행의 기회를 무한한 영광으로 생각하며 조직에 감사하는 자세를 갖게 된다. 특히 조직이 어려움에 처할 때마다 비전실현을 위해서 신명을 다하겠다는 결의를 스스로 다짐하게 된다. '그저 그렇고 그런' 자세가 아니다. 규정에 주어진 대로만 수행하는 소극적인 자세가 전혀 나타나지를 않는다. 더 이상 조직이 부여한 비전이나 과업이 아니라 자신의 비전과 과업으로 생각하고 과업완수를 위해 소중한 목숨까지 걸겠다는 무서운 자세로 바뀌게 된다. 이러한 태도로 바뀌게 되는 이유는 단순히 늘 하는 '그저 그런' 일이 아니라 많은 사람들에게, 그것도 장기적으로 긍정적인 영향을 주는 의미 있는 일이라는 인식을 하기 때문이다. 단순한 일이 아니라 의미 있는 일인 것이다.

이에 가장 적합한 사례로 제철보국의 소명감(혹은 사명감)에 기초한 포스코인들의 '우향우 정신'을 들 수 있다. 포스코의 창업 및 초기 건설 요원들은 일관제철소건설 사업을 완수하기 위해 어느 날(박정희 대통령이 포항 건설현장에 첫 방문한 1968년 11월 12일) 자신들이 갖고 있는 젊음과 시간, 그리고 목숨까지 내거는 과감한 출사표를 던졌다. 그들의 과업완수를 위한 비장한 각오를 보면 이렇다. "만약에 일관제철소 건설 사업이 실패로 돌아간다면 역사의 죄인으로 죽음을 각오해야한다, 그리고 죽는다고 해서 그 죄가 없어지는 것도 아니니 실패할 수도 실패해서도 안 된다"는 굳은 결의에 찬 자세였다. 마땅히 해야 할 제철소 건설 사업에 목숨을 거는 정신이었다. 이른바 그들이 말하는 '우향우 정신'이다. 당시 박태준 사장은 어려움에 처할 때마다 이 '우향우 정신'을 강조하면서 직원들로 하여금 제철보국의 비전실현을 위해 신명을 다하겠다는 굳은 각오와 결의를 스스로 다짐하게 만들었다고 한다. 그들이 남긴 수많은 흔적들을 들여다보면 제철보국의 소명감에 기초한 '우향우 정신' 의 위력을 지금도 생생히 확인할 수 있다. '우향우 정신' 으로 일군 그들의 험난한 4반세기의 성장역사를 축약하면 대략 이렇다.

당시 포스코의 창업 및 건설요원들이 일관제철소건설 사업에 목숨을 걸었던 이유는 잘 사는 나라를 만들기 위해서 누군가는 반드시 해야만 하는 국가 숙원사업이라는 큰 가치와 의미를 발견했기 때문이다. 그래서 온 세상 모두가 무모한 도전이라고 핀잔을 주었지만, 그리고 가고자 하는 길목마다 수많은 어려움들이 그들의 길을 가로막기도 하였지만, 결코 절망하거나 포기하지 않았다. 오직 제철보국의 소명감 하나로 모든 장벽을 뛰어넘고자 했다. 그들은 외부의 어떤 유혹에도 흔들리지 않고 모두가 '한 뜻 한 마음' 이 되어 신들린 사람처럼 꿋꿋하게 일만 했다. 완전히 철에 미친 사람들이 되어 버린 것이다. 혼연일체가 되어 불철주야 뛰고 또 뛰었다. 그것은 일관제철소 건설이란 단순한 일이 아니라 의미 있는 일임을 인식했기 때문이다. 마침내 자본도, 자원도, 기술도 없는 전후 폐허의 땅에, 세계에서 가장 가난하고 업신여김을 받았던 우리 대한민국에 세계에서 가장 경쟁력이 있는 일관제철소 건설을 완성하게 되었다. 소명감 하나로 그토록 염원했던 제철보국의 비전을 실현시킴으로써 불가능을 가능으로 바꿔 놓고 만 것이다. 이후 세계는 불과 4반세기 만에 일어난 이러한 포스코의 성장 역사를 두고 영일만의 기적이요, 신화창조라고 평가하였다.(김창호, 2013, 앞의 책, pp.11~12)

이 사례는 맡은 직무 및 과업에 대한 스스로의 의미 인식이 이상적인 조직비전을 현실화시키는 동인임을 보여 준다. 그리고 늘상 하는 '그저 그런' 자세로가 아니라 자아초월의 목숨 거는 자세로 하면 결코 안 되는 일이 없음을 보여 준 역사적 사실이다. 도대체 어떻게 이러한 놀라운 행동 변화가 일어나게 되는 것일까? 일의 목적을 타인 지향적 가치에 두고서 자신이 스스로 일의 의미를 부여한다는 직무소명감이 갖고 있는 속성 때문이다. 이것은 어떤 도구적 제도나 시스템적 방법으로 일어나게 되는 감정적 혹은 일시적 행동 변화가 아니다. 오로지 구성원들 개인 자신의 추구가치와 마음에 의해 좌우되는 본질적인 변화다. 그러나 구성원들의 이러한 큰 변화의 역사는 자신의 에고를 뛰어넘어 더 높은 어떤 존재에 공헌코자 하는 리더의 숭고한 삶의 목적과 추구가치에 크게 영향을 받을 수 있다. 바로 맡은 직무의 의미 인식을 통한 리더의 소명 지향적 태도와 행동들이다. 그것은 구성원들이 이러한 리더의 행동들을 현장 가까이서 자주 목격할 경우 긍정적인 심리 변화를 가져올 가능성이 높은 이유에서이다.

리더의 마음상태와 표출행동은 구성원들의 의식적, 무의식적인 지각적 감시를 벗어나기 어렵다는 사실들이 최근의 인지과학13)에서 밝혀지고 있다는 점에 주목할 필요가 있다. 인간의 행동에서 선함과 이타성利他性과 같은 부분은 지각적 관찰을 피할 수 있도록 위장되거나 조작되기

---

13) 인지과학(cognitive science)은 인간의 마음과 동물 및 인공적 지능시스템에서 정보처리가 어떻게 일어나는가를 연구하는 다학문적 과학이라고 할 수 있다. 핵심원칙은 단일 수준의 연구만으로는 정신/마음을 완벽히 이해할 수 없다는 것이다. 크리스토퍼 롱게히긴스가 1973년에 사용하였다.

어렵다는 연구결과들이 많다(LeDoux, 1996, Gazzaniga, 2005, Damasio, 1994, 2003 등을 참고). 따라서 구성원들의 마음의 뿌리를 움직여서 맡은 직무에 대한 의미 인식을 통해 소명감을 갖게 하려면 리더가 먼저 많은 사람을 행복하게 만드는 의미 있는 일에 출사표를 던지는 소명 지향적 태도와 행동의 표출, 즉 자신이 갖고 있는 모든 것을 쏟아붓는 자세와 행동이 절대적으로 선행되어야 한다.

여기에서 '리더다운' 진정한 리더가 가져야 할 한 가지 요소는 자신을 속이지 않는 진실한 행동이다. 구성원들로 하여금 맡은 직무에 대한 의미 인식을 통해 소명감을 유발하게 하려면 어떤 상황에서도 흔들리지 않고 직무소명감과 일치된 진실한 행동을 지속적으로 보여 주어야 한다. 리더의 진실성과 자아 초월성은 구성원들로 하여금 좀 더 높은 차원의 삶의 의미로 나아가도록 유도할 수 있는 중요한 영향력 요소이기 때문이다. 김창호(2012년)는 리더의 진실한 행동이 자신의 더 큰 긍정적 자아개발로 이어져 에고를 뛰어넘는 직무소명감의 속성을 가진 초월적 행동에 영향을 주며, 또 이는 조직 구성원들의 직무소명감과 조직 공동체의식 형성에 영향을 미친다는 사실을 입증한 바 있다. 국내 50개 기업체에 종사하는 리더 및 직원들을 대상으로 리더의 진실한 행동이 자신의 초월적 행동과 구성원들의 직무소명감과 조직 동일시의식에 미치는 영향을 조사 분석한 결과, 4개 변수 간의 인과성이 통계적으로 매우 유의미한 것으로 나타났다. 이 검증결과는 리더의 진실한 행동이 깊은 자아인식과 높은 자아규제기준에 의해 나오는 것일 때, 그리고 조직을 위해서 스스로 희생하는 이타적利他的 사랑과 같은 자아 초월적 행동일 때, 이를 현장 가까이에서 자주 목격한 구성원들의 직무소명감과 조직 동일시의식에 긍정적인 심리변화를 일으킬 수 있다는 사실을 시사해 주는 것이었다.

따라서 자신에게 없는 것을 위장하여 겉으로만 화려한 체 보여 주고자 하는 자기 과시적 리더, 마음과 행동이 일관성이 없이 상황에 따라 수시로 바뀌는 사이비 리더는 구성원들의 마음을 움직이게 하기 어렵다. 직무소명감을 가진 리더가 자신의 과업완수를 향해 던진 자아 초월의 과감한 출사표와 일관성 있는 진실한 행동은 구성원들에게 자신의 직무에 대한 의미와 가치를 찾아보게 하는 결정적인 계기를 제공해 줄 수 있다. 또 그것이 구성원들 자신의 삶의 목적과 가치관 정립에 큰 긍정적 영향력을 미칠 가능성이 매우 높으며 조직의 비전실현과 주어진 과업완수에 모든 것을 쏟아붓고자 하는 굳은 각오와 신념을 이끌어 낼 수 있다는 점은 다양한 이론을 바탕으로 실증되고 있는 사실들이다.

그런데 마지막으로 한 가지 경계해야 할 것은 일 자체의 의미를 인식하지 못한 채 일어나는 과도한 일중독 현상이다. 일을 통해서만 만족을 느끼고 일을 하지 않으면 불안해지는 병적인 증상을 갖는 경우다. 고된 현실을 외면하기 위해서 일에 빠지는 경우도 있고 일을 열심히 하는 모습을 남에게 보여 주는 것으로 자신을 위안하기 위한 경우도 있다. 이 경우 세상에서 가장 중요한 자기 자신은 없어진다. 반면 일 자체의 가치를 인식하고 그것이 가져다주는 기쁨으로 몰입하며 즐기는 경우는 일을 하지 않는다고 해서 불안해하지 않으며 칭찬, 돈, 성공, 위안 같은 것을 위해서 일하는 것이 아니라 삶에서 중요한 순간이므로 일한다. 승진을 하고 상사에 인정받기 위해서 일하는 것이 아니라 직무가 의미가 있고 자신이 속한 세상의 많은 사람들을 보다 행복하게 만든다는 확신을 가지고 일에 열중한다. 다른 생각을 하기 싫어서, 괴로움을 잊기 위해서 일하는 것이 아니라 일하는 순간이 의미 있고 몰입의 순간이 좋아서 일한다. 직무소명감에 바탕을 둔 일에 대한 애착심이나 몰입이다. 이는 비정상적인 생활을 하는 일중독자들과는 확연히 다르다.

3) 부화뇌동 행동에서 소신 있는 행동으로

그러나 리더 자신이 스스로 가치 있는 좋은 비전으로 깊이 인식하고 그 실현을 위한 비장한 각오를 계속 유지하면서 맡은 직무에 열정을 쏟는다는 것은 실제로 매우 어렵다. 왜냐하면 비전다운 비전은 항상 도전적인 것이어서 쉽게 달성될 수가 없기 때문이다. 조직을 둘러싼 모든 외부의 여건들이 항상 유리하게만 전개되지 않고 때때로 리더의 각오와 결심을 흔들려고 유혹한다. 그래서 항상 초심을 잃지 않고 특별한 노력을 구성원들과 함께 기울여야만 비전을 실현할 수가 있다. 특히 비전실현 과정상에 많은 위기상황들이 수시로 리더의 능력과 정신력을 시험하게 된다. 절체절명의 중대한 고비상황도 몇 번은 생긴다고 보아야 할 것이다. 이 시점에서 중요한 것은 그러한 상황을 맞을 때 리더는 항상 출발선상에서 가졌던 각오와 결의가 결코 약해져서는 안 된다는 점이다. 조직이 어려움에 처할수록 나름의 생각과 논리로 더욱 자신감 있는 모습을 보인다는 것을 말한다. 상황에 요동치지 않고 자신의 올바른 삶의 가치관에 의한 소신 있는 행동이다. 이것은 리더가 어떤 위기적 상황에서도 소속된 조직 및 맡은 직무에 대한 소명감을 유지한다는 것과 같은 것으로 구성원들의 직무의미 인식에 미치는 긍정적 영향이 매우 클 것이기 때문이다.

하지만 말이 쉽지 리더의 직무소명감에서 나오는 소신 있는 행동을 절체절명의 위기상황에서도 유지한다는 것은 참으로 어려운 일이다. 그것은 평소 자기성찰과 숙고 능력을 가지고 보다 진실해지려는 스스로의 노력이 뒤따라야만 가능하기 때문이다. 진실한 리더가 되려면 끊임없이 자아인식 능력수준을 높여 나감과 동시에 항상 엄격한 자아 규제기준에 의해서 일관된 행동을 유지해야 한다. 그래서 진실한 자아의 가치를 계속 발전시켜 나가야 하는 것이다. 이러한 과정을 통해서 자아 초월의 직무소명감이 마음 가운데 깊이 형성되어 비전실현에 대한 강한 소신과 행동이 나올 수 있게 된다. 자신의 에고를 뛰어넘어 더 큰 존재, 더 큰 의미, 더 큰 목적을 추구하는 '리더다운' 진정한 리더, 보다 성숙한 리더가 될 수 있다. 따라서 '리더다운' 진정한 리더로부터 나오는 소신 있는 행동, 일관성을 유지하는 진실한 행동은 분명 구성원들로 하여금 맡은 직무에 대한 의미를 찾아 깊이 인식케 하는 데 크게 영향을 줄 수 있다.

'리더다운' 진정한 리더는 어떤 어려운 상황에서도 우왕좌왕하지 않는다. 조직이 어려움에 봉착했을 때 오히려 더욱 큰 목소리를 내면서 자신의 역량을 최대한 발휘하는 노력을 한다. 리더는 조직이 어떤 어려움에 처해도 굴복해서는 안 된다. 이때가 가장 추한 리더의 모습이기 때문이다. 이럴 경우 구성원들은 리더가 지금까지 비전실현에 대해 강조한 말이나 보여 준 행동들이 헛말, 쇼show하는 것이었다는 생각을 갖게 된다. 리더의 권위는 단숨에 추락하고 구성원들의 직무의미 인식을 통한 소명감 유발이 어려워질 수 있다. 그런데 가끔 조직의 비전이나 정책에 확신이 없고 주어진 일을 상사의 비위에 맞추어 시키는 대로만 하는 소신이 없는 리더, 즉 리더답지 못한 추한 리더들이 많다. 소위 위선적 리더 또는 사이비 리더들이다. 이것은 자신의 직무에서 어떤 의미를 스스로 발견하지 못했기 때문에 나타나는 행동이다. 리더의 이러한 소극적이고 수동적인 자세가 구성원들에게 미칠 부정적 영향을 생각하면 불안할 때가 많다. 대개 그들의 화법은 '회사나 상사가 이렇다 하더라' 라는 식이다. 나름대로의 설득논리가 전혀 없는 가장 추한, 리더답지 않은 모습이다. 이것은 어떤 일이나 상황에 대해 나름의 의미를 스스로 찾아서 부여하려는 의미탐구 노력을 하지 않기 때문에 일어난다. 이러한 리더의 행동으로는 구성원들로 하여금 직무의미 인식을 통한 가치관의 변화로 소명감을 유발시키기가 어렵다.

4) 흐트러진 업무체제에서 잘 짜여진 가치 창출 업무체제로

이처럼 리더가 맡은 직무의 의미를 스스로 깊이 인식하거나 이를 통해 구성원들로 하여금 인식하게 만드는 일이란 그렇게 간단치 않다. 다각적이고 복합적인 노력을 기울여야만 가능하다. 따라서 리더 자신의 가치관과 신념, 의식과 정신을 바꾸는 노력과 함께 업무관리 체제의 혁신도 병행할 필요가 있다. 모든 조직 구성원들이 각자의 위치에서 해야 할 본연의 일을 하게 하는 일이다. 그것은 흐트러진 업무체제에서 발생하는 조직의 손실들을 제거함과 동시에 구성원들로 하여금 맡은 직무의 중요성과 의미를 인식케 하는 좋은 방법이 될 수 있을 것이기 때문이다. 직무소명감에 기초한 창조경영 조직은 어느 한 부서도 어느 한 사람도 빈둥거리지 않는다. 모두가 자신이 맡은 책무가 의미 있고 중요한 것임을 인식하고 마땅히 해야 할 본연의 일에 열정을 쏟는다. 헛돌고 있는 빈틈이나 공간들이 전혀 없다.

구성원들의 일에 대한 3가지 태도(직업 수단적, 경력 추구적, 소명 지향적 태도)가 어떤 것이든 열정의 차이는 있겠지만 대부분 조직의 비전 실현에 명확하게 기여하는 일이나 책임이 뚜렷한 일에는 전력을 다하려는 생각을 가지게 되는 법이다. 누구나 조직발전을 위해 중요한 일을 해내었다는 것을 인정받기 원하거나 느끼고 싶어 하며, 조직에 쓸모없는 존재가 되는 것을 싫어한다. 그것은 개인별 차이는 있겠으나 조직 생활 속에서의 구성원은 일에서의 소외감을 회피하려는 개인의 통제욕구나 조직에의 공헌욕구를 공통적으로 가지고 있기 때문이다.

따라서 조직 구성원들이 어떤 일에서 왕따 느낌을 가지지 않게 하고 부여된 책무의 중요성과 의미를 깨닫도록 하기 위해서는 흐트러짐이 없는 가치 창출 업무체제가 되게 하는 것이 하나의 좋은 방법이 될 수 있다. 앞의 절 '좋은 비전과 일감 창출을 위한 리더십 행동 변화'에서 우리는 구성원들로 하여금 자신들의 삶과 맡은 직무의 의미를 깊이 인식시키기 위해 '어떤 가치 있고 중요한 일을 먼저 하도록 할 것인가'에 대해서 학습을 하였다. 그다음의 순서는 '누구에게 이 일을 맡길 것인가'에 대한 학습이다. 조직의 각 부서나 구성원 개개인이 해야 할 본연의 가치 있는 일들이 제대로 수행되지 않고 있다면 빨리 제자리에 놓이게 하는 일이다. 그것은 각자의 위치에서 해야 할 일들이 헝클어져 있기 때문에 생길 수 있는 보이지 않는 손실을 방지하고 또한 맡은 직무의 중요성과 의미를 보다 명확하게 인식시키기 위해서이다.

명확한 역할분담이 없는 소위 비빔밥식 조직관리, 즉 업무의 경계선이 모호하여 누가 어떤 일을 해야 하는지를 알 수 없는 조직에서는 구성원들로 하여금 직무의미 인식을 통한 소명감 유발이 어려울 수 있다. 오랫동안 어떤 시스템, 제도 등의 외부적 통제나 압력에 의해 수동적인 직무수행 방식에 습관화되어 버린 구성원들에게 갑자기 스스로 직무의미를 찾아 인식토록 요구하는 것은 크게 무리일 수 있기 때문이다. 따라서 본연의 일을 하도록 유도함으로써 자신의 직무가 중요한 일임을 느끼게 만드는 일은 구성원들로 하여금 조직의 비전실현을 위해 모든 것을 바쳐 헌신코자 하는 각오와 결의를 갖게 하는 계기를 제공할 수 있다. 그러나 리더가 구성원들의 해야 할 역할과 책임의 경계를 설정하는 데 있어서 어느 정도 관여할 것인가 하는 것은 그들의 직무수행 자율성과 창의성에 관련된 문제로서 직무소명감의 체화정도를 봐 가면서 조정되어야 한다. 왜냐하면 직무소명감을 갖게 되면 자신의 직무 인식의 경계영역을 스스로 설정하고 가치 있는 의미 창조를 위해 열정을 쏟으려고 노력을 하기 때문이다.

5) 나쁜 결과는 리더의 책임, 좋은 성과는 부하의 공功으로

그러나 아무리 가치 창출 업무관리체제가 잘 정비되어 있다고 하더라도 이를 작동시키는 구성원들의 자세나 행동에 문제가 있다면 제대로 운영될 수가 없다. 새로운 일이나 어려운 일을 남에게 떠넘기거나 회피하는 구성원들의 소극적인 업무자세라면 그것은 무용지물이 될 수 있기 때문이다. 이는 보이지 않는 비용을 많이 발생시키는 비非가치 창출적 업무자세가 존재할 수 있다는 뜻이다. 그런데 조직 구성원들의 이러한 부정적 자세가 왜 생기게 되는 것일까? 여러 가지 영향적인 요인들을 제시할 수 있겠으나 '창조경영과 소명리더십 모델'에서는 오로지 리더의 탓으로 본다. 조직 구성원들에 미치는 리더의 영향력 때문이다. 즉 직무소명감을 체화하여 일에 대한 학습열정이 높은 리더 밑에서 열정적이고 창조적인 업무자세를 가진 구성원들이 나올 가능성이 높을 것이라는 이유에서이다.

'그저 그런' 통상적인 리더들은 대부분 구성원들의 자세와 행동, 그리고 그 결과로 나타난 업무성과에 대해 못마땅하게 여긴다. 스스럼없이 야단치고 모처럼 일어나려고 하는 일에 대한 소명감과 열정을 사정없이 꺾어 버리는 경우가 많다. 물론 정해진 시간 내 성공적으로 과업을 완수해야 하는 리더로서의 막중한 책임과 사정은 있다고 해도 구성원들의 감정에 손상이 가게 하는 방법은 직무의미 인식을 통한 소명감 유발과 조직성과향상에 전혀 도움이 되지 않는다. 구성원들의 일에 대한 소명 지향적 태도와 비전실현을 위한 강한 신념과 가치 창출적인 행동은 오로지 리더의 직무소명감에 기초한 겸손한 자세와 확신에 찬 행동에 크게 영향을 받을 수 있다. 그래서 '리더다운' 진정한 리더는 조직 상황이 나쁠 때 리더가 전적으로 책임을 지면서 스스로 반성하는 자세를 가진다. 외부의 탓으로 돌리지 않고 자신에게서 잘못을 찾는다. 나쁜 결과의 원인을 자신의 행동에서 찾는 내재적 통제위치[14](internal locus of control)를 갖는다. 그리고 '리더다운' 진정한 리더는 상황이 긴박하게 돌아가는 어렵고 중요한 작업을 회피하지 않고 직접 진두지휘하면서 점검하고 검토를 한다. 조직이 잘 되어 갈 때는 사실 리더가 전

---

14) 통제위치란 자신의 운명을 결정하는 것이 자기자신인가 아니면 외부요인인가에 대한 믿음의 정도를 의미하며 그 정도에 따라 내재적, 외재적 성향으로 구분한다. 내재적인 경우 자신에게 일어나는 일을 스스로 통제할 수 있다고 믿는 사람이며 외재적인 경우 행운이나 불운 또는 남의 통제에 의해 일어난다고 믿는다.(손태원, 앞의 책, p.57)

면에 나타날 필요가 없다. 조직 목표달성이 미흡할 경우 그 요인을 분석하고 달성방안을 수립해야 할 때이거나, 설비고장이나 사고의 근본원인을 파악해 내고 개선대책을 세워야 할 때에 리더의 경험과 실력발휘가 필요하다. 이런 상황에서 구성원들을 앞세워 놓고 정작 리더 자신은 숨어 버린다면 그들의 맡은 직무에 대한 의미 인식과 소명감유발은 요원해질 수 있다.

한편 '리더다운' 진정한 리더는 조직의 좋은 결과는 구성원들의 공功으로 돌려준다. 조직성과의 공과功課를 가로채는 얌체형 리더인가, 아니면 구성원들에게 돌려주는 겸손형 리더인가 하는 문제는 구성원들로 하여금 맡은 직무의 의미 인식과 조직의 활력에 큰 영향을 줄 수 있다. 가치창조경영 조직은 리더가 언제, 누구 앞에서든 구성원들을 칭찬하기를 좋아한다. 리더 자신은 전혀 내세우지 않으며 숨어 버린다. '리더다운' 진정한 리더는 뒤로 숨을 때와 앞에 나타날 때를 잘 판단할 줄을 안다. 조직의 성과가 좋다는 것은 구성원들이 일에 대한 소명감과 열정을 갖고 창조적으로 잘 수행하였기 때문에 이루어진 것으로 여긴다. 비록 리더의 역할이 크다고 할지라도 구성원들이 잘 하지 않았다면 성과를 낼 수 없었을 것이라는 생각으로 칭찬, 인정, 격려 등의 내재적 보상방법을 주로 활용한다. 이는 조직의 성과가 구성원들의 직무소명감에 기초한 진정한 열정과 몰입의 결과라는 사실을 인정한다는 의미가 됨으로 그들에게 크게 영향을 줄 수 있다.

이러한 리더의 겸손한 행동은 구성원들로 하여금 맡은 직무의 의미를 새롭게 찾으려는 노력이 일어나게 할 수 있다. 구성원들은 자신들의 노력에 의해서 나타난 조직성과에 대해서 어떤 긍정적인 의미를 찾으려고

하기 때문이다. 따라서 조직성과에 대한 공과功課는 구성원들의 직무의
미 인식을 통한 소명감 유발에 크게 영향을 미칠 수 있다. 그래서 나쁜
결과는 부하의 책임, 좋은 성과는 리더의 공으로 여겼던 사고를 완전히
반대방향으로 바꾸어 놓아야 한다. 그런데 의외로 이러한 생각을 하는
리더는 적다. 명심해야 할 중요한 포인트다. '리더다운' 진정한 리더가
되려면 구성원들로 하여금 맡은 직무의 가치와 의미를 스스로 찾아내어
진정한 열정과 몰입이 일어나게 하는 정교하고 차원 높은 리더십을 발
휘할 수 있는 역량이 필요하다.

※ 소명리더십 자기평가(2)

*구성원들로 하여금 맡은 책무의 중요성과 직무의 의미를 깨닫게 하기 위해 평소에 리더의 태도와 행동 변화 내용들을 얼마나 적극적으로 실천하고 있는지, 다음의 척도를 사용하여 점검해 보자.

*각 문항의 내용을 읽은 후에 리더 자신의 행동이 다음 5가지 중 어느 위치에 해당하는지를 골라서 그 숫자를 ( )에 적고 합산해 보자.

5—매우 그렇다. 4—다소 그렇다. 3—보통이다.
2—다소 그렇지 않다. 1—매우 그렇지 않다.

1. 나는 조직의 비전 및 과업달성을 위해서는 어떤 어렵고 힘든 일도 회피하지 않고 마땅히 나 자신이 해야 할 일로 생각하며 헌신적인 자세로 솔선수범한다. (   )

2. 나는 조직의 비전과 맡은 직무의 성공적인 완수를 위해 굳은 각오와 결의의 표시로 과감한 출사표를 던졌으며, 과시적인 위선적 행동에서 벗어나 항상 일관성 있게 진실한 행동을 한다. (   )

3. 나는 나의 직무수행 결과가 타 조직이나 사람들에게 미치는 긍정적인 영향력을 명확하게 인식하고 있으며, 나 개인적인 이익을 얻는 것보다 소속된 조직발전에 공헌코자 하는 목적을 우위에 두고 있다. (   )

4. 나는 어떤 어려운 상황에서도 우왕좌왕하지 않고 비전실현과 목표 달성을 위한 제반 의사결정에 대해 직무소명감에 기초한 나름의 논리구조를 갖고 항상 소신 있는 행동을 한다. (   )

5. 나는 포지션별 및 과제별 역할분담을 명확히 하여 구성원들 각자가 해야 할 본연의 가치 있는 일들이 제대로 수행되게 함으로써 보이

지 않는 손실을 방지하고 그들의 맡은 직무의 중요성과 의미를 인식시키고 있다. ( )

6. 나는 조직의 상황이나 성과가 나쁠 때는 내가 전적으로 책임을 지면서 반성하는 자세를 가지며, 반면에 조직의 좋은 성과는 구성원들의 공으로 돌려줌으로써 그들의 맡은 직무의 의미를 계속 크게 인식시키고 있다. ( )

✓ <u>자기평가 시 참고해야 할 리더십 기법</u>
　부록 5. 직무의 긍정적 의미발견 프로세스
　부록 6. 과제별 역할분담 프로세스

* 점검결과에 대한 해석

30	24	18	12	6
(높은 책임경영)				(낮은 책임경영)

— 점수가 높을수록 리더 자신이 조직의 비전과 과업완수를 위한 굳은 결의로 자아 초월의 헌신적인 자세와 결단력을 보여 줌으로써 구성원들로 하여금 맡은 직무의 의미를 스스로 인식하게 만드는 '리더다운' 진정한 리더라고 할 수 있다. 점수가 낮은 항목에 대해서는 구체적인 실천행동 계획을 수립하여 특별한 노력을 기울여야 할 것이다.

3. 직장의 고마움을 깨닫게 하는 리더의 태도와 행동 변화

(소속된 직장의 의미를 인식케 한다)

* 만연된 자기중심적 사고

사람은 자신만의 고유한 특성인 자기정체성이 있는 동시에 조직사회의 한 구성원이기도 하다. 조직사회가 제공하는 어떤 정체성 속에서 주어진 역할을 수행하는 삶을 살아가야 하는 존재다(삶=조직=직무). 오늘날 현대인들은 인생의 대부분을 직장이라는 조직에서 보낸다. 때문에 직장생활을 즐겁고 의미 있게 영위하지 못하면 행복한 인생을 살아간다고 할 수가 없을 것이다. 그런데 자신이 속해 있는 직장생활에 만족감과 행복감을 가지는 사람이 그렇게 많지 않다는 통계가 많다. 왜 그럴까?

그것은 구성원 자신과 조직과의 관계성 정립에 문제가 있기 때문이다. 즉 어떤 조직에 소속해 있는 구성원들이 자신과 조직의 발전 중에 어느 것을 더 우선시 하느냐는 가치관에 따라 직장생활의 만족도에 차이가 생길 수 있다는 관점이다. 조직의 주어진 과업완수를 위해 자신을 희생하며 일에만 몰입하면서도 직장생활의 만족과 행복을 느끼는 사람도 있기 때문이다. 그러나 요즘 신세대들은 회사의 일만큼이나 개인생활을 중시한다. 자기개발이나 사생활을 즐기고 행복한 삶을 구가하기 위해서다. 기업들도 이를 장려하는 방향으로 나가고 있다. 문제는 구성원들이 자신의 개인적인 이익과 직접적인 관련이 없으면 조직발전을 위해 헌신적으로 움직이지 않을뿐더러 한 조직 내에서 진정한 도움을 서로 주고받는다는 것이 매우 어렵다는 점이다. 너무나 자기중심적이어서 어떤 구속력이 있는 제도나 효율적인 시스템으로 관리되지 않으면 개인 간,

또는 부서 간의 협조라는 것이 잘 되지 않을 경우이다. 더구나 어떤 외재적인 보상을 놓고 치열한 경쟁과 헐뜯고 비방하는 싸움판이 일어날 조직 분위기라면 조직관리 및 리더십 측면에서 심각하게 생각해 봐야 할 사안이 된다. 이러한 상태에서는 다양한 개인의 창의력이 마음껏 발휘되는 창조경영의 학습조직문화를 이루어 내기가 어렵고 직무수행 과정에서 피곤과 불만만 쌓이게 마련이다. 그 근본원인은 조직에 대한 애착심, 즉 조직 공동체의식의 약화에 있다. 개인은 조직 전체 속에서 중요한 하나의 부분으로서 상호연결되어 작용하는 존재라는 사실을 망각하고 있기 때문이다. 여기에서의 전체 또는 조직은 구성원들이 속해 있는 직장이 될 것이고 더 크게는 지역, 국가, 인류, 우주가 될 수도 있다. 그래서 어떤 조직 속에서의 삶을 영위하는 오늘날의 직장인들은 개인인 자신의 개념을 정의할 때 더 큰 존재와의 연결성 측면에서 보아야 한다.

* **직장사랑이 곧 직무사랑이다.**

그런데 구성원들의 직장사랑은 직무소명감에서 비롯된다. 왜냐하면 직무소명 지향적 태도를 갖게 되면 자신보다 더 큰 어떤 존재의 번영을 위한 의미 있는 목적의 삶을 추구하기 때문이다. 개인의 이익보다 조직 공동체의 이익을 더 우선시하는 삶이다. 직무소명감을 갖게 되면 소속된 조직의 안녕과 번영을 위해 더 강한 열정과 몰입이 일어날 가능성이 높다. 이는 직장사랑이 곧 직무사랑으로 이어질 수 있다는 의미이기도 하다. 두 변수는 밀접한 상호 심리적 작용관계를 갖는다. 따라서 구성원들로 하여금 직장에 대한 의미를 찾게 하고 이를 통해 소속한 조직에 대한 애착심을 이끌어 내는 일은 '창조경영과 소명리더십 모델'에서 리더의 주된 책무중의 하나다. 그래서 리더는 조직 차원의 많은 규제활동들의 가치와 의미가 구성원들 개인이 추구하는 자아 가치와 자연스럽게 통합화統合化 및 내재화內在化[15]가 이루어지도록 지원하는 환경조성 노력이 필요하다.

1) '조직 따로 나 따로' 에서 '조직과 나는 하나' 로

직무소명감을 갖는다는 것은 조직이 부여한 일의 가치와 구성원 개인의 추구가치가 합치를 이루는 것을 의미한다. 이러한 조직의 가치와 동일시를 이룰 경우에 조직을 위해 신명나게 일하고 싶은 마음이 일어나고 또 그 결과 높은 조직 성과로 이어질 것은 당연하다. 실제로 국내외 학계에서는 이에 대한 연구결과들이 이어지고 있다. 오늘날 글로벌 기업들이 지속성장하는 근본적인 동인動因도 구성원들의 직무소명감에 기초한 강한 조직 동일시의식이라고 할 수 있다. 그 이유에 대해서 좀 더 이론적으로 학습해서 기억해 두는 것은 '창조경영과 소명리더십 모델'을 구현하는 데 있어 매우 중요하다.

정체성이론에 기초해서 보면 조직과의 동일시의식을 갖는다는 것은 소속된 조직의 한 구성원으로 지각하게 된다는 것, 즉 개인 자신과 조직이 하나로 인식하게 된다는 것을 말한다. 자신을 조직과 독립된 존재로 보지 않고 집단성원으로 인식한다는 것으로 소위 멤버십 의식이다. 이

---

15) 통합화(integration)란 조직의 각종 규제를 개인 자신의 안으로 더 깊이 변화시켜 궁극적으로는 자아규제(self-regulation)에 의해 자아와 일치된 행동을 발휘하게 되는 것이고(통합된 규제), 내재화(internalization)란 조직의 추구가치와 규제를 완전히 수용하여 자아와 동화가 되는 심리적 변화 상태를 의미하는 것으로 긍정적인 행동효과와 주관적 안녕감(subjective well-being)이 가장 크다고 할 수 있다.(Ryan & Deci, 2003.)

는 바로 에고를 뛰어넘어 더 큰 존재와의 연결성을 가진 직무소명감의 속성과 맥을 같이한다. 이렇게 자신과 조직의 관계가 연결될 경우 자신과 조직은 하나라는 강한 심리적 변화가 일어나게 된다. 공동운명체라는 인식의 변화이다. 이 지점에 이르게 되면 누군가가 자신이 소속된 집단이나 조직에 대해 칭찬이나 비판을 하게 되면 그것이 자신에 대한 평가로 지각이 된다. 자신과 조직과는 더 이상 제3자의 관계가 아닌 것이다. 조직의 성공과 실패를 자신의 성취감과 좌절감으로 인식을 하기 때문에 당연히 조직이 부여한 직무과제의 완수를 위한 소명감은 더욱 강력해질 수밖에 없다. 이러한 심리적 변화과정을 통해 직장의 의미에 대한 스스로의 깊은 인식은 강력한 행동의지로 이어질 수 있다.

우리는 직무소명감과 연계되어 나타나게 되는 조직 동일시의식의 행동과 그 영향력을 이미 경험한 바 있다. 지난 60, 70년대는 우리나라 경제가 '한강의 기적' 이라는 표현에 걸맞게 눈부신 도약을 이룩한 시기다. 그러나 한편으로는 급속한 경제성장과 함께 산업화 사회로 탈바꿈하는 과정에서 새로운 형태의 이산가족이 나타났던 시기이기도 하다. 산업화의 뒤안길에서 가족들이 떨어져 살 수밖에 없었던 많은 사람들의 고통과 희생으로 우리나라 경제가 급속한 성장을 할 수 있었던 것이다. 오늘날 자신의 자녀들을 공부시키기 위해 유학을 보내고 떨어져 사는 주말부부나 기러기 아빠들의 고통과는 다소 차이가 있다. 전자는 조직과 개인의 추구가치가 일치되어 나타난 조직 동일시의식, 즉 공동체의식에 기초하고 있다. 개인 자신과 회사는 하나라는 강한 인식에 바탕을 둔 고통과 희생이라고 평가할 수 있는 것으로 후자의 기러기 아빠들의 고통과는 다르다. 강한 직무소명감과 '조직과 나는 하나' 라는 조직 동일시의식에 의해 나타나는 일에 대한 열정적 행동, 그리고 조직 발전을 우선시 하는 헌신적 행동이란 점에서의 차이다.

　이런 측면에서 구성원들로 하여금 자신의 맡은 직무를 조직의 번영과 행복을 위해 보다 헌신적으로 수행코자 하는 마음이 일어나게 함으로써 소속된 직장의 의미를 깊이 인식시켜 조직 동일시의식을 갖게 하는 일은 리더의 중요한 과제라고 할 수 있다. '조직 따로 나 따로' 가 아닌, '조직과 나는 하나' 라고 인식하는 심리적 변화가 일어나게 하는 리더십이다. 이렇게 하려면 소속된 조직을 위해 신명나게 일하고 싶은 마음이 스스로 일어나게 만드는 지원환경 조성이 필요하다. 자신의 맡은 직무에 대해 소명 지향적 태도를 갖도록 하기 위한 제반 제도적인 개선노력들이 이에 해당될 수 있다. 직무소명감에 바탕을 둔 생애직업의 기틀을 구축하기 위한 리더의 노력들이다. 아무리 경영이 어려워도 인위적으로 기존의 인력을 쉽게 감축시키지 않고, 과감한 인력개발투자로 그들의 시장가치를 계속 키워서 새로운 가치 창출의 기회를 넓혀나가는 것, 공정 무사한 인사관리로 한 사람도 일에서 소외감을 갖지 않도록 만드는 것 등을 대표적으로 꼽을 수 있다.

　한편 '리더다운' 진정한 리더는 타인에 대한 다양한 배려행동들을 조직 차원에서 의도적으로 촉진시키는 노력도 기울인다. 즉 모든 구성원들은 다함께 조직의 비전을 실현하기 위해 한배를 탄 운명공동체적 존재임을 인식하게 하는 리더십이다. 맡은 직무수행 외의 개인사個人事도 함께 고민하고 해결해야 하는 형제 같은 소중한 존재임을 깨닫게 하는 리더십 행동은 조직 동일시의식을 강화하는데 촉매역할을 할 수 있다. 구성원들에 대한 복리후생 등 조직차원의 공식적인 배려행동들에만 의존하지 않는다. 특히 어려움에 처한 동료 구성원들에 대해 적극적인 배려 활동들을 전개할 필요가 있다. 이러한 리더의 노력은 구성원들로 하여금 자신이 몸담고 있는 직장의 고마움을 느끼게 함으로써 '조직 따로 나 따로'가 아닌 '조직과 나는 하나'라는 조직 동일시의식으로 변화시킬 수 있다. 나아가 구성원들 모두가 일할 맛, 살맛이 나는 보람차고 신명난 조직풍토가 근원적으로 만들어지게 된다.

2) '그저 그런' 직장에서 한없이 고마운 삶의 일터로

그런데 이러한 조직 동일시의 개념에는 조직의 한 구성원으로써 인식하는 차원 이상의 의미가 있다. 즉 단순히 자신과 조직을 하나로 지각하는 데에만 머물지 않고 집단 소속에 대한 개인의 감정이나 가치를 나타내는 평가적인 혹은 태도적인 성격으로 나아가게 된다. 사회정체성 이론으로는 집단에 소속되어 있다는 자긍심, 조직에 공헌코자 하는 마음가짐 등과 같은 태도적인 속성이다. 조직이 추구하는 가치나 신념을 내재화內在化하기 위해 노력을 하면서 자신이 스스로 조직 구성원답다고 자랑스럽게 생각하는 것을 말한다. 그리고 직장을 통해서 삶의 의미를 찾고, 앞으로 어떤 경우에도 몸담은 조직과 늘 함께하고 싶은 마음을 갖고 행동하게 된다. 조직을 위해 헌신코자 하는 굳은 결심으로 올인하는 자세다. 단순히 돈을 벌기 위해 한때 몸담고 있는 '그저 그런' 직장의 개념이 아닌 것이다. 조직과의 강한 연대의식을 갖게 되는 심리적 변화와 태도라고 할 수 있다.

'한번 해병은 영원한 해병'이란 말이 좋은 예에 해당한다. 해병대원들은 해병대라는 집단이 갖는 특별한 가치가 내재화되어 있어 만기제대를 한 후에도 해병대원으로서의 품위를 지켜나간다. 그들은 전우회를 결성하여 계속해서 해병대원으로서의 자긍심을 고양시키는 노력을 하고 있고, 한번 해병은 영원한 해병임을 자랑스럽게 여기고 있다. 몸담고 있는 직장의 의미를 깊이 인식하고 헌신적으로 일하다가 퇴직한 모든 직장인들에게도 이러한 심리적 현상이 공통적으로 나타날 수 있다. 영원한 포스코맨, 영원한 삼성맨 등과 같은 이름으로 퇴직 후에도 다른 사람들보다 좀 더 품위 있는 행동으로 몸담았던 조직과 자신의 명예를 지켜나가기 위해서 사회생활에 본을 보이는 경우다. 이러한 자신이 몸담고 있는 조직에 대한 자긍심이나 연대의식은 과도한 개인 중심적 사고로 조직 공동체의식이 크게 퇴화되고 있는 오늘날의 조직문화에서 깊이 생각해 보아야 할 리더십 포인트이다. 조직 구성원임이 자랑스럽다는 조직에 대한 자긍심도 직무소명감과 연계되어 일어나는 심리적 변화로 이를 어떻게 유발시킬 것인가가 조직 성장 및 발전에 또 하나의 중요한 요소가 될 수 있다는 뜻이다.

리더들은 구성원들이 자신이 몸담고 있는 조직에 애착을 갖고 조직이 설정한 비전이나 설정한 목표와 수립한 정책들에 대해 적극적으로 부응해 주기를 기대한다. 조직을 위해 자신을 희생할 수 있는 충성스러운 구성원이 되기를 원한다. 특히 조직 운영이 어려움에 처할 때 계속 남아서 더욱 큰 힘을 발휘하여 주기를 바란다. 그러나 그것은 간단하게 기대할 수 있는 성질의 것이 못된다. 왜냐하면 조직애착심 혹은 조직몰입[16]은

---

16) 조직몰입이란 조직의 목표와 가치관의 수용, 조직을 떠나지 않으려는 애착, 조직에 충성하고 공헌하려는 의지 등의 감정적 몰입 내지는 마음으로부터의 충성이라고 할 수 있다.(임창희, 앞의 책, p.121)

직무소명감과 함께 조직의 다양한 요인들에 의해 영향을 받는 구성원 각 개인의 인식이나 의식 등과 같은 내적인 문제이기 때문이다. 이것이 조직 동일시의식을 높이기 위한 리더의 다각적인 방법강구와 특별한 노력이 필요한 이유이다. 리더가 모든 구성원들로 하여금 자신이 몸담고 있는 조직에 늘 고마운 마음이 들게 하는 일이란 결코 쉽지 않다. 그래서 '그저 그런' 직장이 아니라 보람찬 생애직장이라는 마음이 스스로 일어나게 만드는 효과적인 리더십 개발이 필요하다.

대한민국 인구의 약 절반이 직장인이라고 한다. 그들에게는 가정 다음으로 많은 시간을 보내는 공간이 직장이다. 상당수 직장인은 오히려 가정보다 회사에서 더 많은 시간을 보낸다. 하지만 한국의 직장인들은 즐겁게 일하지 못하고 있다는 통계가 많다. 더구나 1990년대 말 외환위기와 2000년대 말 글로벌 금융위기를 겪는 동안 경쟁과 효율이 기업의 최우선 가치로 자리 잡으면서 평생일터의 개념은 무너지고 직장인들은 언제 구조조정으로 내몰릴지 모르는 불안감에 쌓여 있다. 이는 직장에 대한 고마움을 가지고 행복한 직장생활이 되도록 하는 리더의 특별한 노력이 필요한 또 하나의 이유다. 그러나 구성원들이 직장에 대한 고마움과 긍지를 항상 간직할 수 있도록 만드는 효과적인 리더십은 쉽지 않다. 분명한 것은 조직차원의 제도적인 노력 외에 구성원들 자신이 스스로 인식코자 하는 노력이 병행되어야 그 효과를 얻을 수 있다는 점이다. 제도적인 개선 노력에만 치우쳐서는 조직에 대한 고마움을 느끼게 하는 데 한계가 있기 때문이다. 조직이 구성원들의 노력성과에 대해 아무리 충분한 경제적 보상을 해 주어도 일반적으로 사람은 당연히 받을 만한 성과를 창출했다고 스스로 합리화하는 경향이 있다. 그래서 조직 주도의 일방향의 외재적 보상차원만으로는 구성원들로 하여금 진정으로 직장에 대한 고마운 마음을 갖도록 하기가 어렵다. 때문에 최근에는 조직에 대한 고마움을 항상 갖게 할 수 있는 하나의 방법으로 감사행동을 유발케 하는 리더십 방법을 적극 활용하고 있다. 구성원들로 하여금 감사행동의 생활화를 의도적으로 하게 만드는 방법이다. 그런데 감사행동의 생활화도 제도적인 형식차원보다는 자발적인 실질차원으로, 구성원들이 아니라 리더로부터 먼저 이루어져야 그 실효를 거둘 수 있다. '그저 그런' 직장이 아니라 늘 함께하고 싶은 한없이 고마운 삶의 일터로 인식케 하는 방안들이 계속 강구되어야 할 것이다.

3) 직장 따로 가정 따로에서 가정을 직장활동의 범주로

구성원들로 하여금 몸담고 있는 직장이 늘 고맙다는 생각을 갖게 만드는 효과적인 방안 중의 하나가 가정을 직장활동의 범주로 고려하는 리더십이다. 왜냐하면 가정이 편안하고 행복하지 않고는 직무가 생산적일 수 없고 또 소속된 직장에 대한 고마움과 의미를 느끼기가 어려울 것이라는 확신 때문이다. 가정의 안정과 행복이 직장의 의미 인식의 강도에 영향을 주는 또 하나의 중요한 요소가 될 수 있다는 점은 경험적으로 실증된 것이기도 하다. 그 이유를 좀 더 이론적으로 살펴보면 이렇다. 직무와 직장, 직장과 가정은 상호 직접적인 심리적 영향을 주는 변수다. 왜냐하면 인간은 감정적인 동물로서 가정과 회사의 모든 하루생활이 연결된 삶의 형태로 이루어지기 때문이다. 즉, 직장생활의 여러 가지 좋고 나쁜 감정들이 가정으로 옮아갈 수도 있고 가정의 걱정과 즐거움들, 또한 직장으로 연결될 수도 있다. 따라서 가정의 안정과 행복은 직장의 의미

인식을 통한 조직 동일시의식과 이에 의한 조직 활력과 창조적 직무수
행에 영향을 주는 선행 요소로 볼 수 있기 때문에 구성원들로 하여금 직
장의 고마움을 깨닫게 하는 중요한 리더십 포인트이다.

직장과 가정의 안정을 별개로 보는 측면이 아니라, 가정의 안정을 직
장활동의 범주로 보는 것이 직장의 의미 인식을 통한 소명감 유발에 더
효과적일 것임은 분명하다. 따라서 리더에게는 가정의 안정을 통한 조
직의 안정이라는 사고의 변화와 노력들이 필요하다. 즉 직장과 가정생
활 간의 경계선을 완화시키는 노력들이다. 사랑하는 가족들과 중요한
시간들을 보낼 수 있도록 적극적으로 배려하고, 어려운 가정을 찾아 도
와주는 일, 가족과 함께 하는 교육프로그램 운영 등 가족들을 직장활동
의 범주에 포함시키는 일들이 이에 해당된다. 이러한 구성원 가족들의
어려움을 함께 나누고 행복감을 심어 주기 위한 리더의 노력들은 구성
원들로 하여금 '그저 그런' 직장이 아니라 즐겁고 보람찬 직장으로 인식
하게 만드는 가장 효과적인 방법 중의 하나가 될 수 있다. 따라서 '리더
다운' 진정한 리더가 되려면 구성원들의 가정의 안정과 행복이 조직의
직무수행 못지 않게 중요하다는 과감한 인식의 전환이 필요하다.

특히 오늘날 가정을 직장활동의 범주로 생각해야 할 또 하나의 이유
는 사회 각 분야에서 늘어나고 있는 여성 직장인들이다. 소위 워킹맘들
이다. 지금 그들은 직장과 가정의 틈바구니 속에서 큰 고민에 빠져 있다.
직장에서는 가정일 때문에 제대로 회사 일을 못한다는 소리를 들을까
봐, 집안에서는 애한테 소홀할까 봐 전전긍긍하는 샌드위치 상황이라고
할 수 있다. 여성 직장인이기 때문에 일과 가정을 다 챙겨야 하는 어려움
이다. 여성 조직 구성원들의 증가와 지위상승 추세를 고려할 때 그들로

하여금 직장생활의 만족과 행복감을 갖도록 하는 리더십은 조직성과에 큰 영향을 줄 수 있다. 때문에 그들로 하여금 직장에 대한 연대의식과 고마움을 고취시키는 과제는 조직관리 및 리더십의 중요한 고려요소가 되어야 한다. 그러나 아직 이에 대한 조직 차원의 배려행동은 적극적이지 못한 경우가 많다.

4) 노사관리의 개념에서 노경협의協議의 개념으로

'그저 그런' 직장이 아니라 즐겁고 행복한 직장으로 인식하게 만드는 또 하나의 리더의 행동 변화는 조직과 구성원들 간의 관계성에 대한 개념적인 정립이다. 즉 구성원들은 주어진 과업을 수행하고 조직은 그들의 노동에 대한 대가를 치르는 단순한 사용자와 근로자의 개념으로 볼 것인가 아니면 다함께 조직의 비전을 실현시켜 나가야 하는 책임경영의 동반자로 볼 것인가 하는 상이한 측면이다. 두 가지 중 어느 것을 선택하느냐는 구성원들의 직장의 의미 인식과 직장생활의 행복감에 크게 영향을 미칠 수 있다. 전자는 조직 주도의 통제와 관리의 개념으로 경영에 대한 불평과 불만, 개인의 고충사항이 항상 존재하게 되고, 후자는 구성원들 중심의 자율과 참여에 의한 상호협의 개념으로 직무에 대한 만족감과 직장에 대한 고마움을 가질 가능성이 높다. 그래서 '창조경영과 소명리더십 모델'에서는 노사관리가 아니라 노경협의 개념으로 본다. 노경협의는 조직발전과 구성원들의 행복을 동시에 이루어내는 상호 원-윈 차원의 경영이다. 이는 구성원들로 하여금 맡은 직무와 소속된 직장의 의미를 스스로 인식하게 하여 직장의 고마움으로 이어지게 하는 방법이 될 수 있다. 소속된 직장에서 어떤 의미를 발견할 수 있을 때, '그저 그런' 일터가 아니라 일할 맛이 나는 행복한 일터로 지각될 수 있다. 따라서 '그저 그런' 일터에서 '일할 맛 나는' 일터로 만들어 놓는 일이 '리더다운' 리더가 해야 할 중요한 과제라고 할 수 있다. 직장이 조직과 구성원들이 각각 서로의 권익을 확보하기 위해 싸우는 경쟁과 투쟁의 살벌한 일터가 아니라, 모두가 함께 조직비전을 실현시켜 나가는 경영의 동반자로 상생 협력하는 소중한 삶의 터전이 되도록 해야 한다는 뜻이다.

그런데 아직 노와 사가 서로의 권익을 확보하기 위해서 치열한 다툼을 벌이면서 상호 윈-윈 하는 합일점을 좀처럼 찾지를 못하고 있는 현상들이 일어나고 있음을 많이 본다. 보상의 합리적인 원칙과 기준을 중심으로 노사 간 대화가 이루어지기가 힘들다. 노사 간 협상내용과 방법이 어떤 면에서는 선진 기업을 가늠하는 측도도 될 수 있다. 무엇을 갖고 협상을 하느냐, 어떻게 윈-윈 차원에서 타협점을 잘 찾느냐를 보면 그 기업의 노경협의 관계나 직무소명감에 기초한 창조경영의 수준을 알 수 있다. 그 내용을 기업노조의 경우를 중심으로 좀 더 구체적으로 살펴보기로 하자.

창조경영을 실현하는 선진 노경협의 기업문화는 회사 측이 5%의 임금인상을 내어 놓으면 노조측은 그 원칙과 기준을 따진다. 도저히 타협할 수 없는 10%나 20% 선을 엉뚱하게 들고 나오지 않는다. 합리적인 원칙과 타당한 기준이라면 수용하고 노조위원들은 조합원들을 설득한다. 조합원들은 노조위원들을 의용노조라고 비난하지도 않는다. 몇 퍼센트를 인상할 것이냐가 중요한 것이 아니라 몇 퍼센트를 인상해야 하느냐에 대한 당위성을 놓고 대화한다. 서로의 요구만 주장하지 않고 양보할 줄도 안다. 회사의 미래발전을 걱정하는 정도가 크다. 외부경영환경의 호전에 의해 발생한 이익은 향후 여건 악화를 고려해서 회사의 정책결정에 맡길 줄 안다. 그 이익은 구성원들의 자체 노력에 의해서 획득한 소득이 아니기 때문이다. 성과배분에 대한 근로자와 사용자 간의 쟁탈개념의 차원이 아니라 근로자와 경영자 간의 상생협력 차원의 윈-윈 개념이다.

그러나 이러한 선진 노경협의 문화의 기저에는 소속된 직장 및 맡은 직무의 의미 인식을 통해 조직 동일시의식이 조직에 강하게 뿌리내려져 있음을 짐작할 수 있다. 직무소명감을 가진 조직 구성원들은 시키는 대로만 하는 수동적인 태도를 취하는 것이 아니라 자신의 맡은 책무의 중요성을 인식하고 조직을 위해서 열정적, 탐구적, 헌신적으로 수행하는 능동적인 자세를 갖기 때문이다. 보다 적극적으로 경영에 참여하는 모습을 보이며 회사의 미래 발전을 걱정하는 정도가 리더 못지않게 크게 일어날 수 있게 된다. 그런데 그것은 회사가 구성원들의 권익을 그들이 요구하기 전에 먼저 찾아서 보호해 주는 진정한 노력을 기울임으로써 자신들이 소속된 직장의 의미를 스스로 발견하고 고마움을 느끼게 될 때 가능해질 수 있다. 또한 그것은 구성원들에 대한 리더들의 사고가 노사관리의 개념에서 노경협의의 윈-윈 개념으로 일대 전환이 전제되어야만 가능하다.

5) 두루뭉술 평가에서 보다 실질적인 평가로

맡은 직무와 소속된 직장의 의미를 인식하는 강도에 크게 영향을 줄 수 있는 또 하나의 요소는 리더가 구성원 개인이나 조직이 창출한 가시적인 성과에 대해 올바르게 평가하는 일이다. 이는 직무소명감의 유발 단계에서는 매우 중요하게 다루어야 할 리더의 행동 변화요소가 될 수 있다. 왜냐하면 조직 구성원들은 아직까지 과거의 물성 및 개인 중심적 가치관과 사고에 젖어 지나치게 업적평가에 관심이 높을 것이기 때문이다. 직무소명감에 기초한 심리적 성공감이나 행복감을 느낄 가능성은 매우 낮다. 따라서 그들의 마음 가운데 긍정적인 심리변화가 일어나게 하기 위해서는 보다 정교한 공정평가 방법이 강구되어야 한다. 모든 사람은 공정하게 대우를 받고 싶어 한다. 만약 한 구성원이 타 동료들과 비교해서 공정하게 대우받지 않는다고 인지할 경우에는 도덕성과 성과에 큰 문제가 발생하게 된다. 그래서 보상은 공정해야 한다. 따라서 아무리 직무수행에 필요한 전문성과 경험을 가진 유능한 리더라고 하더라도 직무소명감에 기초한 공정평가 마인드가 없다면 '창조경영과 소명리더십 모델'의 효과성을 기대하기 어렵다. 리더의 공정평가 마인드가 구성원들로 하여금 직장의 고마움을 깨닫게 하고 이를 통해 맡은 직무와 소속된 직장의 의미를 인식케 하는 데 크게 영향을 줄 수 있을 것이기 때문이다. 이러한 측면에서 다음 두 가지 리더의 행동 변화에 대해 그 구체적인 방법과 이유를 학습할 필요가 있다.

첫째는 성과창출과 평가체제가 밀접하게 연계되어 실질적으로 작동되도록 하는 리더의 행동 변화 측면이다. 구성원들의 노력에 의한 조직 자체의 경영성과가 어떤 것인지에 대해 정확한 판단이 필요하다. 왜냐하면 구성원들의 창조적 직무수행 활동과 외부 환경적 요인에 의한 영향도가 보다 정확히 가려질 때 조직성과에 대한 의미와 가치부여를 가능하게 하고, 이를 통해 직장에 대한 의미 인식을 높일 수가 있기 때문이다. 두루뭉술 모아서 당해 기간의 조직성과로 평가하는 방식이 되어서는 합리적인 임금이나 복리후생 정책수립이 어려울뿐더러 직장에 대한 고마움을 깨닫게 할 수 없을 것이다. 나아가 맡은 직무나 소속된 직장의 의미 인식을 통한 소명감유발도 어렵게 만들 수 있다.

그리고 어떤 성과부분을 더 중요하게 평가할 것인지에 대한 정확한 판단도 필요하다. 특히 목표달성 미달 부분에 대한 실질적인 평가다. 도전적인 목표를 설정하여 그 달성을 위해 얼마나 열정적인 노력을 기울였는지를 파악해서 격려하는 일이다. 이것은 구성원들의 창의성 발휘와 생산성 향상에 중대한 영향을 미칠 수 있다. 한편 다소 미흡한 결과에 대해서도 그들의 잠재력을 높이 인정하고 개발토록 지원하는 리더의 긍정적인 태도가 필요하다. 조직내 구성원들의 직무수행 결과가 항상 성공적일 수는 없기 때문이다. 소극적인 직무수행자세로 실수·실패가 일어날 수도 있고, 개인의 열정적인 노력과는 관계없이 불만족스러운 결과가 나올 수도 있다. 그러나 리더십에서의 초점은 더 나은 변화와 가치실현을 위해 리더가 그 행위의 결과를 어떤 자세로 어떻게 평가할 것인가에 두어야 한다. 공정평가 자세로만 이를 긍정적인 방향으로 해결할 수가 없다. 그래서 나쁜 결과에 대한 용서라는 또 다른 평가 및 피드백 방식도 필요하다. 왜냐하면 구성원들 모두가 가치 있는 비전실현을 위해 한배를 탄 공동운명체적 존재이기 때문이다. 용서는 유해하거나 고통스러운 사건이 발생했을 때 악의, 원한 등과 같은 부정적 반응을 긍정적 반응으로 대체코자 노력하는 행위로 이는 조직의 번성을 가능하게 하는 중요한 리더십 요소이다(Cameron, 2007). 이러한 부정적인 결과를 새로운 목표를 향해 나아가게 하는 좋은 기회로 활용한다면 직장에 대한 고마움과 의미를 크게 깨닫게 함은 물론 더욱 활기찬 창조적 조직분위기가 조성될 수 있다.

두 번째는 누가, 어느 부서가 가치 있는 일을 하게 된 것인지를 공정하게 평가하는 리더의 행동 변화 측면이다. 포지션별 또는 과제별로 각자가 해야 할 역할과 업무를 아무리 명확하게 분담해 놓았다 하더라도 타 부서 또는 타 구성원들의 협력과 지원이 항상 필요하다. 그것은 어떤 조직이든지 직무수행과 관련된 경계영역을 가질 수밖에 없는 조직의 특성 때문이다. 나의 일도 바쁜데 남의 일 때문에 지장이 많다는 얘기가 있다면 그것은 조직에서의 협력업무에 대한 평가가 제대로 되지 않기 때문에 나오는 불만이다. 이는 직무소명감 유발 초기단계에서 개인의 직장에 대한 의미 인식을 크게 저하시킬 수 있음은 물론 조직 전체에 부정적인 영향을 끼칠 수 있다. 따라서 공식 및 비공식적 협조업무들이 어느 조직 구성원의 노력성과인지에 대해 정당히 평가하는 것, 또 이러한 개인의 성과를 모아서 부서나 조직 자체만의 노력성과로 측정하여 평가하는 것, 이것이 실질적이고 공정하게 이루어지는 평가라 할 수 있다. 이것은 직장에 대한 고마움을 느끼게 하는 데 영향을 미치게 되고, 또 이는 맡은 직무나 소속된 직장의 의미를 스스로 인식하게 만드는 중요한 지원적 환경요소가 될 수 있다. 나아가 보이지 않게 말없이 하는 도움과 협조에 대한 리더의 평가노력은 긍정적인 조직 분위기 조성을 더욱 촉진시키는 하나의 요소가 될 수 있다.

6) 외재적 동기유발 위주에서 내재적 동기유발 위주로

직무수행 성과에 대한 평가 다음은 보상이다. 직무소명감이 일상생활 가운데 체화된 구성원들은 급여, 보너스, 승진 등과 같은 외재적 보상보다 일 자체를 보상으로 인식하고 일한다. 이것은 리더가 '창조경영과 소명리더십 모델'의 구현을 위해서 궁극적으로 추구하는 목표이다. 그러나 맡은 직무나 소속된 직장에 대한 의미를 스스로 인식하는 단계에서는 기존의 외재적 보상 제도를 적절히 사용하는 것이 매우 중요할 수 있다. 지나친 물성 중심적 사고가 쉽게 약해지지 않고 마음 가운데 여전히 자리 잡고 있을 것이기 때문이다.

우선 합리적인 보상제도나 좋은 관행들이 이루어지고 있는지를 꼼꼼히 들여다볼 필요가 있다. 열심히 노력한 사람이나 게을리 한 사람이나 차이가 없다면, 그리고 성과가 많이 난 기간이나 적게 난 기간이나 차등적인 보상이 수용되지 않는다면, 그것은 '창조경영과 소명리더십 모델'에서 추구하는 선진 노경협의 문화나 보상 개념이 아니다. 보상의 원칙은 기본적으로 신분과 연공서열에 의해서가 아니라 누가 무엇을 어느 정도 조직의 비전과 목표달성에 기여했느냐에 기초해서 주어져야 옳다. 나눠 먹기식의 보상관행 조직풍토에서는 조직 활력과 경쟁력을 저하시켜 지속성장을 어렵게 만들고 이로 인해 더 높은 가치구현에 목적을 두고 있는 직장의 진정한 의미를 인식토록 하기가 어려울 수 있기 때문이다.

하지만 물질적인 보상차원보다는 인간의 본성인 내재적 동기유발에 초점을 둔 보상관행이 더욱 중요하다. 급여, 복리후생, 승진 등과 같은 물질적, 외재적 보상만으로는 맡은 직무와 소속된 직장에 대한 의미를 스스로 깊이 인식시키기가 어렵다. 그것은 '의미부여의 주도성'이라는 소명감이 가진 내적 지향의 속성 때문이다. 특히 물질적인 보상은 작업동기를 유발하는 요소로 작용하는 데 한계가 있다는 이미 입증된 연구결과들이 동기유발 방법 전환의 필요성을 뒷받침하고 있다. 구성원들이 어느 정도 안정적인 생활단계에 들어서면 돈이 최고의 작업동기 요인으로 작용하지 않는다. 예를 들면 시간외 근무수당을 흡족하게 많이 지급한다고 하여도 그것을 받기 원하는 사람들이 적은 사실은 이미 경험한 바다. 돈은 중요하지만 그 자체로는 진정한 만족감을 가지게 할 수가 없을뿐더러 추구하는 가치관이 다른 모든 사람들의 행복감을 얻게 하는 데 한계가 있기 때문이다.

따라서 구성원 각 개인의 내재적 작업동기수준을 기초로 맞춤형 리더십 발휘가 필요하다. 잠재력이 있는 구성원들을 발굴해서 새로운 업무에 도전기회를 지속적으로 제공하는 노력이 일반적으로 좋은 방안이 될 수 있다. 구성원들을 리더 자신의 편의나 이익을 위해서 그들의 무한한 창의성을 묶어 놓는다면 이는 리더십의 본질인 조직목표달성 측면에서 볼 때 살인행위에 해당된다. 그래서 직무범위를 확대하고 새로운 업무를 수행하도록 끊임없이 지원환경을 만들어야 한다. 구성원들은 리더와 함께 성공적으로 비전을 실현시켜 나가야 하는 소중한 업무 동반자적 존재이기 때문이다. 하루 8시간을 이마를 맞대고 한 공간에서 생활하고 있는 형제 같은 소중한 관계라는 인식을 가지고 구성원들의 내재적 동기를 유발시킬 때 그들의 직장에 대한 의미 인식과 애착심은 크게 높아질 수 있을 것이다.

내재적 동기유발 중의 또 하나의 효과적인 방법이 칭찬이다. 맡은 직무 및 소속된 직장의 의미 인식과 함께 직무수행 성과에 대한 의미를 찾도록 하는 데 칭찬이 큰 역할을 할 수 있다. 피드백과 칭찬은 성과에 강력한 효과가 있다는 점이 실증연구되었기 때문이다. 종업원들이 업무수행 결과에 대해 리더로부터 가장 피드백받고 싶은 것이 칭찬과 격려의 말 한마디이다. 칭찬은 비용이 들어가지 않는 강력한 작업동기 요인이다. 칭찬은 실제적으로 뇌에 기쁨과 관련된 화학물질인 도파민의 수준을 높이는 작용을 한다는 주장도 있다. 그러나 지나친 칭찬은 생색을 내는 것처럼 보여지게 되어 역효과를 낼 수도 있다. 칭찬을 받을 만한 거리가 되어야 효과를 발휘할 수 있다는 뜻이다. 그래서 리더는 효과를 낼 수 있는 칭찬을 해야 하므로 구체적인 칭찬거리를 찾는 것이 중요하다. 소명리더십은 구성원들로 하여금 단순한 직업 수단적 혹은 경력 지향적 태도에서 소명 지향적 태도로 완전히 바뀌게 한다기보다 소명감에 더 큰 비중을 두게 하는 리더십이라고 할 수 있다. 쉽게 말해 지나치게 물성 및 에고중심으로 치우쳐 있는 마음을 소명 지향적 태도로 기울어지게 만드는 리더의 태도와 행동 변화다. 직무소명감이 완전히 형성된 구성원들을 기대한다는 것이 현실적으로 불가능할 수 있기 때문이다. 그래서 리더는 구성원들 개개인의 특성을 고려해서 어떻게 3가지 태도의 비중을 맞춰 나갈 것인가에 대한 다각적인 방법에 대한 연구가 계속 필요하다.

※ 소명리더십 자기평가(3)

* 구성원들로 하여금 소속된 직장에 대한 고마움과 의미를 깨닫게 하기 위해 리더의 태도와 행동 변화 내용들을 평소에 얼마나 잘 실천하고 있는지 다음의 척도를 사용하여 점검해 보자.

* 각 문항의 내용을 읽은 후에 리더 자신의 행동이 다음 5가지 중 어느 위치에 해당하는지를 골라서 그 숫자를 ( )에 적고 합산해 보자.

  5—매우 그렇다. 4—다소 그렇다. 3—보통이다.
  2—다소 그렇지 않다. 1—매우 그렇지 않다.

1. 나는 구성원들로 하여금 소속된 직장에 대한 고마움을 느끼도록 하기 위해서 다양한 제도적인 개선노력을 기울이고 있다. 즉 과감한 인력개발 투자로 그들의 몸값을 키우고 가치 창출의 기회를 넓혀 나가며, 공정한 인사관리로 한 사람도 소외감을 갖지 않도록 노력하고 있다. (   )

2. 나는 구성원들의 마음을 움직여 직장에 대한 고마움을 느끼게 하기 위한 방법으로 평소에 감사행동(감사일기 쓰기, 감사편지 보내기, 감사방문하기 등)을 생활화하고 있고, 또 이를 구성원들에게 적극 권장하고 있다. (   )

3. 나는 가정의 안정과 행복을 직장활동의 범주로 생각하고 구성원들에게 가족들과 함께하는 시간이나 프로그램들을 가능한 많이 배려하기 위해 노력한다. (   )

4. 나는 노사관리 개념에서 노경협의의 원-원 개념의 사고로 전환하여 조직 구성원들의 권익을 그들이 요구하기 전에 먼저 찾아서 보호해 주기 위한 진정한 노력들을 한다. (   )

5. 나는 조직 및 구성원들의 성과창출이 어떤 요소(자체노력 혹은 외부

환경변화)에 의해서 나타난 결과인지를 정확하게 판단하여 평가하고 있으며, 특히 나쁜 결과(실수·실패)를 초래한 구성원에 대해서도 용서를 배풀고 다시 한 번 자기개발의 도전기회를 주고 있다. (　)

6. 나는 누가, 어느 부서가 더 가치 있는 일을 한 것인지를 공정하게 평가하고 있다. 특히 보이지 않게 말없이 도와주는 협력업무들을 파악하여 정당히 평가하기 위해 노력하고 있다. (　)

7. 나는 잠재력이 있는 구성원들을 발굴해서 새로운 업무에 도전기회를 제공하고 있으며, 직무수행결과에 대해서 칭찬과 격려의 긍정적인 피드백을 많이 사용하고 있다. (　)

　✔ <u>자기평가 시 참고해야 할 리더십 기법</u>
　　부록 7. 배려행동 촉진방법
　　부록 8. 의도적인 감사행위 생활화
　　부록 9. 상호 윈-윈의 협상방법
　　부록 10. 용서행위 활성화 방법
　　부록 11. 공정평가 프로세스
　　부록 12. 효과적인 칭찬방법

* 점검결과에 대한 해석

35	28	21	14	7
(높은 조직 몰입경영)				(낮은 조직 몰입경영)

- 점수가 높을수록 구성원들로 하여금 직장에 대한 고마움을 느끼도록 하기 위해 제도적인 개선노력과 함께 배려, 감사, 용서, 칭찬 등의 방법들을 잘 활용함으로써 긍정적이고 온화한 조직분위기를 만드는 '리더다운' 진정한 리더라고 할 수 있을 것이다. 점수가 낮은 항목에 대해서는 실천 행동계획을 수립하여 특별한 노력을 기울여야 할 것이다.

제5장: 훌륭한 관계창조
(Creation of High Quality Connection to Others)

    조직 내 직무가 갖는 상호의존성이라는 속성은 개인의 직무의미 인식과 의미 창조에 중대한 영향을 주는 요소다. 구성원들이 맡은 직무의 의미를 스스로 깊이 인식했다고 해도 조직 및 타인들과의 상호작용관계를 통한 직무수행과정에서 크게 약화 또는 강화될 수 있기 때문이다. 그래서 리더는 구성원들로 하여금 조직 내외 타인들과의 질質높은 관계맺음을 통해 맡은 직무의 중요성과 의미를 실제적으로 경험케 함으로써 유발된 직무소명감을 더욱 강화할 필요가 있다. 이러한 더 나은 관계창조 경험이 직무의미 인식과 의미 창조에 촉진역할을 할 것이라는 이유에서 제5장에서는 조직과 리더 및 구성원들 간, 리더 및 구성원들 상호 간, 조직과 대외 이해관계자들 간의 관계성을 어떻게 창조적 작용관계로 만들 것인가에 초점을 둔다. 따라서 개인의 직무의미 인식이 이러한 조직의 사회화 과정을 통해서 소명감이 더욱 강화될 수 있다는 긍정 조직행동 이론들과 직무소명감의 속성 및 효과요소들의 내용을 바탕으로 다음 3

가지 리더의 태도와 행동 변화 내용들로 구성되어 있다.

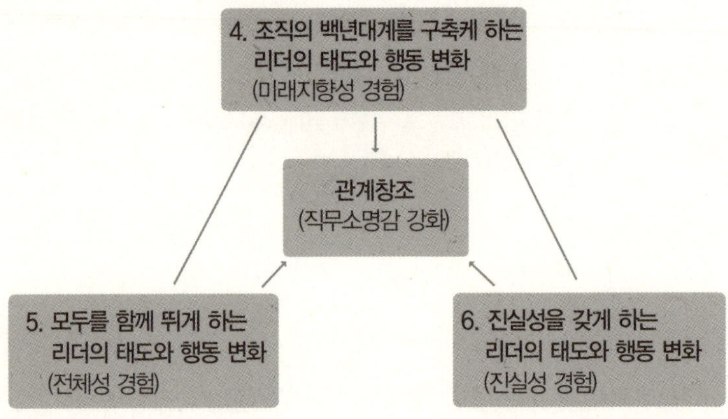

〈그림 10〉 훌륭한 관계창조를 경험케 하는 소명리더십

1. 조직의 백년대계를 구축케 하는 리더의 태도와 행동 변화
(미래지향성의 효과를 경험케 한다)

* 조직 경쟁력 약화의 주범은 따로 있다.

어떤 조직이든지 리더나 구성원들의 단기적이고 단편적인 시각에 의한 의사결정 행동들은 보이지 않는 기회손실이나 추후 반복되는 손실을 많이 발생시킬 수 있다. 예를 들면 앞을 내다보는 통찰력이 미흡하여 일을 처음부터 잘 처리하지 못함으로써 반복해서 고치게 되는 경우, 그리고 중요한 투자 사업들을 보다 합리적으로 결정하지 못해서 잃게 되는 숨겨진 손실들이라 할 수 있다. 특히 최고경영자를 포함한 리더들의 단기업적 및 한탕주의 경영의식이 조직 발전에 미치는 부정적 영향력은 매우 크다. 이러한 모든 것들이 구성원들의 직무소명감을 약화시키는 주범들이다. 그런데 리더가 평소에 특별히 관심을 갖고 잘 살펴보지 않는다면 보통 이들을 보지 못하고 쉽게 지나쳐 버릴 수 있다. 그리고 이러한 상태가 오래 지속되면 알게 모르게 조직의 경쟁력을 점차 약화시켜 결국 멸망의 길로 치달을 수 있게 만들어 버린다. 그동안 형성된 구성원들의 직무소명감을 일시에 퇴화시키는 치명적인 원인이 될 수 있다. 따라서 이를 어떻게 예방하고 최소화하느냐 하는 문제는 '창조경영과 소명리더십 모델' 구현에 매우 중요한 포인트이다.

* 보이지 않는 기회손실의 틈을 메워라

이러한 부정적인 현상을 맞게 되는 이유는 일반적으로 크게 두 가지다. 하나는 조직이 안정궤도에 진입하여 경영이 순항할 때 생기게 되는 안주의식이다. 앞으로 닥칠 크고 작은 풍랑들을 보지 못하고 호황 때 흥청거리다가 맞게 되는 경영위기로 인해 조직이 큰 어려움을 겪게 되는 경우를 말한다. 부실기업이 되어 부도가 나자 결국 정부가 국민의 혈세로 뒷수습을 하게 되는 모럴해저드의 경우가 좋은 예일 것이다. 또 하나는 직무수행에 대한 책임감이 없이 일을 대충하는 버릇이 습관화되어 버린 조직풍토에서 빈번하게 일어나게 되는 각종 재난들이다. 대형 붕괴나 화재사고, 각종 안전사고 등이 좋은 예이다. 이로 인해 발생하는 막대한 손실은 조직의 발전을 크게 저하시키거나 아예 멈추어 버리게도 한다.

두 가지의 경우 모두 조직에 보이지 않게 안겨 주는 기회손실까지 계산해 보면 엄청나게 클 것이다. 이를 원천적으로 방지할 수 있는 방안은 명확하다. 전자는 잘 되고 있는 평상시 사전에 미리미리 준비해 두어야 하는 것이고, 후자는 후일에 다시 반복하지 않도록 처음 시작할 때 대충하지 않고 잘 만들어 놓아야 하는 것이라 할 수 있다. 하지만 문제는 두 가지 모두가 리더나 구성원들의 정신자세와 일에 대한 태도에 근본적 원인이 있어 이를 변화시키기란 그렇게 간단치 않다는 데 있다.

1) 단기적인 시각에서 앞을 내다보는 안목으로

이러한 조직 경쟁력약화의 주범들은 무엇보다도 리더 자신과 조직 발전과의 관계성을 어떤 시각으로 보는가 하는 측면에 크게 관련된다. 즉 리더 자신의 이기심에 기초한 단기적인 시각과 행동으로 조직 경쟁력약화의 보이지 않는 기회손실을 확대시키느냐, 아니면 미래 지향적 시각과 행동으로 장기 성장의 잠재력을 키울 것이냐 하는 측면이다. 이러한 선택의 문제는 자신보다 더 큰 조직의 번영과 타인들의 행복에 공헌코자 하는 구성원들의 직무소명감에 큰 영향을 줄 수 있다. 따라서 '리더다운' 진정한 리더가 되려면 당연히 후자의 측면에서 리더십을 발휘해야 한다. 더욱이 기업조직은 어떤 경영환경에서도 지속성장해야 하는 생리를 갖고 있기 때문이다. 기업 조직에서 미래지향적 시각으로 장기성장 잠재력을 키워나가야 하는 이유와 실천방법에 대해서 좀 더 자세히 생각해 보도록 하자.

경영은 한마디로 앞을 예측하고 대책을 강구하는 합리적인 활동이라고 할 수 있다. 합리적인 활동이란 보다 과학적이고 전략적인 경영을 의미한다. 그래서 경영과 합리성은 항상 같이 고려되어야 하는 개념이다. 특히 변화의 폭이 크고 전혀 예측하지 못한 일들이 일어나고 있는 오늘날의 글로벌 경영에는 더욱 미래를 내다보는 보다 과학적인 예측과 방법들이 필요하다. 더욱 합리적인 경영이 되어야 한다는 뜻이다. 그래서 최근에는 기동성 있는 경영을 하기 위해 환경변화를 예측하여 각각의 경우에 대해 미리 시나리오를 준비하여 두었다가 일이 닥쳤을 때 바로 대응하기 위한 시나리오 경영전략 기법을 많이 사용한다. 전략적 사고를 가진 소명감 있는 리더는 요행에 의존한 비과학적인 경영의사결정을 하지 않는다. 단순히 현상을 수긍하고 타개하는 연장선상에 있는 업무적 사고나 직감에 의존한 도박적인 사고에 의한 의사결정이 아니다. 왜냐하면 그러한 사고는 반드시 보이지 않게 경쟁력을 약화시키는 결과로 나타나게 된다는 극히 평범한 인과의 법칙을 잘 알고 있기 때문이다. 더구나 그것은 직무소명감에 기초한 보다 합리적인 경영방식이 아니기에 더욱 그렇다. 따라서 기업경영은 어떤 상황에서도 기동성 있게 대처할 수 있도록 항상 한발 앞서 준비해 나가야 하는 속성을 가지고 있기 때문에 더욱 합리성을 기할 필요가 있다. 결국 최고경영자나 리더가 대내외 경영환경 변화에 언제 어떻게 대비하느냐가 기업경쟁력을 좌우하는 관건이라고 할 수 있다. 따라서 타이밍을 놓치지 않고 미리 준비해 두는 예방경영, 장기적인 관점에서 성장의 틀을 처음부터 잘 구축해 놓는 미래경영은 지금도, 앞으로도 기업성패를 좌우하는 중요한 경영전략 원칙이자 리더십의 포인트라고 할 수 있다.

이러한 두 가지 경영원칙을 실현하려면 구성원들로 하여금 자신과 조직과의 관계성을 자신의 에고를 뛰어넘어 미래지향적인 관점에서 바라보는 자세를 갖게 하는 것이 중요하다. 먼저 조직 백년대개의 기틀 구축을 통해 나타나는 미래지향적인 관계성의 효과를 경험케 하는 리더십이다. 미래경영은 조직의 장기성장 발전에 초점을 두는 관점이다. 자신이

소속된 조직을 항상 미래지향적인 발전차원에서 바라보는 태도가 형성
되면 모든 억압적인 내외부의 환경과 제약요소들을 스스로 극복해 내는
자아 초월적 역량을 발휘해서 조직의 비전 및 목표를 성공적으로 실현
시킬 가능성이 높을 것이며 또 이는 형성된 직무소명감을 더욱 강화시
키는 계기로 작용될 수 있기 때문이다.

포스코가 포항제철소 제3기 확장공사가 한창 진행되던 1977년 8월 2
일 기초공사가 80%이상 이루어진 부실공장을 다이너마이트로 폭파시
킨 사건(포스코 35년사, 2004)은 국가 백년대계의 위대한 자산이 되게
해야 하는 일관제철소의 중요성을 단적으로 보여 준 의미 있는 사례로
알려지고 있다. 일관제철소의 특성상 어느 한 공장, 어느 출발시점에서
의 잘못은 돌이킬 수 없는 국가적 재앙을 가져오게 된다는 사실을 리더
및 구성원들이 모두 깊이 인식하고 미래경영을 실천한 좋은 사례이다.
당시 박태준 사장은 시공회사와 감독자들을 모두 한자리에 모아 놓고
초유의 '부실공장 폭파식'을 실시하였다. 부실공사가 절대로 있어서는
안 되는 이유와 결코 용납하지 않는다는 단호한 자세를 보여 주기 위한
학습목적이었다. 그는 당시에 잘못이 드러난 부분만 재시공하면서 쉽게
넘어갈 수 있는 통상적인 방법을 선택하기보다는 일관제철소 건설사업
의 특성과 중요한 국가적 의미를 인식시키기 위해 자신을 초월한 비범
한 방법을 사용한 것이다. 이후 부실공사가 전혀 없는 조직문화가 형성
됨으로써 완전한 공장, 제대로 된 설비경쟁력을 갖춘 일관제철소를 만
들어 국가경제발전에 크게 기여할 수 있었다. 모든 임직원들은 물론 건
설관련 업체들까지도 포스코라는 회사가 단순히 공장을 건설해서 돈을
벌기 위한 회사가 아니라 국가경제발전과 국민복지 향상에 중추적 역할

을 담당해야 하는 공익기업이라는 의미를 더욱 깊이 인식하게 되었다고 한다. 회사와의 미래지향적인 관계성의 의미를 초유의 학습방법으로 실제 경험하게 만듦으로써 구성원들로 하여금 제철보국의 소명감을 크게 강화시킨 가치 있는 사례였다. 그들은 이러한 과정을 통해서 후손에게 물려줄 위대한 국가적 자산인 일관제철소를 창조해 낸 것이다.

부실공사의 원인으로 발생한 사건으로서 이와 대조되는 우리나라 최대의 붕괴사고 사례가 하나 있다. 바로 1995년 6월 29일 오후 5시 57분에 발생한 삼풍백화점 붕괴사고다. 이날은 완공된 지 불과 5년 8개월 만에 붕괴된 국치의 날로 기억되고 있다. 천여 명 이상의 종업원과 고객들이 사망하거나 부상당한 대형사고가 발생한 것이다. 이 사건은 설계, 시공, 유지관리의 총체적인 부실이 원인이었다. 설계 시에 대단지 상가로 설계되었던 것이 정밀구조 진단 없이 백화점으로 변경되었고, 그 이후에도 무리한 확장공사가 수시로 진행되었다. 더구나 사고 며칠 전부터 벽면에 균열이 있는 등 붕괴의 조짐이 있었으나 아무런 조치도 취하지 않았다. 사고발생 당일 오전에는 5층 천장이 내려앉기 시작하였지만 경영진은 영업을 중단시키지 않고 보수공사를 진행하기로 결정함으로써 대형인명사고를 내고 만 것이다. 회사의 백년대계의 기틀을 구축하겠다는 사고思考 없이 단기적으로 돈만 벌겠다는 전형적인 한탕주의 경영자의 사고가 근본적인 원인이었다. 그러나 포스코의 부실공사 폭파는 국가 백년대계의 기틀이 되도록 해야 한다는 소명감에 기초한 미래지향적 사고로 공장 준공 전에 과감한 조치를 취함으로써 향후 부실공사로 인해 발생될 엄청난 국가적인 손실을 사전에 예방할 수 있었다는 점에서 매우 대조적인 학습사례이다.

　이러한 부실공사로 인한 사고는 지금도 곳곳에서 계속 발생하고 있다. 그 근원적인 치유가 되지 않고 있기 때문이다. 상기 두 가지 사례가 리더에게 던져 주는 메시지는 크게 두 가지다. 하나는 비록 당장은 시간이 걸리고 어려움이 있다고 해도 리더가 자신의 직무를 조직의 미래 발전 지향적 관점에서 수행할 때, 머지않아 큰 효과가 나타나서 구성원들로 하여금 직무소명감을 강화시키는 선행요소로 작용될 수 있다는 것이고, 또 하나는 그러한 긍정적 효과성을 구성원들로 하여금 실제로 경험토록 하기 위해서는 평소에 리더가 미래지향적인 경영의식을 갖기 위한 특별한 노력과 인내가 필요하다는 점이다. 긍정 조직행동 학자들은 오랫동안 가치를 인정받는 유산을 만들어 내거나 영향력을 단기간 이상으로 확장하고자 하는 것을 인간의 기본적인 욕구로 보고 있다. 따라서 직무의 의미를 증진시키기 위해서는 즉각적으로 얻어지는 개인적인 이득이나 지위상승을 추구하는 것보다, 직무수행의 결과가 가지는 장기적인 영향력을 중시해야 한다(Lawrence & Nohria, 2002; Covey, 2004).

　이러한 사실들을 고려할 때 리더가 조직 구성원들로 하여금 자신들의 과업수행결과가 장기간에 걸쳐서 소속된 조직사회 발전에 중요한 영향을 미치게 된다는 강한 믿음을 갖게 하고 이를 통해서 맡은 직무가 가지는 중요한 의미를 재발견하게 만드는 리더십이 중요하다. 즉, 단기성과 지향적이고 자기 편향적인 의식이나 행동에서 벗어나 조직 차원의 미래지향적 시각에 기초한 행동의 성과가 결과적으로 개인과 많은 사람들에게 큰 만족감과 행복감을 갖게 한다는 사실을 반복해서 경험토록 하는 일이다(부록: 5 '직무의 긍정적 의미 발견 프로세스' 참고). 이는 결국 맡은 직무나 소속된 조직의 의미를 재발견하게 만들어 형성된 직무소명감을 더욱 굳건히 하는 데 크게 작용할 수 있을 것이기 때문이다.

2) 대응적 위기관리에서 선행적 위기의식 고취로

한편 조직 경쟁력 약화의 주범들은 리더가 조직 발전을 위해 변화와 혁신을 언제 시도하느냐 하는 측면과도 크게 관련된다. 즉 타이밍을 놓치지 않고 제때에 준비해 두는 예방경영이다. 현상유지는 퇴보를 의미한다는 말을 하는데 이는 경영이 소리 없이 잘 되고 있을 때가 위기란 것을 경고하는 메세지다. 위기가 닥쳐서 급하게 수습하는 행동은 많은 비용이 들게 되고, 또 후에 다시 반복되는 허점을 남길 가능성이 높지만 위기가 도래하기 전에 조직의 미래 지향적 관점에서 선행해서 보다 합리적으로, 그리고 적극적으로 변화와 혁신을 감행하게 되면 적은 노력으로 경영기회손실을 방지할 수 있다는 이유에서 하는 말이다.

이러한 위기상황 도래의 인식도와 대응력 차이 측면에서 기업의 종류를 크게 4가지로 분류해 볼 수 있다. 위기상황이 닥쳐도 이를 느끼거나 보지 못하고 멸망의 길로 치닫고 있는 기업이 있을 수 있으며, 다가온 위기를 늦게나마 인식하고 구성원 모두가 합심하여 극복해 냄으로써 비록 많은 대가를 치르지만 회생이 가능한 기업도 있을 것이다. 그리고 현재는 정상적인 경영 상태를 유지하고 있지만 앞으로 닥칠 위기를 자만에 빠져서 느끼지 못하고 흥청망청하다가 곧 쇠퇴할 기업이 있을 수 있으며, 반면에 아직 다가오지 않았고 조짐이 나타나지 않은 위기상황이지만 사전에 철저히 대비하는 예방경영을 실현함으로써 지속성장이 가능한 성공기업도 있다. 이상의 내용을 리더십 측면에서 보면 위기상황 극복을 위한 위기관리능력과 위기도래 전의 위기의식고취 리더십 두 가지로 분류할 수 있다.

위기관리 능력이 현상회복이나 유지 차원의 대응적 방식이라면, 위기의식고취는 미래지향적인 지속성장차원의 전략적 사고에 의한 선행적 대처방식이다. 따라서 아직 다가오지 않은 경영위기 상황을 잘 되고 있는 평상시에 매우 절박하게 느끼게 만드는 리더십을 발휘해야 하는 것은 당연하다. 바로 진정한 위기의식을 고취시키는 리더십이다. 이는 사고思考의 도덕적 해이가 생기지 않게 만듦으로써 위기의식의 효과성을 실제적으로 느낄 수 있도록 하는 리더십이다. 이를 경우 어떤 경기불황이나 시황부진 등에도 영향을 받지 않는 건강한 조직 체질을 유지할 수 있다. '창조경영과 소명리더십 모델'은 위기의식 고취에 초점을 둔다.

삼성그룹 이건희 회장은 2013년 10월 28일 "마누라와 자식 빼고 다 바꿔야 한다"고 선언한 신 경영방침 20주년을 기념하는 자리에서 행사에 참여한 임원들에게 '자만하지 말고 위기의식으로 재무장하여야 하며, 실패가 두렵지 않은 도전과 혁신, 자율과 창의가 살아 숨 쉬는 창조경영을 완성해 나가야 한다'는 점을 강조했다. 삼성전자에 대해서도 '스마트폰에 치중 되어 있는 삼성전자는 암2기다.'라는 비유를 통해 삼성전자가 위기감을 절실히 느끼도록 하였다. 그런데 진정한 위기의식은 소속된 조직의 비전실현에 대한 강한 염원과 자신의 맡은 직무에 대한 소명의식에서 나온다. 그것은 자신이 맡은 직무에 대한 의미를 더 큰 어떤 존재(조직)의 목적과 가치를 실현하기 위해서 부름을 받았다고 마음 가운데 깊이 인식하고 있기 때문이다. 그래서 강한 직무소명감을 가진 구성원은 다가오지도 않은 위기를 마치 오늘 겪고 있는 것처럼 절박하게 느끼면서 아직 일어나지도 않은 조직과의 미래지향적인 관계성의 효과를 실제상황같이 경험하게 된다. 이런 이유로 직무소명감에 바탕을 둔 절박한 위기의식을 어떻게 갖게 하고 체화시킬 것인가가 소명리더십을 통한 창조경영구현에 중요한 요소가 된다. 조직 위기상황 도래의 근원과 진정한 위기의식의 고취방법에 대해 좀 더 생각해 보도록 하자.

'창조경영과 소명리더십 모델'은 경영위기의 본질을 더 중요하게 다룬다. 즉 무엇이 위기라고 하는 것인지, 그러한 위기는 왜 오는 것인지에 대한 것이다. 통상적으로 경영위기는 외부의 경영환경 변화에 의해 나타나는 것으로 생각하지만 사실은 조직 내부로부터 온다고 봐야 한다. 왜냐하면 구성원들이 직무소명감을 바탕으로 진정한 위기의식을 갖고 환경변화에 사전에 대비하는 기업은 큰 위기 없이 지속성장을 유지하는 경우가 있기 때문이다. 이런 관점에서 보면 진정한 위기란 구성원들이 자만에 빠져서 다가올 외적인 경영위기상황을 전혀 느끼지 못할 때를 말한다고 할 수 있다.

미국의 존 코터John Kotter(2002) 교수는 리더가 구성원들로 하여금 위기의식을 고취시키지 못하고 자만심을 방치하는 것이 혁신을 저해하고 변화를 망치는 가장 큰 실수라고 했다. 경영의 중요한 포인트를 지적한 내용이지만 결코 쉽지 않다. 왜냐하면 아직 다가오지도 않았고 보이지도 않는 위기상황에 대한 자신의 내적인 인식차원의 문제이기 때문이다. 위기는 나타난 실제적인 현상이고 위기의식은 어떤 상황에 대한 개인의 인식도에 대한 것으로서 위기전의 원인요소이자 행동적 속성을 갖고 있다고 볼 수 있다. 이런 논리에서 보면 위기는 위기의식 수준의 강도에 따라서 생길 수도 있고 그렇지 않을 수도 있다고 할 수 있다. 따라서 구성원들로 하여금 다가오지 않은 경영위기 상황을 얼마나 절박하게 느끼게 하여 외부 환경변화에 크게 영향을 받지 않도록 미리 대비케 할 것인가, 그리고 보이지 않은 위기의식 고취의 효과성을 실제와 같이 인식케 하여 직무소명감을 더욱 강화시킬 것인가라는 문제가 중요한 리더십의 포인트가 된다.

그러나 구성원들로 하여금 진정한 위기의식을 갖고 조직과의 미래지향성의 효과를 경험토록 하려면 먼저 리더 자신의 생각과 행동에 대한 끊임없는 성찰이 뒤따라야만 가능하다. 진실한 행동을 일관되게 유지하면서 어떤 제약이나 한계도 뛰어넘는 비범한 행동을 솔선하여 보여 줄 때 구성원들의 마음의 뿌리는 움직이게 된다. 그것은 리더가 자신을 똑바로 알고 스스로에게 진실해지기 위해 노력하는 모습과 진실한 행동들을 평소 자주 보여 줄 때 이를 목격한 구성원들은 어떤 긍정적인 심리적 변화를 일으켜 행동의 동조화를 이룰 가능성이 높아질 것이기 때문이다. 역으로 말하면 자아인식自我認識의 노력이 없이 단순히 주변상황에 부응키 위해 표출되는 리더의 행동들은 구성원들에게 과시적이고 위선적인 행동으로 지각되어져 모처럼 형성된 직무소명감을 약화시키는 아주 부정적인 파장을 초래할 수 있다는 이유에서이다(3. '진실성을 갖게 하는 리더의 태도와 행동 변화' 참조). 결국 구성원들로 하여금 진정한 위기의식을 통해 조직과의 미래지향적인 관계성의 효과를 경험토록 하여 직무소명감을 더욱 강화시키기 위해서는 리더가 먼저 스스로 진실해지려는 자아인식 노력과 진실한 행동을 일관성 있게 보여 주는 것이 중요하다.

3) 보이는 죄의 체벌 위주에서 보이지 않는 죄의 인식으로

진정한 위기의식 고취를 위한 또 하나의 리더십은 오래도록 알게 모르게 조직의 성장 잠재력을 잠식하고 있는 '보이지 않는 죄'를 깊이 인식케 하는 일이다. 특히 글로벌 창조경영시대에 접해 있는 현대의 기업들은 경쟁사들보다 반드시 경쟁력의 우위를 유지해야 하고 더 크고 깨끗한 이익을 내면서 지속성장을 해야 한다. 그러나 대부분 이 현대기업 성장생리의 명제를 거스르는 행동들을 서슴없이 해 오지만 이를 조직성장을 저해하는 죄로 느끼지 못하는 경우가 많다. 이 '보이지 않는 죄'에 만연된 구성원들의 태도와 그것이 조직에 끼치는 부정적 영향은 크고 깊다. 오래도록 죄의 굴레 속에 가두어 놓고 습관화되어 계속 반복하고 있지만 잘 느끼지를 못한다. 조직에 보이지 않는 손실을 끼치는 엄청난 죄를 짓고도 죄로 인식하지 못하는 병, 자각증세가 나타나지 않는 조직의 암의 인자라고 할 수 있다. 표면위로 드러나지는 않지만 구성원 개인과 조직을 완전한 적대적 관계로 만들어 버린다. 구성원 모두가 자기중심적 사고에 휩싸여 있어 조직의 미래를 걱정하지 않는 살벌한 경쟁사회가 되어 버린다. 그것은 매우 부정적인 조직 분위기로써 형성된 직무소명감을 약화시켜 조직 경쟁력을 크게 떨어뜨릴 수 있다. 빠른 치유를 하지 않으면 안 되는 절박한 위기상황이다.

그러면 구체적으로 '보이지 않는 죄'는 어떤 것이며 이 굴레에서 어떻게 벗어나게 할 수 있는 것일까? '창조경영과 소명리더십 모델'에서는 '보이는 죄'의 체벌위주에서 '보이지 않는 죄'의 인식에 초점을 둔다. 이 '보이지 않는 죄'를 크게 업무 죄와 양심 죄 두 가지로 분류한다. 전자는 소극, 소홀, 태만, 방치, 회피, 은폐 등의 업무자세와 행동들로서 조직의 가치를 은밀하게 갉아먹는 큰 죄라고 할 수 있다. 조직에서 리더나 구성원들이 범하는 죄는 이렇듯 광범위하다. 맡은 직무의 의미 인식과 이에 기초한 소명감을 약화시켜 질 높은 관계창조의 경험을 게을리하는 모든 해조행위害組行爲를 말한다. 이를 크게 4가지 '보이지 않는 업무 죄' 로 정리해 볼 수 있다. 잘해보라는 식의 자세로 무책임하게 일을 하는 '업무방관 죄' , 먼저 할 일과 나중에 할 일을 분간하지 못하고 같은 일을 반복하는 '업무우둔 죄' , 남들의 제안이나 아이디어를 슬쩍 자신의 것으로 취取해 버리는 '업무절도 죄' , 그럴 수도 있다는 생각으로 일을 적당히 대충 흘러서 하는 '업무실수 죄' 등이다. 이 죄들을 조직에 손실을 입히는 큰 문제로 보지 못하고 지나쳐 버린다면 이미 심각한 조직의 병에 걸려서 위기상황에 직면해 있다고 봐야 한다. 결국 조직과의 질 높은 관계의미 창조의 경험을 못하게 하여 오히려 소명감을 약화시키는 주범으로 작용하게 된다. 따라서 리더는 모르는 사이에 엄청난 조직의 가치를 손상시키는 이 4가지 업무 죄의 굴레에서 빨리 탈출시켜야 한다.

이 '보이지 않는 업무 죄' 를 인식한다는 것은 맡은 직무의 의미를 깊이 인식하게 된다는 것과 같은 맥락이라고 할 수 있다. 개인 자신의 내면에서 일어나는 가치와 의미에 대한 인식차원이기 때문이다. 다가오지 않은 외부환경 변화에 대한 위기상황을 절박하게 느끼게 하는 문제도 이 내면의 업무 죄를 깊이 인식하는 데에서부터 시작되어야 한다. 이는 리더가 평소에 구성원들의 업무수행 자세나 태도를 유심히 관찰하여 순간순간 잡아내어 바르게 고쳐 주는 수밖에 없다. 조직의 비전과 전략과제의 중요성을 상기시키고 구성원 자신이 맡은 직무의 가치와 의미를 스스로 발견할 수 있도록 유도하는 지속적인 노력들이다. 구성원 자신만이 알고 있는 숨겨진 내면의 문제들이기 때문이다. 진정한 위기의식을 가지고 '보이지 않는 업무 죄' 를 볼 수 있게 하는 리더십은 맡은 직무의 중요성을 조직의 미래지향적 시각에서 다시 한 번 깨닫게 하고 이를 통해 형성된 직무소명감을 강화시킬 수 있다.

그리고 '보이지 않는 양심 죄'는 뇌물수수, 향응접대, 사리도모, 명예훼손 등과 같은 부도덕하고 비윤리적인 행동으로서 조직의 장기성장 잠재력을 일시에 무너뜨리는 또 하나의 무서운 죄라고 할 수 있다. 그것이 조직에 미치는 부정적 영향력은 주변에서 간혹 일어나고 있는 비윤리적인 대형 사건들을 통해 자주 경험한 바가 있다. 문제는 어쩌다 드러난 부정이나 죄는 빙산의 일각에 불과하다는 사실이다. 이는 한 번씩 발각되는 부정부패의 내용들을 보고 충분히 짐작할 수 있는 부분이기 때문이다. 비록 자신만이 알고 있는 숨겨진 사실들이라고 할 수 있지만, 비윤리적인 부정의 내용과 발생장소 및 빈도를 보면 양심 죄의 분포정도를 예상할 수 있다. 무엇보다도 이러한 양심 죄가 위험한 이유는 숨기면 숨길수록 조직의 부패지수를 높여서 결국 멸망하는 조직으로 치닫게 하는 결정적인 요인이 될 수 있다는 점이다. 더구나 외부 이해관계자와의 각종 부정행위가 숨겨져 있는 조직 분위기에서는 직무소명감이 체화된 창조경영의 조직문화를 정착시킬 수가 없다. 따라서 리더는 진정한 위기의식을 가지고 이 '보이지 않는 양심 죄' 문제가 솔직하게 논의되는 조직분위기를 조성함으로써 조직과의 미래지향성의 효과를 사전에 경험케 만들 필요가 있다. 이는 조직과 외부 이해관계자와의 질 높은 관계의 미 창조로 이루어지게 할 수 있다. 이상이 리더가 진정한 위기의식 고취를 위해 보이는 죄의 체벌위주에서 보이지 않는 죄를 인식시키는 차원 높은 리더십의 발휘가 필요한 이유와 효과들이라고 할 수 있다.

★ 보이지 않는 4가지 유형의 업무 죄

① 업무방관 죄: 방관자적 자세를 취하면서 자신에게 맡겨진 '일을 하지 않는 죄'이다. 자신이 해야 할 가치 있는 일을 찾기보다 남을 시기, 비방함으로써 조직성장 잠재력을 약화시키고 조직질서를 파괴하는 큰 죄.

② 업무우둔 죄: 본질을 정확히 파악 못하고 같은 일을 반복하면서 '일을 게을리하는 죄'이다. 먼저 할 일, 나중 할 일을 구분 못하고 업무 타이밍을 놓쳐 기회 손실을 초래하는 큰 죄.

③ 업무절도 죄: 조직의 활력을 단숨에 잃게 하는 행위로 다른 사람의 제안이나 아이디어 등의 '일을 훔치는 죄'이다. 소극적인 조직으로 변모시켜 조직의 부가가치 창출을 잠식하는 큰 죄.

④ 업무실수 죄: 전문성이 없어 사고의 깊이가 얕고 폭이 좁아서 대충 얼렁뚱땅 처리하는 업무습성으로 '일을 실수하는 죄'이다. 각종 착오, 오류 등으로 인한 업무의 불량품들로 조직 경쟁력을 손상시키는 큰 죄.

4) 형식적인 변화에서, 본질적인 변화로

조직 백년대계의 기틀을 구축하고 이를 통한 미래지향성의 효과를 경험하기 위해서는 형식이 아닌 본질의 변화가 이루어져야 한다. 그 이유는 형식적인 행동의 변화는 다시 일어날 위험성이 항상 존재하지만 본질인 가치관이나 의식의 변화는 새로운 가치 창출의 기대감을 높일 수 있을 것이기 때문이다. 무엇보다 본질적인 변화는 후일 다시 반복되는 낭비요소나 기회손실을 방지하자는 데 궁극적인 목적을 갖고 있다. 그러나 형식을 바꾸기는 쉽지만 본질을 바꾸기란 매우 어렵다. 특히 크고 오래된 조직에서 일반적으로 나타나는 고정관념이나 집단사고 같은 편협한 사고와 오만한 행동을 하는 관료주의적 조직풍토에서는 더욱 어렵다. 그래서 '창조경영과 소명리더십 모델'은 다양한 방법과 기법들을 동원하여 오래도록 체질화되어 버린 구성원들의 낡은 사고방식과 태도를 스스로 버리게 하는 데 초점을 둔다. 지금까지 주로 관심을 가져 왔던 제도나 시스템위주에서 조직의 핵심가치나 사고방식 중심으로 변화의 수단과 관점을 바꾸는 것이 그 핵심이다. 소명리더십을 통한 창조경영을 실현하기 위해서는 진정한 위기의식에 대한 인식이나 의지를 기반으로 우리 조직이, 나의 무엇이 구체적으로 변화해야 하는지를 스스로 찾아내도록 하는 리더의 지원노력이 필요하다. 즉 구성원들 개인의 추구가치와 직무 및 조직의 추구가치 간에 어떤 합치점을 이루도록 하기 위한 특별한 리더의 노력이 요구된다는 뜻이다.

　조직의 비전에 담겨 있는 핵심가치는 최고경영자의 경영철학이요, 방침이다. 이는 조직의 비전실현을 위해 한배를 탄 구성원이라면 모두가 공유해야 할 가치로서 타 조직과 구별되는 집단 내 전형典型이 된다. 그 내용을 정확히 숙지해서 일상생활화해야 함은 조직의 한 구성원으로서 기본적인 임무일 것이다. 무엇보다 조직의 핵심가치를 중심으로 구성원들의 생각과 행동을 한 방향 정렬상태가 되게 하는 노력은 마음의 뿌리에 해당하는 직무소명감을 강화하거나 유지시켜 좋은 비전과 전략들이 실현되게 하는 중요한 단계라고 할 수 있다. 이러한 논리에서 보면 아직 다가오지도 않았고 보이지도 않은 경영위기상황을 절박하게 느끼는 위기의식의 크기는 소속된 조직의 핵심가치 공유정도에 비례한다고 할 수 있다. 구성원들이 조직의 핵심가치를 강하게 공유하고 있다는 것은 개인 자신보다 조직의 성장발전을 우선시한다는 뜻이 될 수 있기 때문이다. 따라서 '리더다운' 진정한 리더가 되려면 구성원들의 핵심가치 공유 정도를 수시로 확인하고 그 공유속도를 높이기 위한 노력을 기울여야 한다.

그런데 핵심가치의 공유속도는 리더들의 커뮤니케이션 활동 강도에 비례한다고 볼 수 있다. 게으른 리더와 성실한 리더, 무능한 리더와 실력 있는 리더인지가 극명하게 드러날 수 있는 부문이다. 조직의 추구가치에 대한 구성원들의 공유학습은 조직 사회화 과정을 통해서 이루어지기 때문이다. 특히 조직 내에서의 긍정적 대화와 지지적인 의사소통은 조직의 핵심가치 내용과 여러 가지 변화상황에 대한 이해를 증진시키고 상호협력을 강화하는 요인으로 작용해서 직무소명감과 조직 동일시의식을 강화시키게 된다. 따라서 공유속도를 높이기 위한 방안들을 찾아서 지속적인 노력을 기울여야만 그 효과가 나타나게 된다. 오랫동안 길들여져 있는 구성원들의 사고방식이나 가치관의 변화는 리더의 다각적이고 지속적인 작은 실천노력들에 의해서 서서히 일어나는 심리적 현상이기 때문이다.

※ 소명리더십 자기평가(4)

* 조직의 백년대계 구축을 위한 리더의 태도와 행동 변화 내용들을 평소에 적극적으로 실천함으로써 구성원들로 하여금 조직과의 미래지향적인 관계성의 효과를 스스로 경험토록 하고 있는지 다음의 척도를 사용하여 점검해 보자.

* 각 문항의 내용을 읽은 후에 리더 자신의 행동이 다음 5가지 중 어느 위치에 해당하는지를 골라서 그 숫자를 ( )에 적고 합산해 보자.

  5—매우 그렇다. 4—다소 그렇다. 3—보통이다.
  2—다소 그렇지 않다. 1—매우 그렇지 않다.

1. 나는 구성원들로 하여금 자신들의 직무수행결과가 장기간에 걸쳐서 소속된 조직과 많은 사람들에게 중대한 긍정적인 영향을 미친다는 믿음을 갖게 하고, 이를 통해 자신의 맡은 직무가 가지는 중요한 의미를 크게 인식하게 한다. (　　)

2. 나는 외부 경영환경 변화가 조직에 미치는 영향을 구체적으로 파악하여 누가 언제 물어도 확신 있게 설명할 수 있는 나름의 논리구조를 갖고 구성원들에게 현장 기회교육을 자주 실시하고 있다. (　　)

3. 나는 평소에 구성원들의 업무수행 자세나 태도를 유심히 관찰하여 '보이지 않는 업무 죄' 의 종류를 깨닫게 함으로써 조직 비전실현의 가치와 자신의 맡은 직무의 중요성을 스스로 인식토록 유도하고 있다. (　　)

4. 나는 구성원들의 청렴도 수준을 정기적으로 파악하고 윤리 및 비윤리적 사례들을 평소에 정리하여 두었다가 적정시간을 이용하여 기회교육을 반복적으로 실시하고 있으며, 보이지 않는 양심 죄 문제를 솔직

하게 논의하는 조직분위기가 되도록 노력하고 있다. ( )

5. 나는 구성원들의 조직 핵심가치의 공유정도를 수시로 확인한 후에 그 공유 속도를 높이기 위한 다각적인 노력을 기울이고 있다. ( )

✔ <u>자기평가 시 참고해야 할 리더십 기법</u>
　부록 13. 진정한 위기의식 고취방법
　부록 14. 조직의 핵심가치 공유속도 향상방법

* 점검결과에 대한 해석

25	20	15	10	5
(높은 예방 경영)				(낮은 예방 경영)

― 점수가 높을수록 리더 자신이 아직 다가오지도 않았고 보이지도 않은 위기상황을 절박하게 느끼는 진정한 위기의식을 갖고 있으며 조직의 핵심가치 공유속도를 높이기 위한 노력을 적극적으로 기울이는 '리더다운' 진정한 리더라고 할 수 있을 것이다. 점수가 낮은 항목에 대해서는 구체적인 실천행동 계획을 수립하여 특별한 노력을 기울이게 하는 조치가 필요할 것이다.

2. 모두를 함께 뛰게 하는 리더의 태도와 행동 변화
   (전체 최적화의 효과를 경험케 한다)

* 부문 최적화의 손실

하나의 조직 내에는 효율성과 생산성을 높이기 위해서 보통 부서나 팀 등의 집단 단위로 기능이 쪼개어져 있고, 또 개인의 직무수행도 타인들과의 협력하에 이루어진다. 단위 조직이나 개인 독단적으로 완성되는 일은 거의 없다. 물론 특정과제 수행을 위해서 태스크포스 등과 같은 별도조직을 만들어 운영되기도 하지만 그 속에서도 상호 협력작업은 존재한다. 그래서 오래전부터 조직이론 연구자들은 전통적인 기능팀 구조의 위계조직에 의한 비효율성과 부서 이기주의라는 문제점들을 해결하는 데 초점을 두고 많은 노력을 기울여 왔다. 한 조직 내의 다른 부서 사람들로 구성된 교차기능팀, 정보통신 기술을 활용한 가상팀, 자율관리팀 등과 같은 조직형태가 나타나기도 하였다. 그러나 조직운영의 특성에 따라 차이가 날 수 있겠지만 효율적인 조직설계나 운영 문제는 실질적인 해결이 되지 못하고 있다. 특히 다양한 구성원들의 창의성이 마음껏 발휘되어야만 지속적인 조직 경쟁력을 유지할 수 있는 글로벌 창조경영 시대에 시급히 해결해야 할 과제로 여전히 남아 있다. 과거의 위계지향적인 부部나 과課단위를 팀 단위로 명칭을 바꾸어 운영하고 있지만 효율성을 높이지 못하고 있는 것이 현실이다. 여전히 위계성과 할거주의가 존재한다. 문제는 그것이 구체적으로 조직성과나 개인 발전에 왜 저해가 되는 것인지에 대한 인식도가 낮다는 데 있다. 더구나 리더들이 부문 최적화의 손실을 따져 보려고 하는 의지가 없고 그런 능력과 노력이 부족하다면 그것이 더 큰 문제일 것이다.

* 전체성全體性의 효과, 경영시너지

따라서 어느 한 부문의 관점이나 이익차원이 아닌 조직 전체차원에서 최적의 효과성과 효율성을 확보코자 하는 노력은 리더십과 조직 경쟁력에 중요한 포인트라고 할 수 있다. 팀의 성과는 구성원들 개인별 역량을 뛰어넘을 수 있다. 그것은 함께 일하는 사람들 간의 창조적인 협력때문이다. 즉 구성원들의 다양한 경험과 아이디어들이 자유롭게 교환이 가능한 조직이라면 독립적으로 일하는 것보다 당연히 더 큰 효과를 낼 수 있다. 이러한 이유로 타 조직이나 구성원들 간에 창조적인 협력, 즉 협창력 관계를 유지토록 하는 것이 일을 자신의 에고를 뛰어넘어 타인 지향적 가치에 두는 직무소명감의 강화와 조직성과 창출에 매우 중요하다.

아무리 조직 내의 각 집단에서 해야 할 역할과 개별적인 업무가 잘 설계되어 수행되고 있다고 하여도 조직 전체차원의 가치증대 측면에서 볼 때 각 부문의 최적화는 의미가 없을 수도 있다. 그래서 기업 조직은 많은 코스트를 치르면서 프로세스 혁신을 하고 ERP 등과 같은 전사 최적화시스템을 구축하기 위해 심혈을 기울이고 있다. 조직 전체가 갖고 있는 한정된 경영자원들을 잘 조합하여 조직의 목표달성을 위해 더 나은 가치를 창출코자 하는 노력들이다. 즉 경영 시너지효과를 내는 활동들인 것이다.

1) 부문 최적화 경영에서 전체 최적화 경영으로

그런데 전체 최적화를 통한 경영시너지 효과를 창출하려면 구성원들이 어떤 일을 함에 있어서 항상 경영자적 입장, 즉 전사 차원에서 판단하고 행동해야 가능하다. 특히 모든 리더들이 부문관리자가 아니라 경영자적 입장이 되어야 하는 것이 중요하다. 이럴 경우 전체 조직에 기여하지 못하는 부문만의 일들이 발견될 수 있을 것이고 또 이를 과감하게 제거해 나가는 노력이 뒤따를 수 있을 것이기 때문이다. 그러나 전체 최적화 경영은 결국 행동 전에 개인의 이기심에서 벗어나고자 하는 전체성 Holism이라는 의식함양 차원의 문제가 그 핵심이다. 전체의식은 에고이즘에서 벗어나 타인과 공동체와의 연결성의 의미를 인식하는 것을 말한다. 이는 자신보다 더 높은 어떤 존재에 공헌코자 하는 소명감의 핵심속성과 같은 맥락이다. 바로 삶의 목적을 타인 지향적 가치에 두는 직무소명감의 기본 속성이다. 따라서 개인의 전체의식과 직무소명감, 조직의 경영시너지 효과는 밀접한 인과관계를 갖는 변수라고 할 수 있다.

하지만 자신의 에고를 뛰어넘는다는 것은 결코 쉬운 것이 아니다. 자기 이익 중심의 편협된 자아自我가 좀 더 높은 수준의 자아정체성으로 발달이 되어야 하기 때문이다. 그러기 위해서는 자신의 이기심에 사로잡혀 있는 현재의 오염된 자아에서 더 큰 어떤 존재, 더 높은 어떤 가치를 지향하는 미래의 이상적인 자아로 나아가기 위한 끊임없는 성찰 노력이 필요하다. 그래서 자신의 에고를 뛰어넘어 소속된 조직 공동체의 번영과 타인의 행복에 공헌코자 하는 전체의식을 계속 높여나감으로써 경영시너지 효과를 극대화시켜 나가야 하는 것이다. 이것이 에고 중심의 부문최적화에서 직무소명감에 기초한 조직 번영 중심으로의 전체 최적화 경영프로세스이다. 리더는 이러한 리더십 행동 변화 과정을 통해 구성원들로 하여금 조직 전체 차원의 경영시너지 효과를 자연스럽게 자주 경험토록 함으로써 유발된 직무소명감을 크게 강화시킬 수 있게 된다.

2) 개인 역량관리 위주에서 팀 협창력 창출로

그런데 조직 전체차원의 경영시너지 효과를 경험케 하려면 구성원 개개인의 역량향상 노력과 함께 향상된 역량을 조직을 위해 최대한 발휘되도록 할 때 가능하다. 리더가 가치 있는 비전과 매력 있는 일감을 창출해서 제공해 놓았다고 해서 자연히 구성원들의 직무소명감이 강화되어 자신들의 잠재력이 마음껏 발휘된다고 보장할 수 없다. 조직 내에서의 개인의 직무수행 행동은 많은 요소들에 의해서 영향을 받아 그 강도가 달라질 수 있기 때문이다. '창조경영과 소명리더십 모델'은 그중에서 특히 사람들과의 긍정적인 인간관계의 질을 중요하게 여긴다. 좋은 인간관계를 가졌을 경우에 그들의 잠재역량의 발휘는 클 수 있으나, 그 반대의 경우도 있기 때문이다. 젠과 샤하Jehn & Shah(1997)는 긍정적인 사회적 관계를 맺고 있는 친한 친구들로 구성된 집단이 일면식만 있는 사람들로 구성된 집단에 비해 의사결정과 과제수행 모두에서 현저하게 높게 수행성과를 보인다는 사실을 발견했다. 베이커Baker, 크로스Cross 그리고 우튼Wooten(2003)은 사람들을 긍정적 에너자이저와 부정적 에너자이저로 구분할 수 있으며 그러한 구분이 매우 중요한 가치 창출의 의미를 가진다는 사실을 발견하였다. 긍정적 에너자이저는 다른 사람에게 활력을 갖게 하고 이를 유지하게 하는 '활력 창출자'이지만 부정적 에너자이저는 다른 사람의 좋은 감정과 열정을 고갈시키는 '활력 고갈자'라는 사실을 실증하였다. 그래서 긍정적 에너자이저의 역할을 확대하고 부정적 에너자이저를 효과적으로 관리하는 리더의 노력이 필요함을 강조하고 있다. 이외에도 조직 내 사람들과의 상호작용에 활력을 가져다주는 긍정적인 인간관계 창조는 개인의 행복과 직무수행의 질을 높인다는 실증연구 결과들은 많다.

이러한 이유로 리더와 구성원들 간, 구성원들 상호 간에 강한 유대감을 갖게 하고 부문이나 부서 간의 유기적인 협창력 체제가 유지되도록 하는 특별한 리더의 노력이 필요하다. 이는 어떤 어려운 경영여건에서도 능히 견디어 낼 수 있는 구성원들의 자신감과 조직 협창력을 키워 나감으로써 타인들과의 의미 있는 관계를 창조하고 이를 통한 전체 최적화의 효과를 경험케 하는 리더의 또 다른 역할이다. 구성원들 개개인의 역량이 아무리 뛰어나도 그것이 조직의 비전실현에 기여하지 못한다면 리더에게는 큰 의미가 없을 것이기 때문이다.

그러면 모든 구성원들의 역량을 어떻게 비전실현 한 곳으로 모을 것인가? 그리고 강한 창조적인 팀워크 조직을 어떤 어려운 상황에서도 계속 유지되게 할 것인가? 리더의 진정한 역량은 어려울 때 나타나는 법이다. 그 현장의 중심에는 반드시 조직의 협창력을 이끌어 낼 수 있는 직무소명감과 역량을 갖춘 '리더다운' 진정한 리더가 자리잡고 있어야 가능하다. 그것은 직무소명감을 갖게 되면 나타나는 리더의 진실한 행동들이 조직 구성원들에게 큰 영향을 주기 때문이다. 일에 대한 의미탐구의 열정과 창조, 조직발전을 위한 헌신적 행동이다. 리더 자신이 신봉하는 가치와 조직이 추구하는 가치가 합치를 이룬 상태에서 나오는 이러한 진실성이 조직 내외로 폭 넓게, 그리고 오래도록 영향을 미친다는 사실은 여러 긍정조직 학자들에 의해서 입증되고 있다. 이상이 전체 최적화에 의한 경영시너지 효과를 경험케 함으로써 형성된 직무소명감을 강화하기 위해 모두

함께 뛰게 만드는 리더의 태도와 행동 변화가 필요한 이유이다.

3) 회사자체 경쟁력 위주에서 이해관계자와의 상생협력 체제로

한편 지속성장이 가능한 기업이 되기 위해서는 이러한 조직 내부 차원의 시너지 경영효과를 높이기 위한 노력과 함께 대외 이해관계자와의 상생협력 체제를 이루는 것이 중요하다. 격화되고 있는 글로벌 경쟁 속에서 이제 기업의 생존은 한 기업 자체의 뛰어난 능력만으로는 어렵기 때문이다. 해당 산업분야의 대기업과 중소기업이 강력한 창조적 협력의 생태계를 구축해서 우수한 제품을 만들어 낼 때 비로소 가능하게 되었다. 그래서 '창조경영과 소명리더십 모델'은 대외 이해관계자들을 전체 최적화 경영의 범주에 포함시킨다. 공급자, 고객 등 그들의 경쟁력이 뒷받침된 진정한 기업의 지속가능 경영을 실현하기 위해서이다. 무엇보다 대외 이해관계자와의 상생협력이 필요한 또 하나의 이유는 그것이 구성원들의 직무소명감 강화에 영향을 주기 때문이다. 이해관계자들과의 상생협력을 통한 최적화 경영은 구성원들의 직무의 가치와 의미를 좀 더 폭넓게 찾도록 하고 그리고 그 효과성을 경험토록 함으로써 직무소명감을 더욱 강화하는 방향으로 작용될 수 있다. 해크먼과 올덤Hackman & Oldham(1980)은 자신의 맡은 직무가 다른 사람들의 행복에 기여하는 바를 아는 사람들은 자신의 일이 갖는 의미를 더 많이 느끼게 되고, 그 결과 조직 성과와 조직 몰입도가 높아짐을 발견했다. 이러한 사실들이 관련 거래업체들도 중요한 기업경쟁력의 한 부분으로 인식해야 하고, 그들도 함께 동반성장할 수 있도록 지원해 주어야 하는 당위성이다. 특히 전후방 연관효과가 큰 국가 기간산업체들은 관련 이해관계자들이 경쟁력을 잃어 간다면 결코 지속성장 기업으로 살아남을 수 없는 밀접한 연관성을 갖기 때문에 더욱 필요한 경영관리 및 리더의 행동 변화 포인트라고 할 수 있다.

철강소재 생산업체인 포스코는 이해관계자와의 상생협력 체제를 이루어 냄으로써 진정한 경쟁력의 기반을 다져 온 기업으로 알려져 있다. 포스코는 크게 3가지 부문의 관련 업체들과 동반성장 전략을 구사하여 철강경쟁력을 확보할 수 있었다. 첫째는 제철설비 제작업체나 건설업체와의 상생협력체제이다. 그것은 수십 개의 공장이 연결되어 있는 일관제철소의 정상적인 가동은 기계제작, 공장건설, 경제적 조업이라는 3가지가 잘 조화를 이루지 않으면 불가능하기 때문이다. 그래서 제작업체는 품질이 좋은 기계를 납기 내에 공급하고, 건설업체는 기초공사부터 철저한 품질이 보장되도록 시공하게 했으며, 제철소 조업팀은 충분한 훈련과 교육을 받은 고도의 기술로 공정을 운영함으로써 생산성이 높고 경제성이 있는 공장이 될 수 있었다. 둘째는 제철소 내 조업의 일부를 담당하는 협력업체와의 상생체제이다. 협력업체 직원들도 국가의 재산인 제철소를 공동 관리해 나가는 똑같은 조직 구성원으로 보고 공존공영의 기틀을 이루어 내었다. 철강제품의 경쟁력 확보를 위해서 협력업체의 발전이 절대 필요하기 때문에 그들에게도 철강 산업에 종사하고 있다는 자긍심을 심어 주었으며 경영성과도 나누어 가지는 동반성장의 모범기업이 되었다. 셋째는 수요업체와의 상생협동체제이다. 기술개발에 수요자를 참여시켜 시장의 니즈에 맞는 제품을 생산, 공급함으로써 고객의 가치도 함께 향상시키는 동반성장의 협동 체제를 구축하였다. 품질관리 및 판매요원이 수요자들을 정기적으로 방문하여 그들의 요구사항을 사전에 청취하고 이를 품질개선에 반영하는 노력은 지금까지도 지속하고 있다. 이와 같이 포스코는 대외 이해관계자들과도 함께 성장하는 3가지 상생협력 체제를 실질적으로 이루어 냄으로써 어려운 전체최적화 차원의 원-윈 경영을 실현한 기업이다. 이러한 대외 이해관계자들과의 상생협력의 전통은 지금까지 이어져 국내에서 가장 모범적인 동반성장 기업으로 평가받고 있다. 이와 같이 모두가 함께 성장, 발전하는 상생협력체제의 지속적인 유지는 대외 이해관계자와의 깊은 신뢰관계를 형성시키고 또 이는 기업의 진정한 경쟁력기반이 될 수 있다. 이것이 더욱 중요한 것은 구성원들로 하여금 상생협력의 노력을 통한 시너지효과를 경험케 함으로써 그들의 전체성 의식을 높여 직무소명감을 강화할 수 있다는 점이다.

4) 권위형 리더에서 겸손형 리더로

그렇지만 대내외 이해관계자들과 신뢰관계를 형성하고 이를 지속적으로 유지케 하는 경영과제는 시스템만으로는 어렵다. 신뢰는 인간 관계상의 많은 요소들에 의해서 더 크게 영향을 받기 때문이다. 그중에서도 리더의 권위의식은 대내외 이해관계자들과의 신뢰와 화和를 깨뜨리는 최대의 적으로서 이것이 조직에 주는 부정적 영향은 실로 크다. 상대방의 행동을 극히 형식적이고 소극적으로 만들어 전체성 의식에 기초한 경영시너지 효과를 크게 떨어뜨리는 암적인 요소로 작용하기 쉽다. 모두가 조직 비전실현을 위해 함께 뛰게 하는 것을 불가능하게 만들어 버릴 수 있다. 상대가 보는 앞에서는 열심히 하는 것 같아도 실제로는 열정적, 탐구적, 헌신적인 직무수행이 되지 못한다. 갈수록 불신의 골이 생기며 모든 문제가 실질적으로 해결되지 못하고 반복되거나 늦어지게 됨으로써 기회손실이 많이 발생하게 된다. 특히 어려움이 닥치게 되면 쉽게 조직의 응집력을 잃게 되어 노사화합의 걸림돌이 되기도 한다.

이러한 부정적인 영향이 일어나는 이유는 매우 강압적이고 자기중심적이며 자기 과시적인 리더의 행동이나 관리방식에 문제가 있기 때문이다. 바로 지나친 권위주의형 리더십 스타일이다. 더욱 큰 문제는 이러한 권위의식이 리더의 마음과 몸속에 배어서 잠복해 있는 상태이기 때문에 정작 리더 본인은 잘 느끼지 못한다는 데에 있다. 그래서 의도적으로 특별한 노력을 기울이지 않으면 없어지지 않는 암적인 요소다.

이 고질병을 치유하는 방법은 겸손해지기 위해 의도적으로 노력하는 길밖에 없다. 주변의 사소한 환경적 요소들까지 관심을 기울여서 권위형에서 겸손형으로 바꾸어 놓는 노력들이 뒤따른다면 가능하다. 리더의 진정한 힘, 갑의 진정한 힘은 권위가 아니라 겸손에서 나온다. 리더 자신이 타인보다 더 특별하다고 생각하지 않으며 각광을 받으려고 하지 않는 자세를 말한다. 좀 더 구체적으로 말하면 이렇다. 자신에게 없는 것을 과장하여 떠벌리거나 나서기를 좋아하지 않는다. 구매자, 공급자, 협력회사 등 이해관계자들의 소리에 항상 귀를 기울여 그들의 가치증대를 위해서 부단히 노력한다. '우리가 갑이다', '내가 위에 있다' 라는 생각을 갖지 않는다. 오로지 주어진 과업을 보다 효과적으로 수행하기 위한 진정한 직무수행 파트너의 관계로 여긴다. 이러한 겸손형 리더십의 향기는 조직의 안팎으로 크게 확산되면서 구성원들로 하여금 타인들과의 질 높은 관계 의미 창조를 촉진하여 직무소명감을 강화시키는 요소로 크게 작용하게 된다.

5) 상하관계에서 업무파트너의 관계로

구성원들의 직무소명감을 강화하기 위한 시너지 경영의 실현은 평소 직무수행과 관련한 리더의 태도와 행동에 크게 좌우된다. '리더다운' 진정한 리더는 구성원들과의 관계를 상하가 아닌 업무파트너의 관계로 본다. 조직의 한 구성원으로서 비전실현과 목표달성을 위해 구성원들과 함께 뛴다. 특히 좋은 비전과 목표를 세우는 일이나 매력 있는 전략과제를 도출하는 일들은 구성원들에게 맡겨서는 안 되는 리더의 중요한 책무다. 따르기를 요구하기 전에 먼저 실력이다. 그리고 구성원들보다 업무를 보는 깊이와 폭이 크게 다르다. 자신의 에고를 뛰어넘어 항상 조직 전체의 균형차원에서 직무과제를 수행한다. 그래서 여유를 가지고 앉아서 쉴 시간이 없다.

조직의 비전실현이나 목표달성에는 위아래가 없다. 직위가 높을수록 알맹이 있는 일을 더 많이 해야 한다는 의미다. 리더는 아무일이나 아무렇게 해서는 안 되는 자리이다. 정작 리더가 해야 할 힘든 일은 구성원들이 하도록 하고 쉬운 허드렛일이나 생색내는 일들만 챙겨서는 직무소명감을 강화시킬 수가 없을뿐더러 조직성장을 어렵게 만들 수 있다. 리더 스스로가 매일 보다 가치 있는 일을 더 많이 하는 것, 이는 구성원들의 일에 대한 학습열정과 직무소명감을 강화시키는 가장 중요한 요소가 될 수 있다. 구성원들을 앉아서 쉬게 하고 리더는 서서 쉬어라! 그렇게 될 때 구성원들은 리더를 기꺼이 따라나설 것이다. 그래서 리더는 아무나 할 수 있는 자리가 아니다.

그리고 항상 재미있고 즐거운 직장의 분위기를 만들 수 있어야 한다.

'리더다운' 진정한 리더는 남을 먼저 배려하고 상대방을 인격적으로 존중할 줄 안다. 구성원들의 무한한 잠재력을 마음껏 발휘하게 하여 조직성과 창출에 기여할 수 있도록 지원하여 주는 것으로 만족한다. 자신의 자리에 연연하거나 승진에만 관심이 많은 권위주의적 리더나, 지나친 성취 지향적 리더와는 확연히 구별된다. 그것은 조용하면서 오래 지속되는 '리더다운' 진실한 열정이다. 보이지 않는 '업무 죄'와 '양심 죄'들을 결코 짓지 않는다. 말로만 하는 시끄러운 행동이 아니라 직접 발로 뛰면서 묵묵히 보여 주는 열정이다. 이러한 리더의 일에 대한 열정이야말로 이를 목격한 구성원들의 직무소명감과 창조적 행동에 긍정적인 영향을 줄 수 있다.

리더와 구성원들과의 관계가 상하관계에서 업무파트너의 관계로 바뀌게 될 때 모두가 함께 뛰는 시너지 경영이 가능할 수 있으며, 또 이를 통한 타인들과의 더 나은 관계창조 경험은 구성원들의 직무소명감을 더욱 강화시킬 수 있다. 따라서 리더는 구성원들이 못하는 어떤 일을 할 수 있는가, 더 잘 할 수 있는 것은 무엇인가를 항상 생각하며 일을 통한 학습의 열정을 매일, 매 순간 불태워야 한다. 이 빈틈이 메워질 때 구성원들은 자신들의 리더와 늘 같이 일하고 싶다는 생각을 갖게 될 것이고, 이러한 '리더다운' 진정한 리더와 구성원들 간의 훌륭한 관계는 직무 및 직장에 대한 만족감과 행복감으로 이어지게 될 것이다. 또한 그것은 대외 이해관계자들과의 신뢰관계 형성에 기반적인 요소가 될 수 있다. 리더의 진정한 힘은 상하 혹은 갑을 관계가 아니라 업무파트너로서의 협조 및 협력관계에서 나온다.

6) 지시하는 리더에서 경청하는 리더로

조직의 비전실현을 위한 구체적인 전략이나 정책 방침에 대해서 구성원들이나 외부 이해관계자들의 반응은 언제나 수용적이지는 않다. 그래서 단순한 시달행위 자체로 긍정적인 이해를 이끌어 내었다고 생각해서는 안 된다. 성격, 가치관, 능력 등 구성원들 개인이 가지고 있는 특성들이 차이가 나기 때문에 시행과정에는 당연히 여러가지 양상으로 반응이 나타날 수 있다. 그래서 그들의 다양한 의견들을 어떻게 가감없이 파악해서 잘 피드백시킬 것인가가 리더십의 과제이다. 우선 그들의 마음속에 감추어져 있는 진정한 소리를 잘 듣는 것이 중요하다. 그것은 동기부여의 효과성과 직무소명감의 강화에 영향을 미치는 요소가 될 수 있기 때문이다.

사람들은 대부분 듣는 것보다 말하기를 더 좋아한다. 말하는 것보다 듣는 속도가 4~5배나 빠르다고 한다. 그러니 듣기보다는 오히려 자신이 이야기하고 싶은 생각을 하고 상대가 생각하는 동안에 조바심을 내기가 쉽다. 조직 내에 대화가 잘 안 되는 것은 참여적인 제도나 신뢰부족의 탓도 있지만 제대로 듣지 않는 문화가 바탕에 깔려 있기 때문이다. 그래서 지위가 높은 리더들도 통상 듣기보다 말하기를 좋아하고 솔선수범보다 지시하기를 원한다. 과도한 과업 지향적 리더십 스타일로 과업완수에 대한 책임감은 높아 보이지만 보통 성격이 급하고 배려심이 부족하다. 즉 구성원들의 입장에서 생각해 보고 그들의 처지를 이해하려는 리더의 공감경영 능력이 부족하다. 구성원들의 고통을 나의 고통처럼 느끼고 반응하는 공감경영은 관계지향적이고 이타주의적인 속성을 가지기 때문에 진정한 인간관계 형성에 매우 중요하다는 사실을 잘 모른다. 이러한 현상은 일반적으로 상급 직위에 올라갈수록 심한 것으로 나타나고 있다. 구성원들의 의견은 적게 듣고 리더 자신의 의견을 많이 말하는 버릇이 습관화되어 버린 것이다. 그래서 '창조경영과 소명리더십 모델'에는 리더의 경청자세를 더욱 중요하게 여긴다. 우선 잘 듣지 않고는 어떤 리더십 행동도 진실성을 인정받을 수가 없고, 크게 효과를 낼 수도 없을 것이기 때문이다.

'리더의 귀는 열려 있어야 한다'는 말이 있다. 누구와도 터놓고 얘기할 수 있는 열린 마음의 리더, 구성원들이 언제, 어디에서든 쉽게 접근할 수 있는 편안한 리더여야 한다는 뜻이다. 보이지 않는 장소에서 속으로부터 내뱉는 그들의 비난의 소리나 비판적인 의견들을 들을 수 있어야 한다. 경청은 가장 효과 높은 동기부여 방법이자 그 자체가 교육이 될 수 있기 때문이다. 그리고 '리더다운' 진정한 리더는 구성원들의 문제들을 잊지 않고 해결해 주기 위해서 진심으로 노력한다. 경청 자체로 끝나지 않고 어떤 형태로든 반드시 감동적인 방법으로 피드백하여 준다. 이러한 리더의 진정한 경청자세와 피드백 노력은 구성원들과의 더욱 질이 높은 인간관계 형성에 매우 긍정적인 영향으로 작용하게 될 것은 너무나 명확한 일이다. 따라서 경청과 피드백은 '리더다운' 진정한 리더가 가져야 할 가장 기본적인 자세이자 행동으로서 진실성에 기초한 인간존중의 신뢰 기반 조직문화도 여기서부터 출발될 수 있다. 나아가 구성원들의 마음의 뿌리를 크게 움직여서 직무소명감을 강화시키는 계기를 만들어 낼 수 있다.

'리더다운' 진정한 리더는 강압적이거나 고압적 자세의 카리스마적 리더가 아니다. 친절하게 알려주는 선배이자 컨설턴트요, 격려하며 이끌어 주는 코치이다. 그리고 의사소통이 빠르고 정확하며 역동성이 넘치는 조직을 만들어 낸다. 리더 자신의 경청자세와 피드백 행동을 깊이 성찰해 보고 그 방법들을 학습해서 실천한다면 구성원들과의 건강한 창조적 인간관계를 형성케 하여 아직까지 소아小我에 머물러 있는 구성원들의 사고와 행동을 조직차원으로 끌어 올릴 수 있다. 그들로 하여금 전체 최적화의 효과를 폭넓게 경험케 하고, 또 이를 통해 조직의 활력이 크게 높아짐을 느낄 수 있게 될 것이다.

※ 소명리더십 자기평가(5)

* 모두를 함께 뛰게 하는 리더의 태도와 행동 변화 내용들을 적극적으로 실천함으로
  써 구성원들로 하여금 전체 최적화에 의한 경영시너지의 효과를 경험토록 하고 있
  는지 다음의 척도를 사용하여 점검해 보자.

* 각 문항의 내용을 읽은 후에 리더 자신의 행동이 다음 5가지 중 어느 위치에 해
  당하는지를 골라서 그 숫자를 ( )에 적고 합산해 보자.

  5—매우 그렇다. 4—다소 그렇다. 3—보통이다.
  2—다소 그렇지 않다. 1—매우 그렇지 않다.

1. 나는 어느 한 부문의 관리자가 아니라 항상 경영자적 입장에서 전체
   성 의식을 가지고 합리적인 의사 결정을 내리기 위해 노력함으로써
   경영시너지 효과를 극대화시키고 있다. ( )

2. 나는 직무소명감과 역량을 함께 갖춘 '리더다운' 진정한 리더로서 상
   하 간, 부서 간 불협화음의 소리가 나지 않게 하며 구성원들 개개인의
   잠재력과 행동들을 팀의 협창력 창출로 이어지게 하고 있다. ( )

3. 나는 구성원들에게 활력을 불어넣는 긍정적인 행동들을 모범적으로
   보여 주며, 아울러 조직 내의 긍정적 및 부정적 에너자이저들을 발굴
   하여 적극 지원하거나 효과적으로 관리하고 있다. ( )

4. 나는 구성원들의 취약점보다는 그들의 성공체험과 강점들을 더 강조
   하고 긍정적인 결과에 대해서는 반드시 격려하며 자축하고 있다. ( )

5. 나는 대외 이해관계자들과의 상생협력을 실질적으로 이루어 나감으
   로써 진정한 신뢰관계 형성과 경쟁력 향상의 효과를 구성원들로 하여
   금 경험케 하고 있다. ( )

6. 나는 누구를 만나든, 어떤 상황에서도 항상 겸손한 자세를 가지며 사무실 공간 등을 업무특성과 역할을 중심으로 배치하고 각종 행사 시에도 나 자신이 의전대우를 받지 않게 조치하고 있다. (　　)

7. 나는 앉아서 지시하거나 보고 받는 시간을 줄이고 매일 가치창조 중심적인 행동을 열정적으로 보여 준다. (　　)

8. 나는 내 자신의 경청자세와 피드백 행동을 깊이 성찰하고 그 방법들을 학습해서 실천함으로써 더 나은 창조적인 인간관계를 형성케 하여 구성원들의 사고와 행동을 조직 차원으로 끌어 올리고 있다. (　　)

✔ <u>자기평가 시 참고해야 할 리더십 기법</u>
　부록 15. 긍정적 관계촉진 방법
　부록 16. 겸손형 리더가 되는 방법
　부록 17. 중요한 일에 몰입하기
　부록 18. 올바른 경청자세
　부록 19. 코칭피드백을 주는 방법

* 점검결과에 대한 해석

35	28	21	14	7
(높은 시너지 경영)				(낮은 시너지 경영)

― 점수가 높을수록 구성원들 모두가 함께 뛰는 협창력의 조직 풍토가 조성되고 있으며, 전체 최적화의 효과를 경험함으로써 직무소명감이 더욱 강화되고 있음을 나타낸다. 점수가 상대적으로 더 낮은 항목에 대해서는 그 원인을 파악한 뒤 집중적인 노력을 기울여야 할 것이다.

3. 진실성을 갖게 하는 리더의 태도와 행동 변화
   (진실성의 효과를 경험케 한다)

＊ 경쟁력약화의 또 다른 주범, '하는 체' 하는 형식적 행동

진실하지 못한 '그저 그런' 통상적인 리더들은 자신의 진실한 마음이 담기지 않은 형식적인 행동을 하는 경우가 많다. 일의 목적과 마음을 다른 곳에 두고 있는 피상적인 행동들, 실질보다 형식에 얽매여 겉으로만 화려한 채 단순히 타인에게 보여 주기 위한 과시적인 행동들이다. 조직에서 흔히 볼 수 있는 구색 갖추기 식의 전시행정들, 사실에 입각하지 않은 형식적인 보고들, 시간 때우기 식의 교육 및 행사들 등이 이에 관련된 예라고 할 수 있다. 조직 경쟁력을 약화시키는 또 다른 주범들이다.

이러한 행동들은 자신의 과장된 역량과 성과를 홍보하거나 임시방편적인 처방으로 우선 모면하기 위한 것으로서 일 자체의 성취감과 조직에의 공헌을 목적으로 하고 있는 직무소명감에 의해 표출되는 진실한 행동이라 할 수가 없다. 리더십 측면에서 우려하며 관심을 갖는 이유는 이러한 위장된 행동들이 모르는 사이에 조직의 경쟁력을 크게 약화시킨다는 것, 더구나 이를 심각하게 받아들이지 못하고 간과해 버린다는 사실 때문이다. 무엇보다도 리더의 '하는 체' 하는 형식적 행동이 구성원들의 조직 및 타인들과의 더 나은 관계창조와 직무소명감 강화에 부정적 영향을 주어 조직 활력을 크게 떨어뜨리는 요소로 작용할 수 있다는 사실에 주목할 필요가 있다. 이것이 소명리더십을 통한 창조경영 구현을 목표로 하고 있는 리더들이 형식적인 행동에서 보다 진실한 행동으로 빨리 바꾸어 놓아야 하는 이유이다. 따라서 이에 관련한 이론적인 내

용들을 좀 더 살펴보고 근원적인 퇴치방안에 대해 깊이 고민해 보는 것
은 매우 의미 있는 일일 것이다.

1) 위선적 행동에서 진실한 행동으로

리더의 형식적 행동의 반대 개념은 자신의 참된 마음에서 우러나오는
실질적인 행동, 즉 진실한 행동이다. 진실성은 인간행위의 의미와 가치
를 판단하는 근원적 요소로 직무소명감의 강도와 리더십의 효과성을 좌
우한다고 할 수 있다. 왜냐하면 리더가 진실하지 않으면 그 리더는 조직
에 여러 가지 부정적인 영향을 미치며, 구성원들 역시 리더가 진실하지
않다고 생각하면 리더가 요구하는 행동에 부응할 동기가 미약하거나 매
우 제한적일 수밖에 없을 것이기 때문이다. 그래서 리더 행동의 진실성
여부가 조직에 미치는 영향력은 매우 클 수밖에 없다. 이러한 측면에서
리더의 진실한 행동의 모습과 그 표출의 근원에 대해 학습하는 것은 '창
조경영과 소명리더십 모델'을 구현하는 데 있어서 매우 중요하다.

진실리더십 연구자들의 주장에 따르면 진실성이란 행위자가 자신의
개인적 경험과 진실한 자아에 따라 행동하는 것, 즉 자아를 중심에 놓고
그 자아를 기준으로 판단하고 행동하는 것이다. 즉 자기가 자신의 마음
을 속이지 않는(不欺自心), 진실한 행동을 말한다. 이러한 진실성의 정
의는 자신의 추구가치와 맡은 직무의 가치가 합치점을 이룰 때 나타나
는 직무소명 지향적 태도나 행동과 맥락이 같다고 할 수 있다. 그 이유는
두 가지 모두 순수한 내재적 동기부여에 의해 추동推動되는 행동이기 때
문이다. 좀 더 구체적으로 말하면 직무소명감에 의해 나타나는 행동은
급여, 승진 등의 외재적 동기요소에 의해서 움직이는 것이 아니라 맡은

직무의 가치와 의미 인식을 통한 일 자체의 성취감, 즉 개인 자신의 참된 자아가치에 준거準據해서 일어나는 내재적 동기요소에 기인한 행동이기 때문이다. '하는 체' 하는 형식적인 행동이 아니라, '하고 싶어서 하는' 진실한 행동, 어떤 외재적 동기요소에 이끌려서 억지로 '하기 싫어도 하는' 행동이 아니라, 일 자체의 성취를 위해서 스스로 하는 즐거운 행동인 것이다. 이와 같이 직무소명감과 진실성은 개념적으로 밀접한 상관관계를 갖는다고 할 수 있다. 그러면 이러한 리더의 진실한 행동이 어떻게 표출이 되고 또 그것이 조직에 어떤 영향력을 미치는지에 대해서 좀 더 이론적으로 살펴보기로 하자.

진실한 행동은 하고 싶다는 생각만으로 이루어질 수 있는 성질의 것이 아니다. 끊임없는 자기반성과 성찰노력의 결과로 나타날 수 있는데 크게 두 가지 심리적 과정을 거치게 된다. 첫째, 진실한 행동의 전 단계인 자아인식을 통한 행동이다. 진실한 리더가 되려면 자기 자신을 아는 데에서부터 시작이 된다. 진실 리더십 연구자들(Avolio & Gardner, 2005; Luthans & Avolio, 2003; Walumbwa, et al., 2008)은 자아인식을 '자신과 타인이 보는 자아를 깊이 아는 것'이라고 정의하고 있다. 그들은 자기가 자신을 똑바로 아는 것(관찰하는 자아) 외에 타인이 자신을 어떻게 보는지(관찰되는 자아)를 자기가 얼마나 아는지도 자아인식의 내용에 포함시키고 있다. 이는 자아를 인식하는 능력의 차원으로서 진실한 리더가 되려면 갖추어야 할 원초적인 조건이라고 할 수 있을 것이다.

둘째, 엄격한 자아규제를 통한 행동이다. 진실한 리더가 되려면 자신의 행동이 엄격한 자아규제 기준에 의해 표출되어야 한다. 그동안 진실 리더십 연구자들이 실증연구 결과를 통해 공통적으로 주장하는 자아규제 기준에 의해 나타나는 행동은 크게 도덕적 행동, 투명한 행동, 비편향적 행동으로 요약 설명할 수 있다. 즉 리더의 진실한 행동은 자신의 높은 자아가치 기준에 의해 나타나는 도덕적 행동이어야 하며, 타인과의 관계에서 숨김이 없는 투명한 행동이어야 하고, 그리고 이기심에 흔들리지 않는 균형 잡힌 행동이어야 한다는 것이다. 결국 진실한 행동은 자기 자신이 어떻게 자아를 인식하고 규제하는지에 따라 결정되는 것으로 인식과 규제는 동전의 양면과 같이 밀접하게 연결되어 상호작용하는 심리적 변화과정이라고 할 수 있다.

따라서 이러한 과정을 통해서 표출되는 리더의 진실한 행동이 타인들이나 조직에 어떤 영향을 주게 되는지를 이해하는 것은 매우 중요한 소명리더십의 포인트가 될 수 있다. 최근 진실리더십 연구자들의 이론에 의하면 리더가 자기 자신을 알고 스스로에게 진실해지기 위해서 노력하는 모습을 보여 주고, 참된 자아가치에 준거한 진실한 행동을 일관성 있게 나타낼 때, 이를 자주 목격한 구성원들로 하여금 자신의 행동을 성찰케 하고 존재가치를 새롭게 인식하게 만드는 작업 동기적 요소로 작용할 수 있다고 한다. 구성원들이 자신들의 리더가 진실하다고 정확히 인지하게 될 때, 비로소 리더의 신봉가치나 원칙들이 당연한 것으로 받아들여지게 되어 자신의 추구가치와의 차이를 좁히기 위한 노력을 기울이게 된다는 논리이다. 그래서 리더와 구성원들 간의 진실한 관계가 형성될 때 이는 높은 신뢰수준과 조직성과 창출로까지 이어지게 된다. 한편 리더의 내적인 진실성과 이에 준거한 일관성 있는 행동은 보다 실질적이고 책임감 있는 경영을 하게 하는 리더 자신의 사고와 경영철학에도 영향을 미칠 수 있다. 왜냐하면 진실성이 갖고 있는 자아준거적인 행동의 속성을 고려할 때 자아인식 능력이 높은 리더는 외부에 보여 주기 위한 요란한 행동을 하기 보다는 조용하게 내실을 다지는 경영을 할 가능성이 높을 것이기 때문이다.

그런데 이러한 리더의 진실한 행동과 위선적 행동이 개인 자신이나 조직에 미치는 영향력은 크게 상반된 차이가 있다. 리더의 진실한 행동은 구성원들의 긍정모델링이 되어 그들의 진실성이 개발되고, 리더의 진실성이 실제적으로 지각되거나 관찰될 때 그 효과성은 배가된다. 반면에 진실하지 못한 리더의 위선적 행동은 겉으로는 성실하게 보일지 몰라도 외부상황에 따라 자신을 관리하면서 모든 상황을 리더 자신의 이익을 위해 이용하는 행동으로 비춰지기 때문에 구성원들이 크게 감동적으로 지각하는 긍정적인 행동이 되지 못한다. 뿐만 아니라 고객, 주주, 공급사 등 대외 이해관계자들과의 신뢰관계 형성에도 실패할 가능성이 매우 높다고 볼 수 있다.

이처럼 리더의 진실한 행동은 조직 내외의 이해관계자들과의 관계성의 질에 큰 영향을 미치는 요소임은 명확하다. 폭넓게 퍼져 나가는 긍정성의 향기를 가졌기 때문이다. 실제로 이에 관련된 이론이나 많은 실증연구 결과들이 지금도 계속 이어지고 있다. 이제 우리는 리더의 진실성이야말로 조직 대내외 이해관계자들과의 훌륭한 신뢰적 인간관계 형성과 그 효과성을 경험케 하는 근원적인 요소가 될 수 있다는 결론을 충분히 내릴 수 있다. 따라서 리더들은 먼저 위선적인 행동에서 진실한 행동으로 빠르게 전환하는 노력을 기울임으로써 구성원들로 하여금 일상생활 가운데 조직이나 타인들과의 진실한 관계가 가져다주는 효과성을 가능한 자주 경험하도록 만들 필요가 있는 것이다. 문제는 리더의 진실한 행동이 단순히 순간적으로 하고 싶다는 생각이나 의지만으로 이루어지지 않는다는 데 있다. 끊임없는 자기반성과 성찰을 통한 자기학습이나 자아개발 노력이 뒤따를 때만 가능하다. 진실성의 발달은 개인이 태어날 때부터 부여된 타고난 개인적 역량에 의거해서 이루어진다고도 할 수 있지만, 일상생활 가운데 일어나는 중요한 딜레마 상황에서 의도적으로 진실해지기 위한 노력을 기울임으로써 이루어질 수 있다. 또는 조직차원에서 계획된 중요사건들을 통한 진실성 개발프로그램을 만들어 훈련할 수도 있다. '리더다운' 진정한 리더가 되려면 보다 진실해지려는 스스로의 성찰과 개발노력, 그리고 실천행동의 3박자가 이루어져야 할 것이다.

2) 자기 과시적 행동에서 조직 기여적 행동으로

리더의 진실성에 기초한 신뢰관계형성은 인간관계와 조직관계라는 두 가지 측면에서 생각해 볼 수 있다. 즉 리더와 구성원들 간, 그리고 리더와 조직 간의 신뢰관계가 어떤 방향으로 형성되어야 하는가라는 측면이다. 이 두 측면의 진실성에 의한 신뢰적 관계는 통상 쌍방향으로 보고 있다. 상호 간에 어떤 형태로든 무엇을 주고받음으로써 신뢰관계가 형성될 수 있다는 논리다. 그러나 '창조경영과 소명리더십 모델'에서는 진실성에 의한 신뢰적 인간관계와 조직관계의 형성은 각각 방향성을 다르게 본다. 리더와 구성원들과의 신뢰적 인간관계는 상호 영향을 주고받는 쌍방향이 될 수도 있지만, 조직과의 신뢰적 관계는 주로 리더의 실질적인 조직 기여행동에 의해 형성되는 한 방향 프로세스이다. 리더와 조직 간의 진실한 신뢰관계 형성은 리더 개인의 조직에 대한 가치 창출적 기여측면에서 비롯되어야 한다는 측면이다. 개인의 행동과 조직의 보상이라는 급부와 반대급부 차원에서 형성되는 관계라기보다 조직에 대한 리더 개인의 실질적인 기여행동 여부에 의해서 이루어지는 관계성에 초점을 맞추고 있다. 따라서 '리더다운' 진정한 리더는 자신의 노력에 대한 대가로 어떤 물질적인 반대급부를 요구하지 않고 조직을 위한 헌신적인 행동으로 신뢰관계를 이룬다. 그러한 관계성이 형성되어야 하는 이유는 간명하다. 조직 속에서의 각 개인의 행동은 소속한 조직의 비전 및 목표달성에 실질적으로 기여할 경우에만 그 의미가 있을 것이기 때문이다.

결국 조직에 실질적으로 기여하는 진실한 행동들은 강한 직무소명감에서 비롯됨을 알 수 있다. 그것은 자신의 에고를 뛰어넘어 보다 의미 있는 어떤 존재에 공헌하기 위해 부름을 받았다고 스스로 인식하는 차원 높은 태도가 직무소명감이기 때문이다. 원래 이 개념에는 소속된 조직에 대한 공동체 의식과 맡은 직무에 대한 소명의식이라는 두 가지 의미가 결합되어 있다. 마치 동전의 앞뒤와 같이 동시에 일어날 수 있는 심리적 변화현상이다. 조직 공동체 의식은 직장에 대한 의미 발견이라 할 수 있고 직무소명감은 조직이 부여한 과업에 대한 의미 발견이라고 할 수 있다. 이러한 논지에서 볼 때 조직 속에서의 일의 가치는 직무수행의 결과가 소속한 조직에 실질적으로 기여해야만 그 의미를 인정할 수 있게 된다. 다시 말해 조직 속에서의 개인의 행위가 조직의 비전실현이나 목표달성에 공헌하지 않거나 그 정도가 약한 것이라면 큰 의미를 부여할 수가 없다. 소위 영양가가 없는 일을 함으로써 조직이나 다른 구성원들에게 미치는 영향력이 크지 않았다는 이야기가 된다. 자기 자신의 존재를 과시하기 위한 행동이거나 보여 주기 위한 경영성과이지, 보다 나은 변화와 가치 창출을 통해 조직발전에 실질적으로 기여하기 위한 진실한 행동이 아니다. 그러나 통상 자신도 모르게 매일 형식적으로 의미없는 일을 하게 되고 그에 따른 조직의 보상이 이루어지는 경우가 많다.

이러한 위장된 행동들이 조직의 경쟁력을 얼마나 크게 약화시키게 되는지를 잘 알고는 있지만 문제는 실천이다. 리더나 구성원들이 평소에 자신들의 일에 대해 조직 전체차원에서 직무의 가치와 의미를 찾는 노력을 하지 않으면 크고 작은 보이지 않는 낭비요소들이 계속 생길 수밖에 없고 조직과의 진실한 신뢰관계 형성이 어렵게 된다. 리더가 구성원들로 하여금 직무소명감에 기초한 실용주의적 사고와 실질적인 행동으로 소속된 조직에 지속적으로 공헌하도록 유도해야 하는 이유가 여기에 있다. 더구나 구성원들이 조직에 실질적으로 공헌하는 진실성의 긍정적인 영향력을 자주 경험하게 될 때, 그것은 다시 강한 직무소명감과 창조적 행동으로 피드백되는 선순환을 이루게 될 것이기 때문에 리더의 조직 기여적 사고와 행동은 중요하다.

3) 주먹구구식 관리방식에서 정밀관리 방식으로

그러나 조직 구성원들로 하여금 일상생활 가운데 조직을 위한 실질적인 기여행동이 스스로 일어나게 하여 그 효과를 경험토록 하는 리더십은 그렇게 간단하지 않다. 그것은 진실성의 효과에 대한 경험과 연계되어 일어나는 개인의 심리적 변화이며 또 그 효과가 장기성을 띠고 있어 다각적인 방법강구와 남다른 인내가 필요하기 때문이다. 그래서 관리방식에 대한 획기적인 리더의 행동 변화도 동시에 일어나야 한다. 특히 과거의 경험 및 감感에 의한 주먹구구식 사고방식이나 두루뭉술한 총론적인 관리방식으로는 구성원들을 실용주의적 사고와 실질적인 기여행동을 하도록 변화시키기가 어려울 수 있다. 구체적인 데이터나 사실 중심의 문제해결 능력이 있을 때 구성원들과 이해 관계자들은 리더의 말과 행동을 신뢰하고 진심으로 따르게 될 것이기 때문이다. 그리고 이러한 노력과정을 통해 점차 더 나은 관계의 질이 형성될 수 있다.

프란치스코 교황은 교회가 군의 야전병원처럼 운영돼야 한다고 강조하면서 사제와 신자 모두에게 삶의 현장에서 경험을 넓히라고 독려한다. 현장에 직접 나가야 한다는 뜻이다. 그래야 다른 사람들의 삶을 이해하고 추상적인 원리주의에 발목이 잡히지 않는다는 것이다. 기업 경영인이나 리더들도 마찬가지다. 오랫동안 현장에서 보내며 직원들에게 모범이 되어야 조직을 이끌 수 있다. 현장의 중요성은 어느 조직이든 강조해도 지나치지 않다. 사람은 누구나 자신의 처지를 알아주는 사람을 신뢰하는 법이다. 마음의 문을 열고 모든 것을 서로 주고받을 수 있는 통로가 여기에서 생길 수 있다. 구성원들의 처지를 충분히 이해하고 입장이 되어 주는 것, 훌륭한 신뢰관계를 형성하게 하고 유지되게 하는 근간이 된다. 이는 특히 어려운 노사 신뢰관계 형성의 토양이기도 하다.

모든 문제의 해답은 현장에 있다. 현장 상황과 구성원들의 처지를 알아야 효과적인 맞춤식 경영이 가능하다. 개개인의 니즈에 맞는 맞춤식 교육이나 제도운영이 가능하여 직무소명감의 강화를 통한 '창조경영과 소명리더십 모델' 구현의 효과성도 높일 수 있게 된다. 구성원들의 마음을 움직이게 하는 힘은 직위가 아니라 현장을 아는 능력이다. 현장 구석구석에 숨어 있는 문제를 샅샅이 알고 있는 공장장, 구성원들의 불평불만이나 요구사항까지도 잘 이해하고 있는 팀장, 이러한 리더만이 그들의 마음을 움직여서 조직과의 실질적인 공헌의 관계로 만들어 낼 수 있다. 그리고 리더가 평소에 그들이 고민하고 있는 문제들에 관심을 갖고 해결하려는 진실한 노력을 보여 줄 때 리더의 이야기를 들으려고 할 것이며 직무의 의미를 찾으려는 노력을 더욱 적극적으로 하게 되고 그들의 형식적인 거짓 행동들이 조직에 보다 실질적으로 기여하려는 행동으로 바뀔 수 있게 될 것이다. 직무소명감에 기초한 창조적 활동의 열정도 크게 일어나게 할 수 있다. 하지만 이것은 어떤 제도나 시스템보다 구성원들의 처지를 알아주는 리더의 정밀관리 자세와 실천의지가 중요하다. 이 기초를 다지는 일이야말로 현장에서 진실성의 가치를 실제로 경험케 하고 또 이를 통해 직무소명감을 강화시키는 또 하나의 중요한 리더의 행동 변화라고 할 수 있다.

4) 적당히 건너뛰는 자세에서 기본과 원칙을 지키는 자세로

구성원들 개인이 조직이나 타인과의 관계에서 진실성의 효과를 경험케 하는 또 하나의 관점은 기본과 원칙을 반드시 지키는 리더의 진실한 행동측면이다. 이는 주변 상황에 흔들리지 않고 자신의 참된 자아가치에 준거한 일관성이 있는 행동을 말한다. 바쁘다고 해서 적당히 건너뛰지 않으며 어떤 어려운 상황에서도 편법을 사용하지 않고 지켜야 할 최소한의 원칙과 상식은 꼭 지키는 것을 의미한다. 상대방과 약속한 규범과 룰(rule)을 어기거나 외부여건에 적당히 타협하지 않고 정직하게 행동한다. 줏대 없이 부화뇌동하지 않으며 어떤 상황에서도 지켜야 할 것은 반드시 지키는 것, 거짓이 아닌 진실한 행동을 하는 것을 일컫는다.

다시 말해 자신의 이기심에 흔들리지 않는 비편향非偏向적인 진실한 행동이다. 이것은 상대방과의 신뢰관계 형성과 조직 경쟁력의 요체로서 그 효과를 일상생활 중에 직무수행과정을 통해서 자주 경험하게 된다.

그러나 기본과 원칙을 철저히 지키는 정도경영을 실천한 조직이나 리더는 많지 않다. 리더의 진실한 행동이 조직에 미치는 영향력 관계를 잘 이해할 수 있는 실증 사례 하나를 학습해 보자. 포스코 창업자 박태준 명예회장의 정도경영 철학이다. 제철소 건설이 당초에 모두가 우려했던 것과는 달리 성공적으로 이루어지게 되자 외부 곳곳에서 청탁압력이 많았고 이를 거절하자 온갖 중상모략까지 견디어 내어야 하는 어려움에 수없이 처하기도 했다고 한다. 그러나 그는 어떤 경우에도 자신의 도덕적 가치기준인 기본과 원칙의 정도경영을 반드시 지켜나갔다. 자신과의 싸움에서 견디어 내어야 하는 용기가 필요한 도덕적 행동이었다. 이것은 구성원들의 마음의 뿌리를 움직이게 하여 직무소명감을 강화하고 신뢰관계를 형성하게 하는 매우 중요한 포인트다. 그리고 구성원들이 리더의 진실성을 평가하는 결정적인 잣대가 된다. 한편 그는 구성원들로 하여금 이권청탁, 업무처리의 왜곡이나 태만, 기강해이 등 직무수행의 정당성과 공정성을 해치는 어떠한 행위도 일어나지 않도록 만들었다고 한다. 이해관계자와 약속한 규범과 규칙을 반드시 지키게 하는 작은 일에 윤리경영의 근간을 두고 어떤 경우에도 최소한의 규범과 질서를 반드시 지키게 했다. 초창기에 근무기강을 확립하고 안전의식을 생활화하기 위해 전사적으로 전개한 '기본의 실천' 운동은 지금까지 이어져 오고 있는 포스코 고유의 창조적인 조직문화가 되었다. 결국 이러한 그의 정도경영 철학은 구성원들로 하여금 제철보국의 소명감을 불러일으켜 제철보국의 비전을 실현시키는 원동력으로 작용하였으며 자신의 높은 자아가치와 일관된 도덕적 행동은 얼마가지 않아서 가시적인 큰 조직성과로 나타나게 되었다. 경쟁회사들보다 싸게 공장을 건설하여 저가 고품질의 철강제품을 만들어 국내 수요자들에게 공급함으로써 높은 이익을 지속적으로 창출할 수 있는 흑자경영 기반을 구축할 수 있었다. 기본과 원칙을 지키는 그의 정도경영이 회사는 진정한 경쟁력이, 국가와 사회는 포스코의 경쟁력을 통한 부의 증대라는 큰 성취와 연결될 수 있었던 것이다.

기본과 원칙을 반드시 지키는 행동이 이해관계자들과의 신뢰관계유지와 이를 통한 조직 경쟁력에 중요한 이유는 약속과 룰을 지키지 않을 경우 조직질서가 무너지고 그동안 쌓아 온 신뢰관계가 하루아침에 없어질 수 있다는 점, 그리고 그럴 경우 조직발전과 생존에 결정적인 큰 손상을 초래할 수 있다는 사실 때문이다. 특히 리더의 기본과 원칙을 지키지 않는 비윤리적 행동은 조직에 중대한 영향을 미친다는 사실, 또한 말할 필요가 없다. 이러한 이유로 기본과 원칙을 지키는 리더의 진실한 행동이야말로 구성원들로 하여금 타인들과의 더 나은 관계의 질을 높여 조직 경쟁력의 근간이 될 수 있음을 경험하게 하는 중요한 요소가 된다. 진실성과 신뢰관계, 신뢰의 효과성과 직무소명감의 강화는 개념적으로 상호 밀접한 연관성을 가지고 있다.

5) 대외 과시용 윤리경영에서 실효성 있는 윤리경영으로

하지만 어떤 상황에서도 이기심에 흔들리지 않고 기본과 원칙을 반드시 지키는 진실한 행동은 쉽지 않다. 왜냐하면 자신의 에고를 뛰어넘는 도덕적인 성숙성을 필요로 하기 때문이다. 즉 자신의 내면에 존재하는 자아의 가치가 크게 발달된 상태에서 그에 일치된 도덕적 행위가 표출되어야 한다는 뜻이다. 보다 참된 가치를 가진 자아는 끊임없는 노력으로 개발이 가능하다. 이러한 리더의 도덕적 행위에 바탕을 둔 윤리경영이 오늘날 기업의 지속성장 가능성을 담보하는 또 하나의 큰 도전적 과제가 되고 있다. 대부분의 글로벌 기업들은 대내외 이해관계자들에게 윤리경영을 선언한 바 있다. 그러나 스스로 지켜보자고 다짐을 하면서 내놓은 프로그램들이 실제로 이행되는 것인지는 의문이다. 약속한 것을 제대로 실천하지 않고 소위 무늬만 윤리경영을 하는 회사가 많기 때문이다. 그 주된 원인은 리더의 비윤리적 행동들이라 할 수 있다. 그것은 조직의 주요 경영의사결정의 핵심적 위치에서 행동하는 리더의 영향력 때문이다.

진실한 리더는 외부의 기대에 단순히 따르는 것이 아니라 어디까지나 자신의 참된 자아에 따라 도덕적 행동을 한다. 내적인 진실성과 일관성이 없이 외부상황에 따라서 움직이는 거짓자아 행동을 하는 리더나, 또는 단순히 열심히 일하는 '그저 그런' 성실한 리더와는 다르다. 항상 자기 자신을 속이지 않고 참된 자아에 따라 바르게 행동하는 진실한 리더는 모든 구성원들의 모델링이 되어 존경을 받는다. 그 첫 번째 덕목은 정직성으로 공公과 사私의 구분이 명확한 행동이 가장 중요하다. 그것은 공사구분이 제대로 이루어지지 않는 비윤리적 리더는 구성원들의 마음을 감동시켜 그들의 진실한 행동을 이끌어 낼 수가 없기 때문이다. 특히 예산, 정보, 시간의 3대 공사公私불분명 영역에 들어가는 조직의 자산을 아무런 죄의식이 없이 공공연히 사적으로 이용하는 리더의 비윤리적 행위는 진실성에 기초한 리더와 조직 및 구성원 간의 신뢰관계를 파괴시키는 요소로 작용하게 된다. '그저 그런' 통상적인 리더들은 대부분 이 부정적인 영향을 망각하고 아무렇게나 행동을 한다.

그리고 상대방으로부터 신뢰와 존경을 받는 두 번째 덕목은 청렴성이다. 밖으로 드러나지 않는 부도덕한 일들을 리더들이 몰래 스스로 하고 있다면 '리더다운' 진정한 리더로서의 역할수행은 어렵다. 그동안 형성된 구성원들과의 신뢰관계를 무너뜨리고 직무소명감을 단번에 쇠퇴시키는 결과를 초래할 수 있다. 그러나 리더가 자신의 윤리의식을 스스로 높여 나가는 노력을 할 때, 그리고 구성원들이 윤리경영의 효과성을 감지하게 될 때, 리더와의 진실한 신뢰관계와 그들의 직무소명감은 더욱 강화될 수 있다. 구성원들은 리더의 행동 뒤에 숨어 있는 생각과 마음까지 정확히 알고 싶어 하며, 그것이 옳은 방향일 때 모방을 주저하지 않을 것이기 때문이다. 구성원들은 수시로 자신의 추구가치와 비교 평가하면서 보다 의미 있는 삶을 살기 위해 노력한다.

한편 외부의 이해관계자들은 조금의 허술한 틈만 있으면 바로 공격을 해서 자신들의 이득을 취하려고 하는 특성을 갖고 있다. 특히 큰 상장기업의 경우에는 관련 이해관계자들이 무수히 많다. 이들은 경영을 예의 주시 하면서 '그저 그런' 리더들의 비윤리적 행동들에 대해 늘 감시를 하고 있다. 때문에 리더는 '보이지 않는 양심 죄'를 짓지 않아야 하는 것이다. 하늘을 우러러 한 점 부끄러움이 없는 깨끗하고 진실한 리더이어야 구성원들의 마음의 뿌리를 움직일 수 있는 효과적인 현장 윤리교육이 가능하며, 또한 그들의 청렴한 행동들은 이해관계자들과의 깊은 신뢰관계 형성에 바탕이 될 수 있다. 조직의 구성원들과 대외 이해관계자들로부터 신뢰와 존경받는 '리더다운' 진정한 리더로 오래도록 남을 수 있게 된다. 이처럼 리더의 높은 도덕성에 기초한 진실한 행동은 개인적인 덕목차원을 넘어서 조직차원으로 확대되는 긍정적인 영향력 효과를 낳는다. 바로 폭넓게 퍼져 나가는 리더의 진실성 향기다. 그 향기를 약해지지 않게 하여 계속 뿜어낼 수 있을 때 타인들과의 질 높은 관계도 유지될 수 있다. 이를 위해서는 비윤리적 리더들에 의한 대외 과시용 윤리경영이 아니라 '리더다운' 진정한 리더들에 의해 조직의 공동선共同善 실현에 실질적으로 기여하는 보다 실효성 있는 윤리경영이 되도록 하는 것이 중요하다. 그것은 리더가 도덕성이 높은 진실한 행동으로 바뀔 때 비로소 가능하다.

※ 소명리더십 자기평가(6)

* 진실성을 갖게 하기 위한 리더십의 태도와 행동 변화 내용들을 적극적으로 실천함으로써 구성원들로 하여금 진실성에 기초한 신뢰관계의 효과를 스스로 경험토록 하고 있는지 다음의 척도를 사용하여 점검해 보자.

* 각 문항의 내용을 읽은 후에 리더 자신의 행동이 다음 5가지 중 어느 위치에 해당하는지를 골라서 그 숫자를 ( )에 적고 합산해 보자.

　5—매우 그렇다. 4—다소 그렇다. 3—보통이다.
　2—다소 그렇지 않다. 1—매우 그렇지 않다.

1. 나는 나의 삶의 목적과 추구가치에 영향을 주는 요소들을 수시로 점검, 정리해 보면서 실제행동과의 차이를 좁히기 위한 노력을 기울이고 있다. ( )

2. 나는 나의 진실성 수준을 구성원들로 하여금 평가하게 하며 그 결과를 겸허하게 수용하고 자아 인식능력 향상을 위한 성찰과 학습노력, 그리고 실천행동으로 이어지게 하고 있다. ( )

3. 나는 나의 직무수행 결과가 조직의 비전실현이나 목표달성에 실질적으로 기여하는 행동임을 보여 주기 위해서 평소 직무의 가치와 의미를 찾는 노력을 기울이고 있다. ( )

4. 나는 현장에서 일어나는 상황들을 실시간으로 파악, 관리하고 있으며, 어떤 문제의식을 가지고 수시로 현장에 직접 찾아가서 상황을 확인, 점검한다. ( )

5. 나는 평소 관심을 가지고 현장 구성원들의 고민사항을 구체적으로 파악하여 진심으로 해결해 주려는 노력들을 하고 있다. ( )

6. 나는 구성원들에게 나의 약점을 솔직히 드러내고 열린 대화를 하며 위험상황에서는 앞장서서 구성원들을 이끌면서 후계자 양성에 관심을 쏟는다. (   )

7. 나는 바쁘다고 적당하게 건너뛰지 않으며 어떤 어려운 상황에서도 편법을 사용치 않고 상대방과의 약속한 규범과 룰은 반드시 지킨다. (   )

8. 나는 예산, 정보, 시간의 3대 공사公私 불분명 영역의 조직자산을 사적으로 이용하지 않으며, 거래업체와의 관계에서도 한 점 부끄럼이 없는 정직한 생활을 하고 있다. (   )

✔ <u>자기평가 시 참고해야 할 리더십 기법</u>
   부록 20. 자아인식 능력향상
   부록 21. 정밀관리 방법
   부록 22. 자아가치에 준거한 진실한 행동

* 점검결과에 대한 해석

40	32	24	16	8
(높은 진실경영)				(낮은 진실경영)

─ 점수가 높을수록 리더와 조직 및 구성원들 간에 진실성에 기초한 질 높은 상호 신뢰관계가 형성되고 있으며, 구성원들이 그 효과성의 경험을 통해 직무소명감이 더욱 강화되고 있음을 나타낸다. 점수가 상대적으로 더 낮은 항목에 대해서는 그 원인을 파악한 뒤 집중적인 노력을 기해야 할 것이다.

제6장: 더 나은 의미 창조
(Creation of Better Meaning in Work)

직무소명감을 일상생활 가운데 체화시켜 창조경영의 학습조직문화가 정착되도록 하는 일이란 그렇게 쉽지 않다. 그것은 개인의 가치관이나 의식의 변화를 필요로 하는 마음의 뿌리에 해당하는 것으로 어떤 외부적 통제나 동기부여로는 근본적으로 해결될 수 없을 뿐만 아니라 많은 시간이 소요되는 특징이 있기 때문이다. 또한 직무소명감이 어느 정도 형성된 상태라고 하더라도 리더의 특별한 지원환경조성 노력으로 이를 지속시키지 못하면 과거의 물성 및 이기심에 찬 습성이 되살아나서 쉽게 약화될 수도 있다. 이러한 이유로 제6장에서는 자기 주도적으로 더 나은 직무 의미 창조의 경험을 빈번히 가질 수 있도록 함으로써 그동안 형성 및 강화된 직무소명감을 지속시켜 일상생활에 완전히 체화되게 하는 조직 차원의 지원 환경조성과 리더의 행동 변화에 초점을 둔다. 자율, 성취, 공헌, 도전 등의 내용을 다루고 있는 내재적 심리욕구이론과 직무소명감의 속성을 바탕으로 다음 3가지 리더의 태도와 행동 변화 내용들로 구성되어 있다.

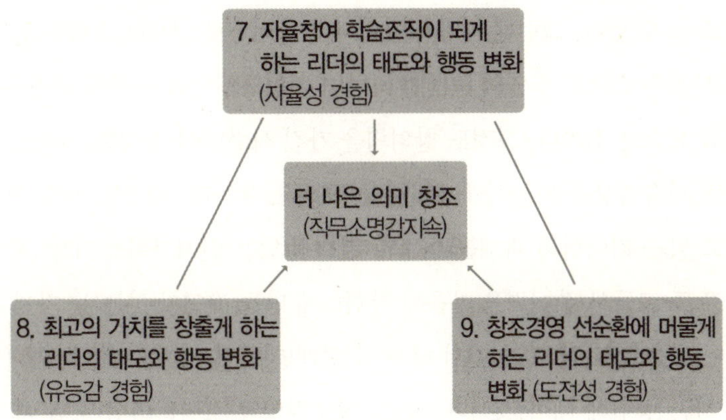

〈그림 10〉 더 나은 의미 창조를 경험케 하는 소명리더십

1. 자율참여 학습조직이 되게 하는 리더의 태도와 행동 변화
(자율성을 경험케 한다)

＊사람을 통한 스피드 경영 시대다.

지속성장이 가능한 기업이 되려면 조직의 기동성을 높여야 한다. 경쟁회사들보다 한발 앞선 경영을 해야 하는 것을 말한다. 모두가 알고 있는 경영의 기본원칙이다. 특히 글로벌, 정보혁명시대를 접하면서 스피드 경영은 더욱 중요한 경영의 포인트가 되고 있다. 항상 변화를 주시하고 그때그때 상황에 맞게 스피디한 경영전략을 전개하지 않으면 기업생존이 어려운 시대를 맞게 된 것이다. 한순간이라도 변화의 흐름을 타지 못하면 순식간에 도태될 가능성이 높다. 그래서 모든 기업들이 환경변화에의 대응속도를 높이기 위한 방법연구에 심혈을 기울이고 있는 것이다. 조직의 기동성을 높여 경쟁사들보다 한발 앞서서, 그리고 얼마나 짧은 시간에 많은 가치를 창출할 수 있는 일을 할 것인지에 대한 노력들이라고 할 수 있다. 그런데 예나 지금이나 공통적으로 인식하고 있는 한 가지 사실은 스피드 경영의 주체인 사람이 기업경쟁력의 우위를 결정하는 핵심 요소란 점이다. 그것도 창의력을 가진 사람만이 진정한 스피드 경영과 지속성장을 가능하게 하는 경쟁력의 근본이다. 지금도 계속 연구되고 있는 리더십의 과제는 어떻게 경쟁력 있는 인적자원을 개발, 확보하고 또 그들의 잠재력을 마음껏 발휘하게 만들 것인가 하는 두 가지 측면이다. 스스로 '하고 싶어서 하는' 역량개발 노력과 창의력이 발휘되도록 하는 방법에 대한 것이다. 바로 '창조경영과 소명리더십 모델'이 지향하는 것과 같다.

*** 창의력 발휘의 지원환경을 조성하라.**

이 모델의 핵심은 조직 구성원들이 일상 업무를 통해서 스스로 직무의 의미와 가치를 창조해 내도록 하는 고차원적인 리더십, 즉 그들의 창의력이나 강점들을 마음껏 발휘되게 하는 지원환경을 조성함으로써 자율성의 효과를 경험케 하는 리더십이다. 인간은 누구나 자신만의 어떤 잠재적인 강점들을 가지고 있지만 대부분 3분의 1도 발휘 못한다고 한다. 더구나 조직의 제도나 리더가 구성원들을 자신들의 잠재적인 역량을 제대로 발휘해 보지도 못하고 뒷전으로 나가 앉아 있게 만든다면 다른 어떤 요소보다도 우선해서 심각하게 생각해 보아야 할 문제인 것이다. 이는 조직이나 개인 모두에게 큰 손실이 되기 때문이다. 이런 측면에서 보면 리더에게는 조직 구성원들의 창의력 개발보다 현재 가지고 있는 그들의 강점이나 창의력을 발휘할 수 있는 지원환경 조성이 더 우선적으로 고려되어야 할 요소라고 할 수 있다.

따라서 조직 내에 상호 신뢰관계를 깨뜨리고 개인의 자율과 창의성을 저해하는 장애요소를 제거하여 구성원들로 하여금 직무의미 창조의 경험을 하게 만드는 일이야말로 리더의 최우선적인 과제라 할 수 있다. 모두가 혼연일체가 되어 개개인의 창의력과 강점들이 마음껏 발휘되는 역동성 넘치는 조직이 되도록 하는 일이다. 구성원 모두가 변화와 창조경영의 주도자가 되게 만드는 리더십이다. '리더다운' 진정한 리더는 모든 구성원들로 하여금 매력 있는 일감을 통해 학습의 열정을 지속적으로 불러일으키고 또 이를 통해서 습득한 역량을 완전히 연소되게 하는 긍정적인 조직풍토를 만들 줄 안다.

1) '그저 그런' 경영방식에서 창의성 표출 경영방식으로

구성원 모두가 신명나게 일할 수 있는 긍정적인 조직분위기를 만들기 위해서는 먼저 경영방식의 변화가 필요하다. '그저 그런' 경영 방식에서 창의성 표출 경영방식으로의 탈바꿈이다. 이 두 가지 경영방식의 구체적인 모습을 중심으로 그 당위성을 생각해 보도록 하자. 전자는 계속해 오고 있는 제도와 규정의 틀, 기 책정된 예산의 틀, 전임자가 해 오던 전례의 틀에 준거準據한 경영이라고 할 수 있다. 리더가 재임기간 동안 말썽 없이 무난한 경영을 하겠다는 안주의식에서 나타나는 관행적인 행동들이다. 이는 종전에 남이 했던 것과 똑같이, 또는 위에서 시키는 대로만 하는 수동적인 경영방식이다. 그래서 구성원들이 3가지의 낡은 틀(old game rule)에서 벗어난 행동을 할 경우에는 그 내용을 불문하고 상응하는 책벌을 가하게 된다. 어떤 내용의 실수·실패도 결코 용납하지 않게 된다. 그러니 모두가 창의력의 발휘는커녕 리더가 보면 '하는 체' 하고, 보지 않으면 행동을 멈추거나 그 강도가 약해지는 현상이 반복될 수밖에 없다. 결국 조직 경쟁력 약화의 3가지 주범들인 안주의식, 부문 이기주의, 형식적 행동이 난무하는 극히 비非가치 창출적이고 부정적인 조직 풍토가 되어 버린다. 그러나 후자의 창의성 표출의 경영방식은 '그저 그런' 경영방식의 정반대이다. 전례와 같지 않는 새로운 방법을 적극적으로 고안하여 높은 부가가치를 창출해 내게 한다. 상사가 시키는 대로만 하지 않고 도전의욕을 갖고 자기 주도적으로 더 좋은 방안을 찾도록 하는 방식이다. 새로운 일에 도전하여 실패해도 또 다른 방법 탐구를 계속하게 된다. 한마디로 3가지 낡은 틀을 과감히 폭파시켜 역동적인 자율참여 조직을 만드는 것이라고 할 수 있다.

무엇보다 글로벌 창조경영의 시대에는 타 조직에서 성공한 제도나 시스템을 도입, 적용해 보는데 초점을 두고 단순히 남 따라 하는 '그저 그런' 경영방식으로는 경쟁력의 우위를 가질 수가 없다. 과거의 '그저 그런' 모방경영방식에서 조직 고유의 것을 만들어 내는 창의성 표출 경영방식으로 발 빠른 방향전환이 되어야 경쟁력 유지가 가능하다. 다양한 구성원들 개개인의 창의력이 마음껏 발휘되도록 해야만 생존할 수 있는 창조경영시대이기에 그렇다. 특히 수직적인 위계 지향적인 '그저 그런' 조직구조로는 스피드한 의사결정으로 한발 앞선 경쟁력을 유지하기가 어렵다. 그래서 가능한 관리의 포인트가 적은 조직구조를 만들어서 개인의 창의성이 자유롭게 표출될 수 있도록 하기 위해 노력한다.

한 사람도 조직의 뒷전에서 소외되지 않고 모두가 자신의 창의력을 마음껏 발휘할 수 있도록 하여 자율성의 효과를 경험토록 만드는 것, 이것이 스피드하게 움직이는 기업의 역동성과 또 지속성장을 가능하게 하는 근간이 된다. 일을 통한 학습의 열정으로 길러진 개개인의 창의력이 크게 분출될 수 있도록 신명나는 조직 지원환경을 만드는 문제는 과거, 현재, 미래를 관통하고 있는 불변의 리더십 원칙이다. 그러나 그것은 직무소명감을 갖고 자신의 독특한 창의력을 스스로 발휘하는 사람이어야만 실현시킬 수 있다. 왜냐하면 직무소명감이 갖게 될 때 나타나는 열정적, 탐구적, 헌신적 행동이라는 긍정성의 촉발을 통한 폭발력 때문이다.

2) 통제와 감독에서 자율과 참여로

그러나 구성원들의 다양한 아이디어나 의견이 조직의 정책이나 전략에 수렴되기보다는 조직 위계상 상위 지위나 직책을 가진 몇 사람의 의견에 의해 움직이는 경직된 조직관리 문화라면 이는 조직발전을 저해하는 요소다. 예를 들어 중간관리자나 신입사원들의 아이디어가 많이 표출되지 않고 있거나 실제로 좋은 제안이 되어도 정책에의 반영도가 낮다면 큰 문제로 봐야 한다. 특히 리더가 구성원들의 업무를 감독하고 통제해야만 한다는 사고방식과 행동스타일에서 벗어나지 못하고 있다면 더욱 심각하다. 통제와 감독 위주의 리더십이 구성원들로 하여금 소극적, 형식적 행동이 되게 하여 개인의 창의력을 이끌어 낼 수 없다는 것은 널리 입증된 사실이기 때문이다. 조직상황이나 개인특성에 따라 다를 수 있지만 특히 글로벌 창조경영의 시대에는 더욱 비효율적인 리더십이 될 수 있다. 따라서 '창조경영과 소명리더십 모델'을 구현하려면 리더가

구성원들의 의견을 소중히 여기며 심도 있는 검토나 피드백의 과정이
이루어지게 하는 조직 사회화 학습관행을 정착시킬 필요가 있다. 그래
서 구성원 자신들이 갖고 있는 지식, 스킬 등을 뛰어넘어 직무의미 창조
의 경험을 폭넓게, 그리고 자주 갖게 만듦으로써 직무소명감을 더욱 강
화하여 지속시켜야 한다.

그동안 조직행동 이론가들은 조직에서 개인의 다양한 잠재력을 발휘
하게 하려면 자율성이 주어져야 한다고 주장해 왔다. 직무순환, 직무확
대, 직무충실 등 조직에서 개인의 자율성을 어떻게 넓혀 무한한 창의력
을 발휘토록 할 것인가에 대한 연구였다. 사람들은 자기 행동에 대해서
스스로 통제할 수 있기를 원한다. 스스로 결정해서 수행하는 일이라면
아무리 어려운 일이라도 마다하지 않고 적극적이지만 남이 시켰거나 어
떤 외부의 억압적 요소 때문에 '하는 수 없이 하는 일'이라면 좀처럼 신
바람이 나지 않게 된다(Ryan & Deci, 앞의 논문). 예를 들면 불우이웃을
돕는 똑같은 일인데도 자신이 원해서 하는 자원봉사활동은 스스로 긍지
를 가지고 신바람이 나서 열정적으로 하다가도 어떤 사회사업 단체에
소속되어 일당 얼마의 돈을 받고 하는 일이라면 그렇게 신바람이 나지
않을 수가 있다. 비가 오거나 피곤한 날에는 '내가 얼마 되지 않는 그 돈
을 벌려고 나가야 하는가?'라는 생각이 들어 나가지 않게 되는 경우가
생길 수 있다. 이는 내재적 보상에 의해 행동하는 사람에게 어떤 외재적
보상이 가해짐으로써 오히려 작업동기가 떨어지는 경우가 생기는 심리
적 현상이라 할 수 있는 것이다. 바로 일에 대한 자율성 확대 여하에 따
라 달라지는 개인의 심리적 및 행동의 영향도이다.

이러한 논리에서 볼 때, 조직에서의 개인의 창의력 발휘는 자신의 마

음의 뿌리인 직무소명감을 바탕으로 일에 대한 의미를 스스로 발견하고
움직이게 되는 자기 주도적인 결정행동일 때 가능하다. 그런데 일에 대
한 의미는 개인의 새롭고 유용한 아이디어가 조직의 성공적인 가치실현
으로 이어질 때 그 발견이 가능하게 된다. 따라서 리더는 구성원 개인의
자기 주도적인 창의력 발휘행동이 조직의 창조적 직무수행행동으로 연
결되어 자율성의 효과를 경험하게 만들 필요가 있다. 이러한 개인의 창
의성과 조직의 창조성 두 요소는 개념상 약간의 차이가 있으나 리더십
측면에서는 결국 같아져야 하는 것이다. 최근의 일 연구가들은 사람들
이 일에 대한 태도를 어떻게 갖는가에 따라 일의 의미와 성과가 달라질
수 있다고 주장한다. 동일한 직무라고 하더라도 작업자들이 일에 대하
여 자신이 주체적 의지와 고안한 방식으로 일에 접근할 때 창조적 직무
수행의 원천이 되며 이런 사람들이 많은 조직은 다른 조직과 차별화된
성과를 기대할 수 있다는 것이다.

하버드 대학의 심리학 교수인 데이비드 맥클리랜드(David McClelland)
박사는 지식, 스킬과 같은 사람의 인지적 능력이 성과차이를 만드는 것
이 아니고 사회적 가치, 기질, 동기 등 내면적 특성이 성과의 차이를 만
든다는 것을 발견하고 이를 '역량' 이라고 하였다. 그는 행동의 차이를
만들어 내는 개인의 내재적인 특성에 대해 더 깊이 있는 연구를 시작하
여 개인차를 이해하는 '빙산 모델' 을 최초로 제시했다(박두진, 2011). 이
이론에 근거해서 보면 조직성과 차이를 만드는 개인의 창의력의 발휘는
비교적 빠르게 성장이 가능한 외현적 특성보다 마음 깊숙이 감추어져
있는 내면적 특성을 얼마나 강력하게 표출하느냐에 좌우된다고 할 수
있다. 외부적인 압력이나 외재적인 도구적 요소로 성과를 이끌어 내는

데에는 한계가 있다.

이상의 이론들을 기초로 리더십 측면에서 개인의 창의력 발휘와 조직 차원의 자율성 확대와의 관계성을 이렇게 정리해 볼 수 있다. 개인에게 자율성이 주어진다는 것을 달리 표현해 보면 그것은 내재적 요소인 창의력을 발휘할 기회가 많아진다는 의미가 되고, 그러한 기회가 존재한다는 것을 인식하게 될 때 맡은 직무를 새롭게 만들어 내려는 동기부여가 더욱 크게 일어날 수 있다는 의미이기도 하다. 따라서 구성원들로 하여금 자신의 직무를 새롭게 만들어 볼 수 있는 기회가 자신에게 주어져 있다는 것을 느끼게 만드는 노력들이 자율성의 경험을 통해 직무의미를 창조케 하는 가장 중요한 리더십 포인트가 되어야 한다.

하지만 개인의 자율성 확대를 통해 직무의미 창조의 기회에 대한 인식을 높이는 문제는 쉽지 않다. 그것은 조직에서 한 개인에게 주어진 일이란 많은 타인이나 부서 간의 역할과 연계되어 이루어지기 때문이다. 즉 조직에서 직무의 상호의존성과 개인의 자율성을 어느 정도로 갖게 하는 것이 가장 효과적인가 하는 쉽지 않은 문제가 있다는 뜻이다. 일반적으로 직무의 상호의존성과 자율성의 관계는 반비례적 성향을 가진다고 할 수 있다. 타인들과의 직무의존성이 많게 되면 그에 상응하는 많은 제약하에서 일을 하게 되므로 직무의미 창조의 자율성을 더 적게 가지게 될 것이고, 반대로 직무의 상호의존성이 적게 되면 창조적 직무수행 활동의 기회가 존재한다는 인식과 함께 직무의미 창조의 자율성을 더 많이 가질 수 있게 된다. 그러나 후자의 경우는 열정적, 탐구적, 헌신적인 행동속성을 가진 직무소명감이 일상생활에 체화되어 있지 않으면 이루어지기 어렵다. 이상의 내용들이 직무소명감에 기초한 개인의 자율성 확대와 창조적 직무수행의 기회에 대한 인식을 높여야 하는 당위성이며, 이를 위해 보다 실제적이고 다각적인 리더의 노력이 필요한 이유를 설명해 주고 있는 논거들이라 할 수 있다.

3) 단순한 권한위양에서 진정한 권한위임으로

그런데 이러한 조직상의 직무특성 외에 리더 개인적인 측면에서도 구성원들에게 직무수행에 대한 자율성을 부여한다는 것이 결코 쉬운 일이 아니다. 그것은 단순한 권한위양의 차원이 아니라 실제적으로 조직에 효과를 가져오게 하는 진정한 권한위임이 되어야 하기 때문이다. 진정한 권한위임이란 구성원들로 하여금 창조적 직무수행이 좀 더 활발하게 일어나도록 하기 위해서 직무수행 자율성의 폭, 즉 업무재량권을 넓혀 주는 것을 말한다. 쉽게 말해서 신바람 나게 열정적으로 일할 수 있도록 힘을 실어 주는 것(임파워링: Empowering)이라고 할 수 있다. 그런데 이러한 진정한 권한위임은 매우 어렵다. 그 이유를 크게 세 가지 측면에서 생각해 볼 수 있다. 첫째 리더가 구성원들의 역량향상을 위해 끊임없이 지원해 주어야 한다는 점이다. 진정한 권한위임이 되려면 단순히 권한위양 행위자체에만 거치는 것이 아니라 지속적인 지원노력이 뒤따라야 한다. 권한위임이 구성원들의 역량향상과 연결되지 않으면 큰 의미가 없을 것이기 때문이다. 진정한 권한위임은 역량이 있는 구성원을 대상으로 하기보다 성장잠재력이 있는 구성원을 발견하는 데 초점을 둔다. 그러나 누구에게, 언제, 어떤 업무를 맡기는 것이 조직성과에 더욱 효과적인 것인지를 판단하는 것은 쉽지 않다. 이는 진정한 권한위임 방법을 습득해서 평소 구성원들 개개인에 대해 관심을 갖고 지속적으로 관찰해야만 가능하다.

둘째, 진정한 권한위임에 대한 리더의 인식부족이다. 리더의 직무수행 방향은 조직 효과성 측면에서 항상 도전의식을 갖고 변화를 통한 더 나은 가치창조에 두어야 한다. 그러나 지금까지 해 오던 일을 그대로 답습하는 것이 가장 편하다는 안주의식을 가진 리더에게는 진정한 권한위임을 기대하기 어렵다. 그것은 리더가 임파워링을 하게 될 때 익숙치 못한 새로운 것을 찾아내어서 다시 공부해야 한다는 것과 그 성공여부에 대하여 갖게 되는 불안감 때문이다. 즉 그동안 쌓아 놓은 자신의 존재가치가 상실되고 자칫 조직의 무능한 존재로 전락할 수도 있다는 강한 학습불안이다. 이는 직무소명감이 체화되지 못한 리더에게 생기게 되는 심리현상일 수 있다.

셋째, 구성원들의 역량에 대한 리더의 부정적 자세이다. 구성원들의 무한한 잠재력을 믿지 못하고 가능한 모든 일을 리더 자신이 처리해야만 안심을 하는 태도다. 자신만이 일을 효율적으로 할 수 있다는 강한 믿음을 가지고 통제와 감독위주의 리더십 발휘를 선호한다. 그런데 이런 리더들은 혼자 너무 많은 일을 하려고 하기 때문에 항상 바쁘고 허둥대는 행동을 하기 쉽다. 결국 구성원들로 하여금 직무자율성에 의한 자신감과 효능감을 저해하고 조직 활력을 떨어뜨리게 된다.

이와 같이 진정한 권한위임이 결코 쉽지 않은 일이지만 반드시 이루어 내어야만 하는 이유는 그것이 가지는 긍정적인 효과성 때문이다. 진정한 임파워링이 개인이나 조직 활력에 미치는 영향은 실로 매우 크다. 구성원들로 하여금 맡은 직무수행을 위한 학습욕구와 창의력 발휘를 자율적으로 크게 일어나게 할 수 있다. 이러한 과정을 통해 그들은 자신의 일에 대한 가치와 의미 창조의 경험을 실제로 가질 수 있게 됨으로써 직무소명감이 더욱 강화될 수 있다. 그리고 리더와 구성원들 간에 진정한 상호 신뢰의 관계도 생길 수가 있다. 즉 그들의 무한한 잠재력(창의력 및 강점)을 믿고 더 가치 있는 일에 도전할 수 있는 기회를 줄 때 신뢰구축이라는 큰 소득을 얻을 수 있게 된다. 한편 리더는 점검, 감독, 조정 등에 필요한 일상적인 노력과 비용을 줄이고, 보다 가치 있는 본연의 일에 집중할 수 있다. 보이지 않는 낭비업무를 찾아 제거하고 과제다운 과제를 발굴하여 일의 우선순위를 정하는 가치창조 중심의 행동을 할 수 있다. 권한과 책임은 공유할 때 신뢰가 구축되며 구성원, 리더, 조직 모두를 승자가 될 수 있게 한다. 즉 성공적으로 마무리 된 업무에 참여했다는 데 자긍심을 느끼는 구성원들도, 그들의 직무수행에 적극적으로 도움과 지원을 해 준 리더도, 이를 통해 경쟁력이 향상된 조직도 모두 승자가 될 수 있다. 이상이 구성원들로 하여금 직무자율성의 효과를 실제 경험케 하기 위해서 리더의 행동이 단순한 권한위양에서 진정한 권한위임으로 바뀌어야만 하는 당위성이다.

4) 위계 지향적 조직에서 보다 유연한 조직으로

그러나 리더가 구성원들에게 직무자율성의 폭을 넓혀 주었다고 해서 그들의 창의력이 유감없이 발휘된다고 보장할 수는 없다. 그것은 조직구조가 개인의 직무자율성과 창의성에 미치는 영향 때문이다. 그런데 자율성에 기초한 가치 있는 직무의미 창조는 경직된 위계지향 조직이 아니라 구성원 개개인의 창의력이 마음껏 발휘되는 유연한 수평적 조직구조, 즉 창조경영 조직구조에서만 가능하다. 그 이유를 크게 2가지로 설명될 수 있다. 하나는 자율참여의식이 높은 조직이요, 또 하나는 계층 간, 집단 간에 벽이 없는 조직풍토라는 것이다. 그러나 따지고 보면 이 두 가지 특성은 맥을 같이한다. 갈등의 벽, 즉 불협화음의 소리가 나는 조직은 '하고 싶어서 하는' 전원 자율참여의 창조경영이 될 수 없을 것이기 때문이다. 따라서 구성원 개개인의 무한한 창의력을 마음껏 발휘되도록 하기 위해서는 진정한 임파워링의 노력과 함께 리더와 구성원 간에 강한 유대감을 갖게 하고 부문과 부서 간의 유기적인 협력체제가 유지되게 하는 특별한 노력이 필요하다.

먼저 조직의 수직적인 벽을 허무는 일이다. 리더와 구성원들 간에 끈끈한 신뢰관계로 연결되어 거리감이 전혀 없는 열린 조직이 되게 만드는 것을 말한다. 직위나 신분에 관계없이 개선의 아이디어가 모든 것을 결정하는 조직, 그리고 부문 간, 부서 간에 협조가 잘 되는 가치 창출 조직이다. 엄격한 조직 상하계층 구조의 공식적인 틀에 얽매여 구성원들의 가치 있는 아이디어들이 소멸된다면, 그들의 일에 대한 소명감과 열정이 꺾여 무한한 창의력이 발휘되지 못하고 사장되어 버린다면, 그 손실을 어떻게 보상할 것이며 그 책임이 전적으로 리더에게 있다면 이를 어떻게 설명할 것인가? 이것이 자율성에 의한 직무의미 창조의 경험을 확대하기 위해서 수직적인 조직의 벽을 없애야 하는 이유이다. 창조적 직무수행을 통해서 소명감을 체화시키기 위해서는 깊이 점검해 보아야 할 리더십 포인트라고 할 수 있다.

특히 위계 지향적 조직에서 발생하는 갈등과 반목은 리더가 창조경영 실현과 조직의 생존차원에서 방치해서는 안 되는 중대한 사안이다. 현재 한국 기업에는 대표적인 사회갈등 요인인 세대갈등이 큰 골칫거리로 떠오르고 있다. 산업화 세대부터 해외파 '기러기' 자녀까지 경험과 가치관이 판이하게 다른 세대들이 공존하면서 조직 내에선 크고 작은 갈등이 발생하고 있다. 아무리 사소한 세대갈등도 방치하면 조직의 경쟁력을 갉아먹는 위험요소로 발전할 수 있기 때문에 세대단절과 갈등의 해소는 기업의 중요한 과제다. 그것은 직무소명감에 기초한 창조경영 선순환 조직을 쉽게 왜곡, 분열, 파괴시켜 버릴 수도 있기 때문에 더욱 그렇다.

일반적으로 조직은 변화와 창조경영의 학습조직에 저항하면서 익숙하고 편안했던 과거의 방식으로 회귀하려는 부정적 관성을 갖고 있다고 한다. 여기에서 많은 조직 갈등이 생겨나서 변화 프로그램들을 실패로 돌아가게 만들고 조직을 파멸로까지 몰고 가기도 한다. 따라서 조직 갈등의 원천을 찾아서 제때에 해결하지 않으면 그동안 형성된 직무에 대한 소명감과 일에 대한 열정들이 쉽게 약화되어 버릴 수 있다. 그래서 조직 갈등 해결은 빠를수록 좋다. 오래 두면 둘수록 치유가 매우 어려워질 수 있기 때문이다. 반면에 조직 갈등이 생산적으로 해소되어 구성원들과의 신뢰가 더욱 튼튼히 구축되면 오히려 그것이 직무의미 창조행동으로 이어져서 소명감의 내재화內在化와 함께 큰 조직성과를 창출할 수 있다.

5) 직무수행능력 향상에서 소명감에 기초한 시장가치 제고로

한편 구성원들이 맡은 직무의 의미를 매일 새롭게 창조하는 경험을 실제적으로 가지도록 하기 위해서는 조직 차원의 지원환경 조성노력과 함께 그들의 진정한 역량을 키우기 위한 리더의 노력이 병행되어야 한다. 구성원들 한 사람 한 사람의 몸값을 더욱 높이는 실질적인 노력들이다. 이것이 되지 않고는 맡은 직무과제에 대해 다양한 각도에서 가치 있는 의미를 창출해 내기가 용이하지 않을 것이기 때문이다. 특히 구성원들 개개인의 가치가 기업의 시장가치와 고객의 가치를 증대시키는 원동력이 된다는 측면에서 더욱 그렇다. 문제는 구성원들의 가치가 경쟁사의 구성원들보다 높은 시장가치를 유지할 경우에만 이러한 구조가 성립될 수 있다는 데 있다. 그것도 세계적 수준의 시장가치가 유지되어야만 가능하다.

이러한 이유로 기업들은 구성원들의 시장가치를 키우기 위한 다양한 교육과 자율적인 학습방법들을 실시해 오고 있다. 하지만 노력한 만큼의 효과를 느끼지 못하고 있다면 한번 심각하게 고민해 봐야 할 것이다. 학습과 교육이 구성원 개개인의 역량향상과 정확히 맞물려 잘 되고 있는 것인가?, 그래서 학습의욕이 강한 소명감 있는 직무장인職務匠人으로 계속 성장을 거듭하고 있는가?, 학습을 왜 하고, 교육을 왜 받는 것인가?, 이들 물음에 대한 답이 명쾌하지 못하다면 형식적인 교육과 자율학습에 그치고 있을 가능성이 매우 높다. 그것은 리더들이 무한한 창의력을 가진 사람만이 진정한 경쟁력이란 사실을 망각하고 실천하지 않고 있기 때문이다.

구성원들에게 매력 있는 일감을 제공한 후에 해야 할 리더십 과제는 교육과 자율학습을 통한 역량향상이 되어야 하는 것으로 크게 두 가지로 볼 수 있다. 하나는 맡은 직무수행에 필요한 전문역량이요, 또 하나는 그 기반이 되는 긍정적 심리역량이다. 전자의 역량수준은 타 경쟁사 대비 시장가치로 판단이 가능하며, 후자는 직무수행에 대한 소명 지향적 태도의 정도에 따라 판단해 볼 수 있다. '창조경영과 소명리더십 모델'

에는 전자보다 후자의 경우를 더 중요하게 여긴다. 그 이유는 직무소명
감에서 나타나는 자신감, 긍정적 사고, 집념과 회복력, 등과 같은 긍정심
리 역량이야말로 개인 차원의 창의력을 뛰어넘는 창조경영의 근원이자
전문역량배양의 중요한 선행요소가 되기 때문이다. 즉 직무소명감에 기
초한 긍정심리역량이 없이는 시장가치가 높고 창의력이 있는 전문역량
을 갖기가 어려울 것이라고 쉽게 예측되기 때문이다. 여기에서 창의력
이 있는 전문역량이란 특정분야에 정통하면서도 그 외의 인접분야에
대해서도 폭넓은 지식과 통찰력이 있는 통섭형 혹은 T자형 역량이라고
할 수 있다. 진정한 통섭형 인재는 직무소명감의 체화를 필요로 한다. 왜
냐하면 직무소명감을 갖게 되면 어떤 새로운 분야에도 도전하여 폭넓게
경력을 쌓아 나가는 자기 주도적 학습자가 되기 때문이다(Hall &
Chandler, 앞의 논문, p.164). 최근 기업들은 통섭형 인재에 대한 갈망이
매우 높다. 기업들이 통섭형 인재를 요구하고 있어 대학도 기술과 경영
을 융합해 가르치는 등 서둘러 통섭형 인재를 길러 내기 위한 다양한 노
력을 하고 있다. 이런 맥락에서 볼 때 직무소명감을 가진 T자형 인재가
오늘날 창조경영시대가 요구하는 진정한 조직 경쟁력의 핵심요소라고
할 수 있다. 결론적으로 소명리더십을 통한 창조경영실현을 위해 '리더
다운' 진정한 리더가 해야 할 과제는 두 가지로 요약된다. 하나는 구성
원들을 글로벌 수준의 안목과 역량을 갖춘 전문가로 육성시켜 시장가치
를 계속 키우는 일이고, 또 하나는 그 근원인 직무소명감을 일상생활에
체화시키기 위해 실질적인 가치관함양 교육과 자율학습이 되도록 하는
일이라 할 수 있다. 무엇보다 자율학습을 통해 향상된 보유역량을 마음
껏 발휘되게 하여 자율성에 기초한 직무의미 창조를 자주 경험케 함으

로써 학습을 통한 재미가 일을 통한 보람으로 이어지게 하는 지원환경을 조성하는 것이 더욱 중요하다고 할 수 있다.

6) 회사중심 교육에서 현장중심 자율학습으로

이러한 역동적인 자율참여 학습조직은 현장의 일상 업무 자체가 학습이 되고 있는 조직 분위기를 지속적으로 유지한다. 그래서 회사 중심의 일괄적인 교육에서 현장중심의 자율학습이 되도록 노력한다. 현장에서 일을 통해 경험해 보는 만족감과 보람이 자연스럽게 학습으로 이어진다면 자율성에 의한 직무 의미 창조 경험이 최고조의 상태에서 유지되고 있다는 증거가 될 수 있기 때문이다. 현장중심의 자율참여 학습조직의 구체적인 모습은 대략 이렇다. 누군가가 시키지도 않았는데 어떤 일에서든지 모두가 자기 주도적이고 적극적이다. 항상 강한 문제의식을 가지고 보다 나은 개선점을 찾으려고 노력한다. 활발한 토론문화가 정착되어 있고 일 자체가 항상 즐겁고 재미있다. 리더와 구성원들이 서로가 배우고 가르치는 학습조직이다. 일을 통한 학습과 의미탐구의 열정이 갈수록 활성화되고 있다. 상호 지식과 경험들이 공유되고 축적되는 속도가 빠르며 이를 체계화하고 활용함으로써 또 다른 새로운 아이디어를 창출해 낸다. 서로의 강점과 잠재력을 인정하고 존중함으로써 개인의 창의성 차원을 넘어 집단차원의 창조적 에너지가 폭발적으로 확대된다. 그야말로 자율학습과 창조경영의 선순환 구조인 긍정적 조직 변화로 옮겨 가고 있는 양상을 띠게 된다.

이러한 이유로 구성원들 각자가 가치 있는 지식과 정보가 상호교환되면서 새로운 가치 창출로 이어지는 현장 자율학습 조직을 만드는 일은 매우 중요하다. 구체적으로 말해 구성원들이 공부하지 않으면 퇴보할 수밖에 없는 조직풍토가 자연스럽게 조성되도록 하고, 조직의 어떤 제도나 규범에 구속되지 않고 일을 통한 의미탐구의 학습열정이 일어나게 만드는 것이라 할 수 있다. 학습의욕을 고취시켜 자신의 능력향상과 가치 있는 직무활동으로 유도할 수 있는 획기적인 방안들이 강구되어야 한다. 어떤 교육프로그램을 짜서 획일적, 계획적으로 실시하는 회사주도의 교육방법이라면 일대혁신이 필요하다. 그것은 스스로 '하고 싶어서 하는' 학습이 아니기 때문에 들어가는 비용만큼이나 효과가 없기 때문이다. 따라서 회사주도의 교육도 건수 올리는 형식적 교육이 아니라 자율 참여에 의한 '받고 싶어 하는' 교육생주도의 진정한 교육이 되어야 할 것이다. 그러나 어디까지나 현장주도의 자율학습이 '창조경영과 소명리더십 모델' 구현에 적합한 방법이다. 현장 자율학습은 직무소명감을 일상생활 가운데 자연스럽게 체화되게 하여 창조경영구현의 속력을 높일 수 있는 동력으로 작용될 수 있는 가장 효과적인 방법이기 때문이다.

※ 소명리더십 자기평가(7)

* 자율참여 학습조직이 되도록 하기 위한 리더의 태도와 행동 변화 내용들을 평소에
  적극적으로 실천함으로써 구성원들로 하여금 자율성에 의한 직무의미 창조의 경
  험을 유도하고 있는지 다음 척도를 사용하여 점검해 보자.

* 각 문항의 내용을 읽은 후에 리더 자신의 행동이 다음 5가지 중 어느 위치에 해
  당하는지를 골라서 그 숫자를 ( )에 적고 합산해 보자.

  5—매우 그렇다. 4—다소 그렇다. 3—보통이다.
  2—다소 그렇지 않다. 1—매우 그렇지 않다.

1. 나는 구성원들로 하여금 직무수행 자율성의 폭을 점차 넓혀 주어
   그들의 무한한 잠재력을 발휘케 하고, 나 자신은 또 다른 의미 있는 직
   무가치 창조의 영역을 개발해 나가고 있다. (   )

2. 나는 3가지의 낡은 틀(설정된 제도와 규정의 틀, 책정된 예산의 틀, 늘
   상 해 오던 전례의 틀)을 과감히 폭파시켜 모두가 자신의 잠재력을 마음
   껏 발휘하게 하는 창의성 표출 경영방식으로 방향전환을 하였다. (   )

3. 나는 구성원들의 업무를 감독하고 통제해야만 한다는 사고방식과
   행동스타일에서 벗어나 구성원 각 개인의 의견을 소중히 여기며
   심도 있는 검토와 피드백의 과정이 이루어지는 세심한 조직 사회화
   학습을 유도하고 있다. (   )

4. 나는 평소에 조직 구성원들 개개인의 특성들에 대한 지대한 관심과
   지속적인 관찰을 통해서 임파워링 업무를 효과적으로 수행할 적합한
   구성원을 찾기 위해 노력한다. (   )

5. 나는 구성원들 상호 간에 긍정적인 의사소통에 의해 상호경험 학습이
   일어나게 유도하며 임파워링 업무에 대해 확인, 점검하거나 또
   업무추진을 속박하는 장벽들을 제거해 주기 위해서 노력한다. (   )

6. 나는 수직적인 위계지향조직의 벽을 허물고 직위, 신분에 관계없이 창의성이 조직의 모든 것을 결정하는 가치 창출 중심의 조직이 되도록 하며, 상하 및 부서 간에 끈끈한 신뢰와 협력관계로 연결되어 있는 열린 조직이 되도록 노력하고 있다. (　)

7. 나는 구성원 한 사람 한 사람을 글로벌 수준의 안목과 역량을 갖춘 전문가로 육성시켜 그들의 시장가치를 크게 높여 나감과 동시에 강한 직무소명감을 일상생활에 체화시키기 위한 실질적인 교육과 자율학습이 되도록 노력한다. (　)

8. 나는 회사중심의 교육도 형식적이 아니라 '받고 싶어 하는' 교육생 주도의 자율참여식 교육운영이 되도록 하며, 개인의 지식과 경험들이 공유 및 활용되는 속도가 빠른 현장중심의 자율학습조직이 되도록 함으로써 일을 통한 의미탐구의 학습열정이 일어나도록 유도하고 있다. (　)

✔ <u>자기평가 시 참고해야 할 리더십 기법</u>
　부록 23. 효과적인 임파워링 방법
　부록 24. 협조형태의 갈등해소 방법
　부록 25 현장 자율학습 생활화 방법

* 점검결과에 대한 해석

40	32	24	16	8
(높은 자율참여 경영)			(낮은 자율참여 경영)	

─ 점수가 높을수록 모든 구성원들의 다양한 창의력과 강점들이 마음껏 표출되는 자율참여의 학습조직이 조성되고 있음을 나타낸다. 점수가 상대적으로 더 낮은 항목에 대해서는 그 원인을 파악한 뒤 집중적인 노력을 기울여야 할 것이다.

2. 더 나은 가치를 창출케 하는 리더의 태도와 행동 변화
(유능감有能感을 경험케 한다)

*** 사람을 통한 가치창조의 시대다.**

지금은 조직 구성원 개개인의 창의력이 크게 분출되게 하여 성공적인 조직의 가치실현으로 이어지게 해야 하는 글로벌 창조경영시대이다. 그래서 지금까지의 사람을 통한 생산성 중심의 이윤추구보다 사람을 통한 창조성 중심의 가치추구 경영이 더욱 필요하게 되었다. 이러한 이유로 지난 수년 전부터 조직관리 분야에서는 직무창조성을 높일 수 있는 근원을 찾으려는 연구노력들이 광범위하게 이루어져 오고 있다. 즉 구성원들의 역량을 글로벌 수준으로 향상시키고 또 자율성을 부여하여 그들의 신장된 역량을 마음껏 발휘되게 하는 여러 가지 지원환경들이 강구되어 왔던 것이다. '창조경영과 소명리더십 모델'은 이러한 노력들과 함께 구성원들의 역량을 어느 곳에 쏟아부어 어떻게 의미 있는 가치를 창출토록 할 것인가에 초점을 두고 있다. 바로 매일 가치 있는 직무 의미 창조 경험을 통해 직무수행 역량을 점차 높여 나가는 것을 말한다. 변화를 통한 더 나은 가치 창출은 기업생존차원의 절실한 문제로 매우 가깝게 다가와 버렸기 때문이다.

*** 익숙한 틀에서 더 나은 변화로**

그래서 창조경영 시대의 기업조직의 경쟁력은 구성원들이 얼마나 직무소명감을 갖고 헌신적으로 자신의 맡은 직무에 몰입하고 창조적으로 수행하여 더 나은 가치를 창출해 내는가에 달려 있다. 한마디로 그들의 직무의미 창조활동의 정도에 좌우된다고 할 수 있다. 그런데 가치 있는 직무의미 창조는 먼저 보이지 않게 발생하는 비용의 틈새를 찾아 메우는 데서부터 출발이 되어야 한다. 왜냐하면 자신도 모르게 계속 보이지 않게 발생되고 있는 비용들을 제거하지 않고는 가치 있는 직무의미의 창조적 행동이란 큰 의미가 없을 것이기 때문이다. 직무의미 창조는 보이지 않는 비용제거 행동과 연계되어 동일선상에서 일어나는 일련의 긍정적 행동과정일 수 있기 때문에 더욱 그렇다.

오랜 제도에 얽매여 계속해 오고 있는 불필요한 근거행정 위주의 의미 없는 일들, 기계와 시스템이 해야 할 일들을 계속해서 사람이 하고 있는 일들, 개선기회를 놓쳐서 발생하는 기회비용 등이 좋은 예라고 할 수 있다. 기업 성장잠재력을 손상시키는 주범들로서 이미 설명한 '보이지 않는 업무 죄'의 영역에 속하는 것들이다. 기업의 성장잠재력을 손상시키는 보이지 않는 비용들이다. 이를 발견하고 제거하려는 노력은 직무소명감에 기초한 더 나은 변화와 가치를 창출해 내고자 하는 강한 정신자세에서 나올 수 있다. 하지만 더 나은 변화와 가치 창출은 오랫동안 익숙해져 있는 제도나 시스템에서 벗어나 전혀 새로운 쪽으로 이동해야 하기 때문에 항상 상당한 불편함을 감수해야 하는 어려움이 있다. 그래서 대부분 조직의 비전실현을 위해 더 나은 변화와 가치 창출을 꺼리고 현재 상태에 안주하려는 의식이 강하다.

1) 단기적 외형성장 위주에서 장기성장 잠재력 확충으로

보이지 않는 비용발생의 틈새를 막고 더 나은 변화와 가치 창출로 지속성장이 가능한 장기성장잠재력의 기초를 닦는 일은 리더의 사고와 의식을 바꾸어야 하는 문제이기 때문에 결코 쉽지 않다. 어려운 이유 중의 하나가 안주의식에서의 탈피다. 단기 외형성장으로 자신의 자리보전에 초점을 두고 있는 안주의식에서 조직의 장기적인 발전을 위한 미래지향성의 사고와 시각으로 바꾸어야 하는 어려움이다. 그것은 직무소명감을 일상생활에 체화시키기 위한 끊임없는 노력을 필요로 한다. 또 하나는 기업 내외 이해관계자들의 자기 이익중심적인 상반된 요구를 기업의 장기성장 잠재력 확충차원에서 조화롭게 충족시켜야 하는 윈-윈 경영의 실현이란 현실적으로 용이하지 않을 것이란 점 때문이다. 그러나 기업의 장기성장 잠재력의 기틀을 구축하거나 확충하는 일은 리더 자신의 역량으로 반드시 풀어가야 할 필연적인 과제다.

기업의 성장잠재력은 일반적으로 외형적인 양의 개념보다는 내면적인 경영품질 향상의 차원에서 판단된다. 그리고 그 효과가 장기에 걸쳐 나타나게 되는 속성을 갖는다. 그래서 직무소명감이 없거나 약한 기업 경영자들은 장기 성장잠재력을 확충하는 경영방법보다 단기 업적 중심의 한탕주의 경영을 하기가 쉽다. 그 결과 수십 년은커녕 몇 년도 못 가서 소멸되는 기업들이 많다. 이러한 경영은 그동안 어렵게 형성된 구성원들의 직무소명감과 이에 기초한 창조적 직무수행 행동을 일시에 소멸시키는 결정적 요소로 작용될 수 있다. 그래서 리더가 어떤 부분에, 어떻게 성장잠재력을 구축해 나갈 것인가 하는 점은 '창조경영과 소명리더십 모델'의 구현에 매우 중요한 요소가 된다.

창조경영시대를 맞은 오늘날의 글로벌 기업들은 일정기간 존속에 그치는 일회성 기업으로 끝나지 않고 튼튼한 성장잠재력과 구성원들의 깊은 신뢰를 기초로 지속적으로 성장, 존속하기 위해 다각적인 노력을 기울인다. 기술 연구개발과 교육투자의 지속적인 확대, 장기적 통찰력에 의한 적기 적정규모의 투자, 효율적인 경영관리를 통한 견실한 재무구조유지 등의 전략들이 이에 해당한다. 이는 리더가 단기 업적 과시를 통한 자기 자신의 성공보다 회사의 장기성장 잠재력확충에, 자신보다 후임자가 훨씬 더 큰 성과를 낼 수 있는 기반을 만드는 데 초점을 둔 경영이어야 함을 뜻한다. 이런 측면에서 대부분의 글로벌 기업들은 기업의 백년대계 성장의 기틀을 이루게 될 기술연구나 인력개발투자는 아무리 어려워도 장기적인 안목으로 유지하거나 확대해 나가고 있다. 창의력 있는 인력과 기술은 회사의 지적자산으로서 지속성장을 가능케 하는 경쟁력의 원천이자, 동시에 '창조경영과 소명리더십 모델' 구현에 중요한 요소가 되기 때문이다.

그리고 이러한 리더의 장기성장잠재력 확충이 어려운 일이긴 하지만 구성원들의 직무소명감에 미치는 영향이 크다. 비록 회사 성장잠재력 확충의 효과성이 비교적 장기간이 지난 후에야 나타나게 되지만, 이를 구성원들이 실제로 확인하게 될 경우에는 직무소명감과 이에 기초한 창조적 직무수행에 크게 영향을 미칠 수 있다. 즉 회사의 장기성장 잠재력 확충을 위한 자신의 더 나은 가치 창출 행동(의미 창조 행동)에 대해 더욱 큰 직무수행의 유능감과 심리적 성공감을 갖게 되고 이는 다시 더 나은 변화와 가치 창출을 위한 행동으로 나아가도록 만들게 된다. 따라서 리더는 구성원들로 하여금 조직의 장기성장 잠재력확충의 효과성을 통해 직무수행의 유능감有能感을 자주 경험하게 만들어야 한다. 기업의 장기성장 잠재력보다는 단기성과가 강조되고, 과정보다는 결과가 더욱 강조되고 있는 오늘날의 조직상황에서 '창조경영과 소명리더십 모델' 구현을 위해 우선적으로 고려해야 할 리더십 포인트이다. 기업의 더 나은 가치 창출은 튼튼한 장기성장의 기틀에서 나올 수 있다.

2) '그저 그런' 성과에서 '그 이상'의 의미 있는 가치 창출로

이러한 기업의 장기 성장잠재력 확충은 근본적으로 직무소명감이 있는 구성원들의 창조적 행동에서 비롯된다. 그것도 '그 이상'의 의미 있는 가치 창출이다. 구성원 개개인의 '그 이상'의 가치 창출은 조직의 '더 나은' 가치 창출의 근간이 됨은 말할 필요가 없다. 지난해보다 금년의 과업이, 어제보다 오늘의 일이 더 나은 변화와 가치 창출이어야 하고, 경쟁사보다 더 나은 기록들이 매번 쏟아져 나오게 하는 것을 말한다. 지금까지 늘상 해 오던 '그저 그렇고 그런' 직무태도와 조직성과로는 기업 생존이 어렵기 때문이다. 그래서 조직 구성원들의 일상생활에 직무소명감이 체화되어 직무의미 창조경험이 자연스럽게 활발하게 일어나고 있는 조직은 대내외적인 신기록물들이 많고 '그 이상'의 가치 창출을 위해 스스로 관리하는 조직 풍토가 조성되어 있다. 구성원들은 의미 있는 신기록 창출에 도전하고 성취하는 데 보다 큰 만족감을 느끼며 이를 통한 직무소명감과 창조적 행동은 더욱 강화되는 선순환구조를 이룬다. 이는 어떤 업종이나 어떤 직무에서든 존재해야 하는 개인 및 조직의 생존과 성장 프로세스이다.

그러면 이러한 '그 이상'의 의미 있는 가치 창출의 학습조직 구조를 어떻게 만들 수 있는 것일까? 우리는 직무소명감과 창조적 혹은 장인적 직무수행(job crafting)의 개념을 중심으로 그 방향을 찾아낼 수 있다. 직무 소명지향적 태도는 자신의 에고를 뛰어넘어 '지금 내가 하는 일은 의미가 있는 일이다' 라고 스스로 지각하는 것이고, 창조적 직무수행 행동은 어떤 의미 있는 일을 자기 주도적으로 매번 새롭게 만들어 내는 것을 말한다. 이러한 개념으로 볼 때 두 변수는 직무의미를 스스로 인식하고 일 자체의 성취를 위해 행동한다는 내적 지향적인 작업동기 측면에서 밀접한 관계성을 가진다. 실제로 긍정조직행동 연구자인 래즈네스키와 듀톤은 일에 대한 개인적인 태도(직업수단적, 경력추구적, 소명지향적)가 창조적 직무수행 행동의 형태(인지적, 관계적, 과제적 경계영역 변경)들을 결정하는 조절변수의 역할을 한다는 것을 밝힌 바 있다(Wrzesniewski & Dutton, 앞의 논문, pp.184~185).

이러한 사실들을 중심으로 볼 때 일에 대한 의미를 좀 더 큰 차원에서 인식하는 직무소명감을 갖게 되면, 어떤 종류, 어떤 형태의 일에서나 조직이 공식적으로 부여한 직무한계를 벗어나서 지금까지와는 다른 '그 이상'의 의미 있는 일을 스스로 만들어 내고 이를 통해 유능감을 경험할 가능성이 높을 것으로 예측할 수 있다. 반대로 리더가 구성원들로 하여금 매일 자신의 맡은 직무의 의미를 새롭게 만들어 나가는 노력을 지속적으로 갖도록 할 때 직무소명감은 더욱 강화될 수 있다는 논리성립의 가능성도 예상할 수 있다. 이러한 측면에서 맡은 직무의 새로운 가치창조 경험은 개인의 유능감을 높이고 직무소명감을 체화시켜 창조경영을 구현케 하는 중요한 요소가 될 수 있다.

그런데 직무의 의미와 목적을 스스로 찾아서 인식하고 가치 있는 의미를 창조한다는 것이 생각보다 쉽지 않다. 왜냐하면 자신의 마음의 뿌리가 움직여서 직무소명감과 조직 동일시의식이 내재화되어 있어야 가능할 것이기 때문이다. 따라서 리더는 먼저 구성원들로 하여금 조직에 가장 중요하고 시급하게 추진해야 할 가치 있는 일이 무엇인지, 그리고 그 결과가 어떤 큰 의미를 지닌 가치 있는 창출물인지를 판단할 수 있는 인식능력을 갖도록 하는 것이 중요하다(부록: 5 '직무의 긍정적 의미발견 프로세스' 참조). 직무의 가치와 의미를 인식한다는 것은 일의 우선순위를 안다는 것으로 낭비요소제거와 기회손실예방 등을 통해 조직에 보이지 않게 실질적인 도움을 주어 장기 성장잠재력을 확충하는 첫걸음이 될 수 있다. 뿐만 아니라 구성원들의 전체성의식을 높여 상호 경험했던 창의력과 강점들이 공유 및 확장되는 효과로 이어질 수 있게 된다. 개인의 의미 인식과 가치 창출 경험은 한 부분적 수준에 그치는 것이 아니라 조직 전체의 효과성 수준으로 확대될 수 있다. 그러나 대부분의 조직에서는 관행적으로 늘 해 오고 있는 불필요한 일들이 많으며 이러한 일들을 제거하기 위해서 엄청난 시간과 비용을 들여서 특별한 변화와 혁신의 노력을 기울이게 되는 경우가 많다. 그렇게 하여도 혁신 및 창조경영이 조직문화로 정착되기가 쉽지 않다. 그것은 직무소명감과 조직 동일시의식을 바탕으로 가치 있는 일을 스스로 창조케 하고 그 의미를 인식케 하는 리더의 태도와 행동 변화, 그리고 각 구성원 개인의 다양한 창의력과 강점들을 조직의 장기 성장잠재력 확충으로 이어지게 하는 리더의 태도와 행동 변화, 이 두 가지가 동시에 뒤따라 일어나지 않기 때문이다.

무엇보다 의미 있는 일을 경험코자 하는 학습의 열정이 조직 문화로 정착되도록 하는 것이 리더에게 주어진 또 하나의 중요한 역할로서 그 효과적인 방법을 다각도로 강구할 필요가 있다. 그리고 '그 이상'의 더 나은 의미 있는 일은 직무소명감에서 비롯되는 강한 목표의식과 집념을 통해서 창조될 수 있다. 지난번보다 높고 경쟁회사들보다 우위인 목표를 계속 설정해서 추진할 때 보통 이상의 특출한 명품이 나올 수 있으며, 또한 이러한 직무의미 창조과정을 통해 조직의 경쟁력과 구성원 개인의 직무소명감은 더욱 강화되는 선순환과정이 구축될 수 있다. 이것이 더 나은 가치를 창출하는 창조경영 지향의 학습조직모습이다. 여기에 대해서는 '창조경영 선순환에 계속 머물게 하는 리더의 태도와 행동 변화' 부분에서 좀 더 자세히 살펴볼 것이다.

3) 물질적 보상의 관점에서 일 자체의 성취감으로

직무소명감을 갖고 창조적인 직무수행을 하는 구성원들은 자신의 직무에 좀 더 열중하게 되고 실현된 성과에 대한 만족감도 크게 느낄 가능성이 높다. 회사의 장기성장 잠재력확충과 경쟁력 향상의 모습을 스스로 구체적으로 찾아내어 그 실현을 위한 기여행동이 보다 강하며, 또 창조적 직무수행을 통한 유능감도 경험하게 될 가능성이 높다. 이러한 태도가 나타나게 되는 이유는 자신이 맡은 직무의 가치와 삶의 목적과 의미를 자신의 에고를 뛰어넘어 보다 높은 조직 번영과 타인의 행복에 두고서 일을 사랑하며 일 자체의 성취감으로 일을 하기 때문이다.

이러한 직무수행을 통한 성취감과 만족감의 경험이 일어나게 되는 이유에 대해서는 일 연구학자들의 이론에 의하면 크게 두 가지 측면에서 생각해 볼 수 있다. 첫째는 일반적으로 일에 대한 몰입경험이 많아질수록 행복도가 높아진다는 관점이다. 그런데 일에 대한 강한 몰입은 일의 의미를 발견하는 데에서 크게 유발될 수 있다. 왜냐하면 의미가 없는 일에 몰입을 통한 진정한 행복감은 일어날 수 없을 것이기 때문이다. 따라서 직무수행에 있어서 의미의 소중함을 발견하고 몰입의 즐거움을 경험하는 것은 직무의 성취감과 직업의 만족감을 주는 행복의 주요한 요소가 된다.

둘째는 직무수행 그 자체로 즐거움과 의미를 느낄 수 있을 뿐만 아니라 긍정적 성취와 업적을 남김으로써 만족감을 경험하게 된다는 측면이다. 일에 대한 소명감을 갖고 창조적 직무수행을 하는 사람은 자신이 몸담고 있는 직장이나 직무자체를 인생의 주요한 장으로 생각하고 있다. 그들은 크고 작은 성취에 관계없이 혼신의 노력을 다하게 되고 나타난 결과에 대해서는 위대한 업적으로 평가되어 존경받기를 원한다. 따라서 가치창조 활동노력을 통해 비범한 업적을 창출하여 조직사회 발전에 공헌함으로써 큰 행복을 가질 수 있게 된다.

이와 같이 조직 속에서 삶의 목적과 의미를 일 자체의 성취감과 만족감에 두고 살아 온 사람들을 많이 발견할 수 있다. 제철보국의 소명감으로 일관제철소 건설 사업에 일생을 바쳐 온 포스코 창업요원들의 삶이 좋은 예가 될 수 있을 것이다. 2011년 그들과의 인터뷰에서 직무소명감이 일자체의 성취감과 만족감의 강력한 선행요소가 된다는 사실을 확인할 수 있었다(김창호, 2013, 앞의 책, p.268). 그들은 1960년대 말 당시 모두가 불가능하다고 판정 내린 일관제철소 건설 사업에 뛰어든 것은 결코 높은 지위나 명예를 탐내거나 많은 보수와 물질적인 부를 바래서가 아니었다고 한다. 오로지 낙후된 국가경제를 일으켜야 한다는 소명감으로 일관제철소 건설 사업에 출사표를 던졌다고 말한다. 이후 조금의 흔들림도 없이 수많은 어려움을 이겨내고 혼신의 노력으로 오늘날 '포스코' 라는 세계적인 걸작품을 창조해 낸 것이다. 그들은 지금도 세계로부터 철강신화 창조라는 평가와 존경을 받을 만한 업적을 남겼다고 스스로 자랑스럽게 생각하고 있다. 비록 자신들의 노력의 대가에 대한 물질적인 보상은 적었지만 과거 몸담고 있었던 포스코에서 회사와 국가발전을 위해 의미 있는 일을 했다는 자체에 매우 만족하고 있으며, 자신들의 힘으로 이룩한 성취에 대해 크게 행복해하고 있다.

이와 같이 직무소명감의 체화體化가 개인의 태도나 행동에만 그치지 않고 조직의 성공으로까지 이어진다는 것은 이론적으로나 경험적으로도 명확히 확인된 사실이다. 직무소명감이 체화된 구성원은 항상 도전적인 목표와 가치를 추구하고 일을 통한 학습과 의미탐구의 열정이 식지 않으며 자신의 잠재역량을 끊임없이 넓혀서 발휘코자 노력한다. 그것은 어떤 외재적 동기부여 요소보다 강력한 작업 동기라고 할 수 있다. 이상의 내용들이 리더가 물질적인 보상의 관점에서만 바라본 지금까지의 동기부여방법을 직무소명감의 효과요소인 일 자체의 성취감으로 일대 전환이 되어야 하는 당위성이다.

4) 실수나 실패에 대한 체벌중심에서 소중한 학습의 자원으로

일 자체의 성취감을 위해 일을 한다는 자세를 달리 표현하면 '그저 일 자체'를 위해서 일을 훌륭하게 완수해 내려는 욕망으로 일하는 장인정신이라고 말할 수 있다. 어떤 외재적 요소에 이끌려서 일을 하는 수동적인 행동이 아니라 진심으로 '하고 싶어서 하는' 일을 통한 학습과 창조적 행동이다. 이러한 창조경영 학습조직 문화가 정착되면 그렇지 않은 통상적인 조직과는 완전히 다른 모습을 갖는다. 구성원들은 더 나은 가치 창출을 위해서 조직에서 일어나는 모든 일들을 배워야 하는 대상으로 여기게 된다. 그러니 자연히 창조적 직무수행을 통한 유능감을 경험하게 될 가능성이 높을 수밖에 없다. 특히 과거의 크고 작은 실수나 실패들에 대한 의미를 찾아서 이를 잊지 않고 교훈으로 삼아 다시 반복되지 않게 하거나 더 큰 가치 창출의 소중한 학습 자료로 활용한다. 이것은 회사 성장잠재력 확충과 개인의 일에 대한 유능감이나 효능감을 약해지지 않고 견고하게 하는 데 매우 중요한 리더십의 포인트가 될 수 있다.

실수나 실패사례를 폐기하지 않고 소중한 자산으로 관리하는 창조적인 학습조직 문화는 '그저 그런' 통상적인 조직과는 명확히 다르다. 과거에 경험했던 중대한 투자사업 실패, 대형 설비사고, 화재사고 등은 조직 차원에서 모든 구성원들이 수시로 참고할 수 있도록 정리하고 자료화하는 체계가 잘 정립되어 있으며, 교육 전담부서의 각종 교육과정도 이러한 사례중심의 커리큘럼으로 자주 개선되어 효과 높은 교육이 되고 있다. 그리고 각종 회의에서나 보고에서도 실수·실패에 대한 체벌보다 의미를 찾아내는 중심으로 논의되고 있으며 기회가 있을 때마다 그 속에 숨겨져 있는 근원적인 문제들을 알려서 공유토록 한다. 성공한 장점들을 찾아 공유, 확산하는 긍정적인 조직문화 조성노력과 함께 병행해서 중요한 리더십 포인트로 관리되고 있다.

그러나 일반적으로 실수나 실패를 용납하지 않는 체벌위주의 부정적인 조직문화에서는 직무소명감에 기초한 창조적 직무수행을 일으켜 지속시키기가 어렵다. 실수나 실패에 대한 체벌 위주의 조치는 구성원들의 마음과 행동을 가치창조적인 방향으로 유도하는 발전적인 방법이 될 수가 없기 때문이다. 그 방법은 도전의욕을 꺾고 전례대로만 하는 무사안일과 보신주의 조직병폐가 만연될 가능성을 높이며 갈수록 나쁜 관습이나 관행의 틀을 개선시키기란 정말로 어렵게 된다. 이것이 실수나 실패에 대한 체벌중심에서 미래의 가치 창출을 일으키는 소중한 학습자원으로 발상의 전환이 필요한 이유이다. 따라서 실수나 실패에 숨겨져 있는 문제들을 적나라하게 드러내어 모두가 알게 하고 추후 다시 반복되지 않게 만드는 조치가 빠르고 체계적이어야 한다. 리더는 실수나 실패를 인정하고 도전의욕을 고취시키는 과감한 발상의 전환과 함께 해당 사례를 통해 배우는 학습풍토를 조성할 필요가 있다. 부끄러워하거나 감추지 않고 당당하게 터놓고 얘기할 수 있는 긍정적인 조직분위기를 만들어 내는 일이 중요한 과제다.

조직의 모든 의사결정에는 리스크가 항상 존재한다. 그래서 리더에게 관심되는 과제는 얼마나 리스크를 최소화시킬 것이냐는 점과 또 하나는 실수나 실패의 원인으로부터 숨겨진 의미를 찾아내는 일일 것이다. '그저 그런' 통상적인 리더들은 후자의 과제를 그렇게 중요하게 생각지 않는 경향이 있다. 크게 잘못된 사고다. 구성원들의 직무수행결과가 항상 성공적이어서 만족감을 주는 것은 아니고 실수나 실패가 있기 마련이다. 그래서 리더가 피드백하기 어려운 상황에 봉착하는 경우가 많이 생긴다. 그러나 실수나 실패는 개인의 창의력 발휘를 위해 당연히 있을 수 있다는 인식하에 어떤 성격의 실수나 실패인지를 확인하고 그에 상응하는 조치를 취하는 리더의 행동은 창조경영의 학습조직문화 정착에 매우 중요하다. 실수나 실패의 내용에 따라 리더의 대응행동이 달라야 한다. 즉 도전적인 목표나 과제를 스스로 설정하여 힘껏 노력을 하였으나 다소 미달한 경우는 직무 유능감이나 효능감을 경험한 상태로서 권장해야 할 좋은 실수나 실패로 볼 수 있다. 그러나 낮은 목표와 쉬운 과제를 설정하여 소극적인 자세로 일을 수행한 결과라면, 그리고 그러한 나쁜 실수나 실패가 반복되는 경우라면 직무수행을 통한 유능감의 경험이 전혀 일어나지 않은 상태이기 때문에 미래지향적인 방향으로 시급히 조치해야 할 사안이 되어야 한다(부록: 10, '용서행위 활성화법' 참조). 이를 숨겨 두게 되면 은밀하게 조직 경쟁력을 약화시켜 언젠가 조직에 치명적인 손실을 끼칠 수 있기 때문이다.

직무소명감이 바탕이 된 창조경영의 학습조직은 기존 체벌위주의 관습이나 관행의 틀에 얽매이지 않고 실수나 실패에 숨어 있는 모든 문제를 즉각 드러내어 구성원 모두가 알게 한다. 그리고 이를 학습자원화 함으로써 미래에 반복될 가능성이 있는 손실을 미리 방지하고 더 큰 가치 창출로 유도한다. 실수나 실패를 부끄러워하거나 문제를 감추지 않고 당당히 터놓고 얘기할 수 있는 긍정적 조직분위기, 이것이 직무소명감이 일상생활 속에 체화된 창조경영 학습조직문화의 모습을 보여 주는 것이라 할 수 있다. 그러나 이는 실수나 실패를 미래의 소중한 자산으로 보는 리더의 인식전환, 일을 통한 의미탐구와 학습조직문화 조성을 위한 보다 적극적인 리더의 행동 변화가 뒷받침될 때 이루어질 수 있다.

5) 성공사례의 포상위주에서 발굴 및 공유 확산문화로

직무소명감이 일상생활 속에 체화된 의미탐구 학습조직의 또 하나의 특징적인 모습은 타 조직이나 구성원들의 혁신 및 창조경영 사례를 발굴하여 배우는 속도가 매우 빠르다는 점이다. 모든 구성원들이 도전적이며 열정적이다. 어떤 직무에서나 매번 새로운 가치와 의미를 지닌 상품과 서비스를 만들어 내는 창조적인 직무수행을 한다. 특히 이러한 자세를 가진 구성원들은 타 조직의 성공사례를 도입하여 더욱 크게 활용하는 능력, 즉 자신의 소속된 조직이나 개인의 특성에 맞는 고유의 것으로 만들어 상품화하려는 자기화自己化 노력이 강력하다.

독단적으로 무의 상태에서 시작하는 것보다 남의 성공사례를 제때에 발굴하여 또 하나의 성공모델을 만들어 내고자 하는 방법은 창조경영구현에 매우 효과적일 수 있다. 왜냐하면 이미 검증된 성공사례이기 때문에 시행에 따른 부작용을 최소화할 수 있다는 점, 그리고 시행하면서 자신의 조직에 맞는 모델로 빨리 다듬어서 고유의 창조물이 될 가능성을 높일 수 있다는 이점 때문이다. 고유의 창조물은 탁상공론적인 이론으로 이루어지는 것이 아니라 현장에서 실행함으로써 나타나게 된다. 움직이면서 방향을 잡아나가야 하는 변화의 시대이기에 더욱 그렇다. 그래서 리더는 실행해 나가면서 방향을 판단하는 전략적 사고의 체화가 필요하다. 남이 어떻게 변하고 있는지를 제때에 파악하는 것, 그리고 빠른 시간 내에 자신의 조직에 적용하여 독특한 고유의 창조물을 만들어내는 것이 실질 중심의 창조경영 학습조직문화다.

변화를 싫어하고 과거의 습관화된 반복업무에 안주하려는 의식과 태도로는 의미 있는 가치창조물이 나올 수 없다. 하지만 직무소명감을 바탕으로 창조적 직무수행이 생활화된 구성원들은 항상 능동적이고 도전의욕이 강하다. 남의 것을 단순히 모방하거나 시늉에 그치려고 하지 않는다. 그렇게 해서는 자신과 몸담고 있는 조직이 결코 앞설 수 없고 퇴보한다는 사실을 잘 알고 있기 때문이다. 그리고 조직 내 집단이나 개인이 가지고 있는 강점과 잠재력들을 상호존중하며 이를 공유하고 확산되는 속도를 높여 조직의 강점들로 뿌리내리게 만든다. 서로에게 도움을 주고자 하는 긍정적 관계를 보이며, 상호 배려와 용서, 감사의 마음이 깃든 긍정적 대화로 격려와 칭찬을 많이 한다. 무엇보다 그들은 일 자체가 가진 의미 있는 가치에 보람을 가지고 어떤 일이든지 도전적이다. 그저 일 자체를 잘해 보려는 욕망으로 일하는 장인정신, 즉 직무소명감이 몸과 마음에 배어 있다. 리더는 어느 한 구성원이 가지고 있는 최상의 재능과 역량을 발견하고 알려 주는 활동을 활성화하며, 조직 내에서 부정적이고 비판적인 표현들 대신에 긍정적이고 서로를 지지하는 표현들이 사용되게 한다. 그래서 적절한 협력을 촉진시켜 더 나은 변화와 가치 창출로 직무 유능감을 자주 경험하도록 만드는 효과적인 리더십을 발휘한다.

모방도 새로운 아이디어가 담겨 있을 때 창조물이 될 수 있다. 비슷하게 잘하는 것으로는 글로벌 창조경영시대에 생존할 수가 없다. 세계 시장에 내어 놓을 만한 명품들이 조직의 각 부문에서 계속해서 나오고 있는지가 그 잣대가 될 수 있다. 즉 구매, 생산, 판매, 기술, 재무, 인사, 교육, 등 모든 본원적 부문과 지원 부문에서 타 조직들이 본받고 싶어 하는 명품들이 쏟아져 나오고 있는가 하는 것이다. 그러나 이러한 창조경영 학습조직의 모습은 모든 구성원들이 직무소명감이 체화되어 일을 통한 의미탐구와 학습의 열정이 자연스럽게 보람으로 이어질 때 비로소 가능하다. 타 경쟁사에 비해서 우위인 최고의 상품들, 종전보다 더 나은 가치를 가지는 업무성과물들이 계속 나오고 있는 조직, 이러한 조직으로 변화된 것을 감지하게 되면 직무소명감과 직무수행 유능감의 경험에 기초한 창조경영의 선순환궤도에 거의 완전하게 진입을 하였다고 판단해도 좋을 것이다.

※ 소명리더십 자기평가(8)

* 더 나은 가치를 창출케 하기 위한 리더의 태도와 행동 변화 내용들을 평소에 적극적으로 실천함으로써 구성원들로 하여금 직무의미 창조를 통한 유능감을 자주 경험토록 유도하고 있는지, 다음 척도를 사용해서 점검해 보도록 하자.

* 각 문항의 내용을 읽은 후에 리더 자신의 행동이 다음 5가지 중 어느 위치에 해당하는지를 골라서 그 숫자를 ( )에 적고 합산해 보자.

  5—매우 그렇다. 4—다소 그렇다. 3—보통이다.
  2—다소 그렇지 않다. 1—매우 그렇지 않다.

1. 나는 내 자신의 성공보다 조직의 장기성장 잠재력확충을 위해 노력하고 있으며, 그리고 후임자가 훨씬 더 큰 성과를 낼 수 있는 기반을 만드는 데 초점을 두고서 기술 및 인력개발투자에 지속적으로 관심을 가지고 노력하고 있다. (   )

2. 나는 구성원들이 맡은 직무의 가치를 스스로 창출할 수 있도록 다양한 지원환경을 조성하고 있으며, 또 개인의 가치 창출 경험들이 조직 전체의 효과성 차원에서 상호공유 및 확장되도록 노력을 한다. (   )

3. 나는 물질적 보상관점의 동기부여 방법보다 직무소명감의 효과요소인 일 자체의 성취감과 만족감을 경험케 하는 동기부여 방법에 더 초점을 둔다. (   )

4. 나는 체벌위주의 관습이나 관행들의 틀에 얽매이지 않고 실수나 실패에 숨겨져 있는 문제들을 드러내어 구성원들 모두가 알게 하고 이를 학습자원화함으로써 미래에 반복될 손실을 방지하고 더 나은 가치 창출로 유도하고 있다. (   )

5. 나는 구성원들의 잘못이나 실수를 바로잡아 주려 하거나 부정적인 피드백을 제시할 때 사람 자체가 아닌 그 사람의 잘못된 행동과 결과, 그리고 만족스러운 대안제시에 초점을 두고서 반드시 지지적인 의사소통 방법을 사용한다. (   )

6. 나는 조직 내외에 창조경영 성공사례들을 발굴해서 더 크게 활용되게 하는 속도를 높여 각 부문에서 최고의 명품들이 계속 만들어지게 하며, 각 구성원 개인이 가지고 있는 강점들을 공유 및 확산되게 해서 조직의 강점들로 뿌리내리게 하고 있다. (   )

✔ <u>자기평가 시 참고해야 할 리더십 기법</u>
   부록 26. 최상의 자기발현사례 피드백 방법
   부록 27. 실수 · 실패 사례 학습자원화 방법
   부록 28. 긍정적 조직변화 모델

* 점검결과에 대한 해석

30	24	18	12	6
(높은 가치 창출경영)				(낮은 가치 창출경영)

— 점수가 높을수록 긍정적인 의사소통 분위기를 조성하여 매일 더 나은 가치 창출을 통해 스스로 직무수행의 유능감을 경험케 함으로써 직무소명감이 체화되고 있음을 나타낸다. 점수가 상대적으로 더 낮은 항목에 대해서는 그 원인을 파악한 뒤 집중적인 노력을 기해야 할 것이다.

3. 창조경영 선순환에 계속 머물게 하는 리더의 태도와 행동 변화
(도전성의 효과를 경험케 한다)

*** 혁신활동의 피로감이 증대되는 이유**

그동안 한국 기업들이 가장 강조해 오고 있는 경영과 리더십의 화두는 변화와 혁신이었다. 모든 기업들이 장기 성장잠재력을 키우기 위해 변화와 혁신을 외치면서 앞다투어 선진 기업들의 혁신기법이나 제도들을 도입하여 왔다. 그러나 한때 유행처럼 지나가는 단발성의 혁신운동이 되거나 열심히 노력하지만 본래 의도했던 대로 실질적인 효과를 내지 못하고 제대로 정착되지 않는 경우도 많다. 상당한 시간이 지났는데도 조직현장 깊숙이 혁신에 대한 공감대가 형성되지 못하고 있다는 등의 문제점들을 거론한다. 일하는 방식이 많이 바뀜으로써 개인과 조직에 큰 효과가 실제로 나타나고 있음에도 불구하고 혁신과 창조경영활동에 대한 피로감을 크게 느끼고 있는 경우도 많다. 왜 그럴까?

근본원인은 조직 구성원들의 맡은 직무 및 소속된 조직을 보는 태도와 마음의 뒤에 놓여 있는 정신과 의식이 변화되지 않은 데 있다. 즉 구성원들의 태도나 행동의 근원인 마음의 뿌리가 좀처럼 창조적으로 바뀌지 않고 형식적으로 시늉만 하는 변화와 혁신활동에 머물러 있기 때문일 것이다. 어떤 외부적인 구속이나 압력에 이끌려서 '하는 수 없이 하는' 직무수행은 피로감이 증대될 수밖에 없다. 그러면 구성원들의 마음의 뿌리를 움직여서 진심으로 '하고 싶어서 하는' 혁신과 창조적 활동이 지속되도록 할 수는 없을까?

1) '하는 수 없이 하는' 직무수행에서
   '하고 싶어서 하는' 창조적 직무수행으로

'하고 싶어서 하는' 마음과 행동은 주어진 일에서 어떤 의미를 발견할 때 일어나게 된다. 그리고 그 의미발견이 변화를 통한 더 나은 가치를 만들어 내게 된다. 여기에서 변화란 의미 탐구적 학습노력으로 가치창조의 선행요소다. 결국 어떤 노력의 결과가 가치를 지닐 때 그 행동의 의미가 인정된다는 뜻이 된다. 그런데 그러한 의미 있는 가치창조과정은 '하는 수 없이 하는' 수동적 자세가 아니라 '하고 싶어서 하는' 능동적 자세, 즉 도전성의 효과를 자주 경험함으로써 지속될 수 있다. 바로 직무소명감이 체화된 창조경영의 의미탐구적인 학습조직문화다. '리더다운' 진정한 리더는 구성원들로 하여금 매일 자신의 위치에서 직무의미 창조를 스스로 경험케 함으로써 어렵게 형성된 구성원들의 직무소명감과 이에 기초한 창조적 직무수행을 더욱 강화하여 지속되도록 한다. 그래서 어떤 경영환경에서도 더 나은 가치가 계속 창출되는 선순환학습 조직을 만들기 위해 노력한다. 맡은 직무 및 소속된 조직의 의미를 스스로 찾도록 하여 소명감을 유발케 하며, 또 형성된 소명감을 조직 사회화 과정을 통해서 더욱 강화시켜 완전히 체화되게 하는 것, 그 중심에는 반드시 직무소명감에 기초한 창조적 직무수행을 보여 주는 리더가 있다.

창조적 직무수행은 마음의 뿌리인 직무소명감과 조직 동일시의식을 바탕으로 스스로 깨닫고 움직이게 되는 자기 주도적인 결정행동이기 때문에 어떤 외부적인 압력이나 외재적인 도구적 요소로 이끌어 내는 데에는 한계가 있다. 그것은 외부적 요인에 의해서 '하는 수 없이 하는' 직무수행이 아니라, 일 자체의 성취를 위해서 스스로 '하고 싶어서 하는'

창조적 직무수행이다. 그래서 리더 자신이 먼저 본을 보임으로써 구성원들로 하여금 스스로 성찰하게 만드는 고도의 소명리더십이 필요하다. 직무소명감이 체화된 '리더다운' 진정한 리더는 참된 자아에 준거한 진실한 행동, 자신의 에고를 뛰어넘는 자아 초월적 행동을 보여 주며 구성원들보다 더 의미 있고 어려운 일을 마다 않고 기꺼이 솔선수범한다. 그것도 묵묵히 보여 주기만 하는 행동이다. 물성 중심과 이기주의적 사고에 사로잡혀 구성원들을 자신의 목적수행의 도구로 활용하는 '그저 그런' 통상적인 리더가 아니다. 이와 관련하여 어느 사냥꾼 외삼촌이 조카에게 보여 준 수퍼리더십 코칭의 사례를 중심으로 스스로 직무의미를 인식하고 의미 창조를 경험케 하는 '창조경영과 소명리더십 모델' 의 내용에 대해 종합적으로 정리해 보자.

어느 고아소년은 어려서부터 마을에서 제일가는 외삼촌에 의해서 길러졌다. 아직 열 살밖에 안 된 소년은 외삼촌과 같은 뛰어난 사냥꾼이 되는 것이 꿈이었다. 소년의 마음을 읽은 외삼촌은 사냥길에 나서다가 물끄러미 쳐다보는 소년에게 손짓을 했다. 그게 무슨 뜻인지를 아는 소년은 기쁨에 가득 차 외삼촌을 따라나섰다. 종일토록 그들은 사냥에 열중했다. 수확이 아주 좋은 하루였다. 그날 이후 그들은 그렇게 함께 사냥을 다녔다. 외삼촌은 사냥을 하고 소년은 외삼촌을 따랐다. 처음에 소년은 외삼촌을 그저 보기만 했다. 외삼촌은 거의 말이 없었다. 소년이 질문을 해도 외삼촌은 좀처럼 대답을 하지 않았다. 소년은 점차 질문을 하지 않게 되었다. 그들은 말없이 사냥을 했고 소년은 외삼촌의 사냥하는 모습을 주의 깊게 바라보았다.

외삼촌은 훌륭한 스승이었다. 외삼촌은 소년이 매우 영리하고 민첩하다는 것을 알아차렸다. 오래지 않아 소년은 외삼촌을 따라 할 수 있게 되었다. 소년은 사냥을 거들었다. 소년은 마을에서도 외삼촌을 주의 깊게 바라보았다. 특히 외삼촌이 사냥준비를 하고 계획을 세우는 것을 주의 깊게 살펴보았다. 소년은 외삼촌이 무기의 장비를 조심스럽게 손질하는 것을 주시했다. 얼마 안 되어서 소년은 자기 장비를 똑같은 방법으로 준비를 했다. 3년이 채 지나기도 전에 그들은 마을에서 제일가는 사냥꾼으로 이름이 났다. 그들은 무엇을 해야 하는지 알았다. 함께 함으로써 그들은 혼자보다 훨씬 훌륭히 사냥을 해 냈다. 날이 갈수록 외삼촌은 소년에게 자신감과 기술과 힘이 자라남을 느꼈다. 외삼촌은 소년이 계곡마을 사람들의 지도자가 될 운명임을 알았다.(Manz & Sims 의 'Super Leadership' 에서)

상기 사례에 나오는 외삼촌은 사냥이라는 자신의 직업에 대해 소명감을 가지고 있는 리더임을 알 수 있다. 매일 새로운 마음으로 조카와 함께 산으로 향했고 사냥을 열정적으로 했다. 수확이 좋은 날(가치창조적인 날)도 있었으나 좋지 않은 날에도 불평하지 않고 내일에 대한 기대감으로 생활했다. 외삼촌의 비전은 조카와 함께 마을에서 가장 뛰어난 사냥꾼이 되는 것이었다. 그런데 사냥기술을 잘 알고 있는 외삼촌은 조카에게 사냥기술에 대해서는 아무 말도 없이 실제 행동으로 보여 주기만 했다. 조카로 하여금 도전성의 효과를 스스로 경험케 함으로써 '하고 싶어서 하는' 사냥직업이 되게 만든 것이다. 조카는 더욱 궁금하여 도전하고 싶은 마음이 일어나게 되었고 열심히 따라다닌 결과 얼마 되지 않아 결국 마을에서 제일가는 사냥꾼이 되었다. 외삼촌은 자신을 능가하는 또 하나의 훌륭한 리더를 만들어 낸 것이다. 묵묵히 자신의 비전을 실현한 셈이다. 이는 구성원으로 하여금 스스로 직무의 의미를 찾도록 유도하는 소명리더십의 좋은 사례다. 그리고 또 하나 생각해 볼 것은 자신의 리더십 스타일이다. 이 사례는 크게 3가지 리더의 행동패턴을 생각하게 한다. 즉 말만 하는 리더(Talk the talk), 말을 한 대로 실천하는 리더(Talk the walk), 행동으로 묵묵히 보여주는 리더(Walk the walk)로 분류해 볼 수 있을 것이다. 이 중에서 자신은 어떤 리더에 속하는지 수시로 성찰해 보는 것도 의미 있는 학습이 될 수 있다.

직무소명감이 체화된 리더는 사냥꾼 외삼촌과 같이 진정으로 '하고 싶어서 하는' 열정적이고 창조적인 직무수행의 본을 보여 준다. '그저 그런' 통상적인 리더들이 보여 주는 '하는 수 없이 하는' 직무수행과는 매우 대조적인 행동이다. 모든 구성원들이 본받고 싶어 하는 모델링이 된다. 이러한 리더의 창조적 직무수행을 조직의 구성원들이 가장 가까이에서, 그것도 자주 목격을 하게 된다면 자신의 맡은 직무와 소속한 조직에 대한 의미를 깊이 생각해 보면서 보다 열정적, 탐구적, 그리고 헌신적 행동을 하게 될 것으로 예측할 수 있다. 왜냐하면 구성원들이 그러한 리더의 행동들이 바람직하다고 지각할 경우 리더의 신념 및 행동과 자신의 행동 간의 차이를 인지하고, 그 차이를 줄이기 위해 리더와 가까워지려는 작업동기가 일어날 수 있기 때문이다(Festinger, 1957). 더불어 조직관리 및 리더십 차원에서의 다각적인 방법연구와 실천노력도 병행해 나갈 필요가 있다. 그것은 오래토록 물성 및 개인 중심적 사고에 찌들려 있는 마음의 뿌리를 이질적인 방향으로 바꾼다는 것이 쉽지 않을 것이

기 때문이다. 그래서 '창조경영과 소명리더십 모델'은 구성원들의 직무
에 대한 태도를 단순한 직업 수단적 혹은 경력 지향적 태도에서 소명 지
향적 태도로 완전히 바뀌게 한다기보다 더 큰 비중을 갖도록 하는 데 일
차적인 목표를 둔다.

2) '그저 그런' 목표에서 다소 과분한 목표로

구성원들의 조직 비전실현을 위한 열정적, 창조적 행동은 어떤 기대감
에서 비롯될 수 있으며 그 기대감이 도전의식을 불러일으킨다. 다시 말
해 열심히 노력하면 어떤 성과가 나타날 수 있을 것이라는 기대감이 새
로운 목표와 가치에 도전하고자 하는 마음과 열정을 불러일으키는 요소
로 작용하게 된다는 뜻이다. 자신의 잠재력을 마음껏 발휘해야만 성취할
수 있는 다소 과분한 목표에 대한 도전의식도 기대감에서 나온다. 그래
서 구성원들의 기대감에 맞추거나 높여 주는 리더십이 먼저 필요하다.
기대감에 기초하여 기업의 가치 창출을 일으키는 리더십에는 크게 두 가
지 측면에서 생각해 볼 수 있다(제1장, 2 '창조경영의 실현목표' 참고).

하나는 고객의 가치 창출에 초점을 맞추어 가면서 회사의 가치창조력
과 경쟁력을 높이는 리더의 태도와 행동 변화 방향이다. 이는 통상 회사
가 창출한 상품이나 서비스를 구매한 후의 고객 만족도에 초점을 두는
'그저 그런' 경영이 아니고 구매 전에 상품 및 서비스에 바라는 고객의
기대치를 포착하고 기술개발 등으로 그것에 맞추고자 노력하는 경영이
다. 고객 기대치에 맞추는 경영은 만약 고객의 기대치가 큼에도 불구하
고 고객 만족도가 그 수준에 달하지 않으면 고객의 이탈을 초래하여 지
속성장 가능한 기업이 될 수 없다는 단순한 논리에 근거한다. 따라서 고

객의 높은 기대치가 구성원들로 하여금 도전의식을 고취시켜 새로운 가치와 고객을 창조하는 원천이 될 수 있다. 또한 이러한 전략은 도전성의 효과를 경험케 하는 계기가 된다.

두 번째는 구성원들의 기대치에 맞춤으로써 가치창조력을 높이는 리더의 태도와 행동 변화 방향이다. 리더가 구성원들이 궁극적으로 이루고자 하는 삶의 목표에 맞추는 경영이다. 리더가 단기적인 업적향상을 통해 자신의 인기를 얻는 데 연연하지 않고 구성원들의 미래 기대치인 비전과 목표에 맞추는 경영을 하는 것을 말한다. 그들의 일에 대한 태도를 바꾸고 시장가치를 키워나감으로써 그들의 기대치를 높이는 것이라고도 할 수 있다. 경영의 초점을 직무만족감에 연계된 삶의 만족감 내지는 행복감으로 한 단계 높일 때 그들의 직무 애착심이나 조직 몰입도는 더욱 강해져서 지속적인 가치창조가 일어나게 된다. 따라서 구성원들의 미래 기대치에 초점을 둔 경영은 그들의 도전의욕을 불러일으켜서 더 나은 변화와 가치 창출의 원천이 될 수 있다. 이 역시 도전성의 효과를 경험케 하는 계기가 된다.

이러한 기대치에 연유해서 생기는 구성원들의 도전의욕은 다소 과분할 정도의 목표설정으로 이어질 수 있다. 달성이 가능한 '그저 그런' 비전이나 목표가 아니라 자신의 잠재력을 최대한 발휘해야만 하는 다소 어려운 목표를 스스로 세운다. 그러나 구체적이고 명확한 목표의식을 갖고 열정적으로 노력하면 성취가능하다는 자신감이나 효능감을 가진다. 기업의 새로운 가치창조는 구성원들의 높은 기대감에 기초한 다소 과분한 도전적 목표설정과 최대한의 잠재력(창의력과 강점) 발휘에서 일어나게 된다. 하지만 이러한 기대치에 초점을 맞추는 창조경영구현

프로세스를 어떻게 지속되도록 할 것이냐가 중요한 리더십 과제이다.

'리더다운' 진정한 리더는 리더십의 궁극적인 목적을 구성원들로 하여금 어떤 외부의 통제나 요구에 의해서가 아니라 진심으로 '하고 싶어서 하는' 창조적 직무수행을 일상생활에 체화시키는 데 둔다. 하지만 그 것은 구성원들이 강한 직무소명감을 갖고 보다 가치 있는 조직의 비전과 목표에 스스로 도전코자 할 때 가능하다. 이러한 맥락에서 보면 자신의 에고를 뛰어넘어 더 큰 조직에 공헌하는 의미의 속성을 가진 직무소명감과 가치 있는 도전적 목표설정은 밀접한 상호연관성을 갖는 것이라고 할 수 있다.

따라서 창조경영의 근원적 요소인 직무소명감을 체화하여 진심으로 '하고 싶어서 하는' 창조경영을 실현하기 위해서는 높은 가치를 가진 매력적인 도전목표와 과제를 끊임없이 설정하여 추진케 해서 그들의 도전의욕을 고취시켜 도전성의 효과를 자주 경험토록 하는 리더십이 필요하다. 그래서 매일 부여된 자신들의 역할 수행과정에서 일어나는 직무의미 창조의 경험이 지속되게 하여 창조경영의 선순환 학습조직에 계속 머물게 만드는 일이다. 여기에서 리더가 기억해야 할 사항은 누구나 조직에 공헌할 수 있는 가치 있고 구체적인 목표에 도전의 매력을 느낀다는 점과 그리고 직무소명감은 쉽게 내재화(체화)될 수 없는 마음의 뿌리라는 사실, 두 가지이다.

3) 일을 통한 보람이 다시 의미탐구와 학습의 열정으로

창조경영의 선순환에 계속 머물게 하는 리더의 태도와 행동 변화가 더욱 필요한 것은 리더가 조금만 방심을 하면 길들여진 과거의 익숙한 틀 속으로 곧 회귀하려는 조직의 속성 때문이다. 그동안 리더가 구성원들의 직무소명감을 유발하여 강화시키는 노력을 기울여 왔다고 하여도 창조경영의 방해꾼들이 나타날 수 있다. 아니 필연적으로 존재한다. 이것이 도전의욕을 계속 고취시켜 직무의미 창조의 경험을 통한 창조경영 선순환 학습프로세스를 반드시 정착시켜야 하는 이유이다. 따라서 리더가 곁에 있으나 없으나 구성원들의 도전성과 열정의 강도는 차이가 없이 일정하게 유지되게 하는 리더십 역량이 '리더다운' 진정한 리더의 평가기준이 될 수 있다. 바로 '창조경영과 소명리더십 모델'을 학습조직문화로 완전하게 뿌리내리게 하는 것을 의미한다.

'창조경영과 소명리더십 모델' 구현의 핵심은 구성원들로 하여금 일을 통한 자기 주도적인 의미탐구학습(self-directed learning for meaning inguiry)이 일어나게 유도하는 지원환경조성 프로세스라고 할 수 있다. 직무소명감과 창조적 직무수행의 속성들을 중심으로 생각해 볼 때 조직상의 리더나 어떤 제도에 구속되어 움직이는 '하는 수 없이 하는' 수동적인 직무수행이 아니라 스스로 '하고 싶어서 하는' 일을 통한 의미탐구의 도전과 학습의 열정인 것이다. 이러한 자기 주도적 의미탐구 학습조직문화 정착을 위한 지원환경조성 측면에서 지금까지의 9가지 리더십 행동 변화 내용들을 4단계로 정리해 볼 수 있다.

첫째, 일을 통한 의미탐구와 학습의 열정이 크게 일어나게 만드는 최초의 지원환경 조성단계이다. 좋은 비전과 매력 있는 일감을 창출하고 맡은 책무의 중요성과 소속된 직장에 대한 고마움을 깨닫게 함으로써 직무의 의미를 인식케 하는 직무소명감 유발단계의 리더 행동 변화 내용들이 이에 관련된다.

둘째, 의미탐구와 학습의 열정이 개인의 역량향상으로 이어지게 만드는 지원환경 조성단계이다. 회사중심 교육에서 현장 중심의 자율적인 교육과 학습이 되도록 유도하고 직무소명감에 기초한 구성원 개개인의 시장가치를 키움으로써 직무수행에 대한 유능감과 의미 창조의 기반을 다지는 리더의 태도와 행동 변화 내용들이 이에 관련된다.

셋째, 신장된 개개인의 잠재역량들이 조직의 더 나은 가치 창출로 이어지게 하는 지원환경조성 단계이다. 조직의 장기성장 잠재력 확충을 위한 미래지향적 의사결정, 조직 비전 실현을 위해 모두를 함께 뛰게 하는 시너지 경영, 대내외 이해관계자들과의 진실한 신뢰관계의 효과성을 실제로 자주 경험케 하는 직무소명감 강화단계의 리더 행동 변화 내용들이 관련된다. 그리고 자율성의 확대를 통해 내재적 동기부여를 크게 일으켜 개개인의 무한한 잠재력을 마음껏 발휘되게 함으로써 '그저 그런' 보통의 성과가 아니라 비범한 '그 이상'의 의미 있는 가치를 창출토록 하는 지원환경 조성 내용도 이의 범주에 포함된다.

넷째, 조직의 가치 창출이 큰 보람으로, 그리고 보람이 다시 일을 통한 의미탐구의 도전과 학습의 열정으로 이어지게 만드는 지원환경조성 단계이다. 보이는 외형적인 조직의 성과보다 장기성장 잠재력 확충을 통한 일 자체의 성취감에 더 큰 보람을 갖게 함으로써 도전의욕을 고취시켜 가치창조의 선순환에 계속 머물게 하는 마지막 리더의 태도와 행동 변화 내용들이 관련된다. 이는 '창조경영과 소명리더십 모델' 구현의 궁극적인 목표에 해당된다.

요약하면 가치 있는 비전과 매력 있는 일감을 통해 의미탐구와 학습의 열정이 크게 일어나게 하고(제1단계), 한편 의미탐구와 학습의 노력이 개인역량 향상으로 이어지게 하는 동시에(제2단계), 신장된 개인의 잠재역량들이 마음껏 발휘되게 하여 더 나은 가치 창출로 나타나게 하고(제3단계), 그리고 조직의 가치 창출이 큰 보람과 일을 통한 의미탐구의 도전 및 학습의 열정으로 연결되게 하는 자기 주도적인 의미탐구 학습프로세스(제4단계)라고 할 수 있다.

그런데 이러한 창조경영 선순환 학습프로세스에는 중요한 하나의 원칙이 존재한다. 어느 한 의미탐구 학습단계나 리더의 태도와 행동 변화에서도 장애가 생기면 '하고 싶어서 하는' 도전의욕을 쇠퇴시켜 창조경영의 속력은 완전히 상실될 수 있으나, 이와 반대로 모든 의미탐구 학습단계가 정상궤도에 자리 잡게 되면 도전의욕이 더욱 강화되어 창조경영은 선순환궤도에 머물면서 그 속력은 갈수록 가속화될 수 있다는 원칙이다. 전자의 경우는 구성원들의 직무소명감에 기초한 일의 의미 창조 행동이 일상생활에 체화되지 못함으로써 모든 것이 계속 겉돌게 되며 즐거운 직장생활이 되지 못하고 계속 마찰과 파열음이 생기게 된다. 따라서 리더들이 메워야 할 빈틈이나 공간들이 여전히 많고 그동안의 혁신 및 창조경영 성과도 허사가 될 수 있는 최악의 상태로 치달을 수도 있다.

그러나 후자의 창조경영 선순환 의미탐구 학습조직의 경우에는 모든 단계에서 모든 구성원들이 직무소명감에 기초한 의미 창조 행동이 체화되어 리더를 중심으로 하나의 추구 가치와 방향으로 조직역량이 모아지고 '하고 싶어서 하는' 전원 참여의 창조적 직무수행이 된다. 어느 한 사람도 소외되지 않고 모두가 스스로 나서서 함께 뛰는 '한뜻, 한마음' 경영으로써 이 지점에 이르게 되면 재미있고 보람찬 직장이 되어 어느 누구도 이 선순환궤도를 멈추어 서게 할 수 없는 무서운 창조경영의 속력을 가질 수 있게 된다. 이것은 '창조경영과 소명리더십 모델'의 구현을 위해 반드시 기억해 두어야 할 중요한 포인트이다.

〈그림 11〉 자기 주도적 의미탐구 학습프로세스
(창조경영 지원환경조성 리더십 측면에서)

*1단계: 일을 통한 의미탐구와 학습열정이 크게 일어나게 만든다.

x

*2단계: 의미탐구와 학습열정이 개인 역량향상으로 이어지게 한다.

x

*3단계: 개인의 창의력과 강점들이 더 나은 가치 창출로 나타나게 한다.

x

*4단계: 가치 창출이 큰 보람과 새로운 의미탐구의 도전과
학습 열정으로 이어지게 한다.

=

*구성원: 즐겁고 보람찬 직장생활이 된다.
*조직 문화: 강력한 협창력 학습조직문화가 정착된다.
*회사 경쟁력: 지속성장의 창조경영 선순환에 계속 머물게 된다.

마지막으로 리더는 이러한 직무소명감에 기초한 자기 주도적인 의미창조의 선순환 학습프로세스가 완전하게 정착되었는지 여부를 판단해 볼 필요가 있다. 이를 위해서는 구성원들이 자신의 에고를 뛰어넘어 소속된 조직의 번영과 타인의 행복에 공헌코자 스스로 보다 적극적인 직무가치 창조활동을 실천하고 있는지를 점검해야 한다. 즉 자신의 맡은 직무의 인지적 경계영역을 직무 전체 프로세스 관점에서 재설정하고 직

무수행과 관련된 타인들과의 관계도 새롭게 변경하여 더 나은 변화와 가치창조를 실제적으로 이루어 낼 수 있는지를 살펴보면 된다. 하지만 이러한 직무소명감이 일상생활에 완전히 체화된 창조경영의 선순환 의미탐구 학습단계로까지 도달하기 위해서는 집단 및 조직행동 차원에서의 연구와 노력이 계속 필요하다. 그것은 오랫동안 길들여진 직무 및 조직에 대한 물성과 자기중심적인 태도를 가진 구성원들을 소명 지향적 태도에 더 큰 비중을 두도록 하는 심리적 변화는 그렇게 간단치 않기 때문이다. 하지만 '그저 그런' 통상적인 리더가 아니라 '리더다운' 진정한 리더가 되려면 구성원들로 하여금 스스로 직무의 의미를 찾게 하고 또 의미 있는 가치를 창조하는 행동을 학습조직 문화로 반드시 뿌리내리게 해야 한다. 그런데 그것은 리더가 지금까지의 위선적인 언행일치에서 직무소명감의 체화를 통한 사심언행일치思心言行一致의 솔선수범이 전제될 때만 가능하다.

※ 소명리더십 자기평가(9)

*창조경영 선순환에 계속 머물도록 하기 위한 리더의 태도와 행동 변화 내용들을 평소에 얼마나 적극적으로 실천하고 있는지 다음 척도를 사용하여 점검해 보자.

*각 문항의 내용을 읽은 후에 리더 자신의 행동이 다음 5가지 중 어느 위치에 해당하는지를 골라서 그 숫자를 ( )에 적고 합산해 보자.

5―매우 그렇다. 4―다소 그렇다. 3―보통이다.
2―다소 그렇지 않다. 1―매우 그렇지 않다.

1. 나는 구성원들보다 비전 실현을 위해 더 의미 있고 어려운 일을 기꺼이 솔선수범하며, 창조적 직무수행을 묵묵히 보여 준다. ( )

2. 나는 구성원들의 도전의식을 고취시켜 새로운 가치와 고객을 창출토록 하기 위해서 그들의 기대치에 맞추는 경영과 리더십을 발휘한다. ( )

3. 나는 구성원들이 맡은 직무의 인지적 경계영역을 직무전체의 효과적인 프로세스운영 관점에서 재설정토록하고 직무수행과 관련된 타인들과의 관계도 새롭게 변경하여 더 나은 가치와 의미 창조를 실현하는지를 확인하고 독려한다. ( )

4. 나는 구성원들로 하여금 직무에 대한 태도가 어떤 위치(직업 수단적 태도, 경력 추구적 태도, 소명 지향적 태도)에 비중을 더 크게 두고 있는지를 스스로 점검하게 하여 자연스럽게 직무소명감을 갖도록 계속 유도하고 있다. ( )

✔ <u>자기평가 시 참고해야 할 리더십 기법</u>
　부록 29. 직무 의미 인식 및 의미 창조 활동수준 점검

★ 나의 일에 대한 태도는 어디에 머물고 있는가?

* 점검결과에 대한 해석

20   16   12   8   4

(높은 도전경영)   (낮은 도전경영)

— 점수가 높을수록 '하고 싶어서 하는' 창조적 직무수행이 체화되어 일을 통한 보람이
  다시 새로운 의미탐구와 학습의 열정으로 이어지는 창조경영의 선순환에 계속 머물
  가능성이 높음을 나타낸다. 점수가 상대적으로 더 낮은 항목에 대해서는 그 원인을 파
  악한 뒤 실천계획을 수립하여 집중적인 노력을 기해야 할 것이다.

〈그림 12〉 소명리더십의 실행원칙과 방법

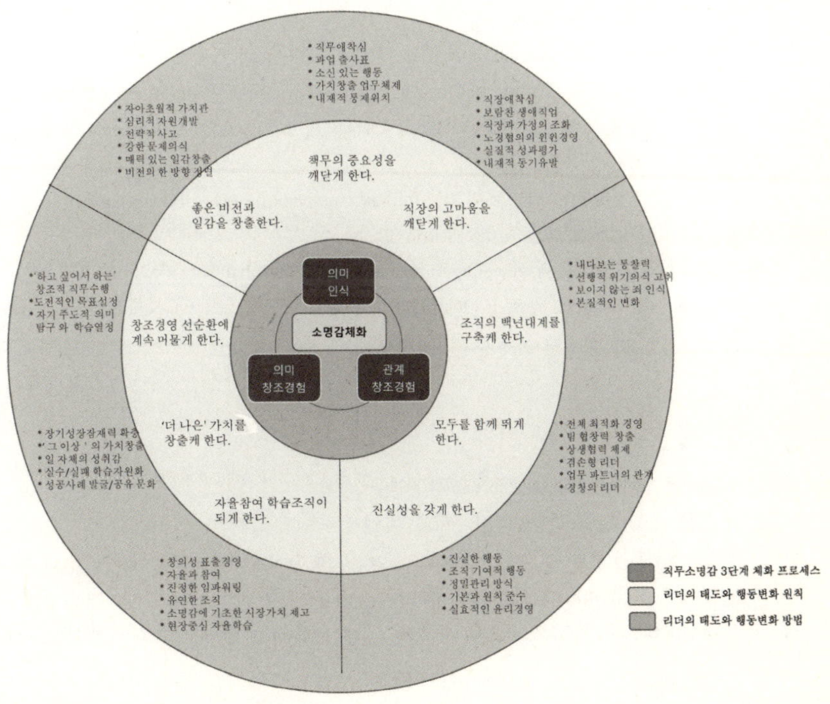

참고문헌

제1장

손태원. 2009. 『조직행동과 창의성』. 서울: 법문사.

손태원, 홍길표, 정명호, 김영수. 2002. 디지털 경제시대의 창의성경영, 『2002년 협동연구지원 사업 특별정책과제』. 한국학술 진흥제단.

윤석철. 1991. 『프랜시피아 메네지멘타』. 서울: 경문사.

Bruce K. Blaylock and Loren P, Rees. 1984. "Cognitive Style and the Usefulness of Information", Decision Sciences, pp. 74-91.

Garvin, D. A. 1993. "Building a learning organization". Harvard Business Review. July/August. pp.78-91

Nonaka, I., & Takeuchi, H. 1995. The Knowledge Creating Company. NY: Oxford University Press.

Senge, P. M. 1990. The Fifth Discipline. NY: Double-Day.

Davis, G. A. 1999. "Barriers to Creativity and Creative Attitude". In Runco, M. A., & Pritzker, S. R. (Eds.). Encyclopedia of Creativity(I). San Diego, CA: Academic Press. pp.170-171.

Deci, E. L., & Ryan, R. M. 1985. Intrinsic motivation and self-determination in human behavior. New York: Plenum Press.

Weick, K. E. 2003. Positive Organizing and Organizational Tragedy. In K. S. Cameron, J. E. Dutton, & R. E.Quinn(Eds.). Positive Orranizational Scholarship, pp.66~80. SanFrancisco, CA: Berrett-koehler.

제2장

김창호. 2013. 『소명감』. 포스코 경영연구소.

임창희. 2014. 『조직행동, 5판』. 서울: 비엔엠북스.

Alderfer, C. P. 1969. " An empirical test of a new theory of human needs", Organizational Behavior and Human Performance, 4, pp.142-175.

Baumeister, R. F., & Vohs, K. D. 2002. "The pursuit of meaningfulness in life". In C. R.

Snyder & S. J. Lopez(Eds.). The handbook of positive psychology, pp.608-618. New York: Oxford University Press.

Bellah, R. N., Madsen, R., Sullivan, W. M., Swidler, A., & Tipton, S. M. 1985. Habits of the heart: individualism and commitment in American life., New York: harper & Raw.

Csikszentmihalyi, M. 1997. Finding flow: The psychology of engagement with every day life. New York: Basic Books.

Davidson, J. C., & Caddell, D. P. 1994. "Religion and the meaning of work". Journal for the Scientific Study of Religion, 33, pp.135-147.

Ghitulescu, B. E. 2006. Shaping tasks and relationships at work: examining the antecedents and consequences of employee job crafting. Doctoral Dissertation, University of Pittsburgh. Ph. D.

Hall, D. T., & Chandler, D. E. 2005. "Psychological success: When the career is a calling". Journal of Organizational Behavior, 26. pp.164-165.

Maslow, A. H. 1943. "The Theory of Motivation". Psychological Review, July. pp.370-396.

McClelland, D. 1965. "Toward a Theory of Motive Acquisition". American Psychologist. pp.321-33.

Pratt, M. G., & Ashforth, B. E. 2003. "Fostering meaningfulness in working and at work". In K. S. Cameron., J. E. Dutton., & R. E. Quinn(Eds.). Positive Organizational Scholarship, pp.317-321. SanFrancisco, CA: Berrett-Koehler.

Seligman, M. E. P. 2002. Authentic happiness: using the new pisitive psychology to realize your pitential for lasting fulfillment. New York: free Press.

Seligman, M.E.P., & Csikszentmilhalyi, M. 2000. "Positive psychology: An introduction". American Psychologist, 55: pp.5-14.

Staw, B. M., Bell, N. E., & Clausen, J. A. 1986. "The dispositional approach to job attitudes". Administrative Science Quarterly, 31: pp.56-77.

Tajfel, H. 1978. "Social categorization, social identity, and social comparison". In Tajfel, H. (Eds.), Differentiation between Socia Groups, Studies in the Social Psychology of Intergroup Relations. London: Academic Press, pp.61-76.

Tajfel, H., & Tuner, J .C. 1979. An integrative theory of intergroup conflict. In Austin, W.G. and Worchel, S.(Eds.), The Social Psychology of Intergroup Relations. Monterey, CA; Brooks: Cole, 33-47.

Weber, M. 1958. The Protestant ethic and the spirit of capitalism. NY: Scribner.

Weber, M. 1963. The sociology of religion. Boston: Beacon.

Wrzesniewski, A., McCauley, C., Rozin, P., Schqartz, B. 1997. "Jobs, Careers, and Calling: people' s relations to their work". Journal of Research in Personality, 31, pp.21-33.

Wrzesniewski, A. 2003. "Finding positive meaning in work". In, K. S. Cameron, J. E. Dutton, & R. E. Quinn (Eds.). Positive organizational scholarship: foundations of a new discipline, pp.300-301.

제3장

Conger, J.A. & Kanungo, R. 1987. "Toward a behavioral theory of charismatic leadership in organizational settings". The Academy of Management Review, 12, pp.637-647.

Cooperrider, D. L., & Sekerka, L. E. 2003. "Toward a theory of positive organizational change". In, K. S. Cameron, J. E. Dutton, & R. E. Quinn (Eds.). Positive organizational scholarship: foundations of a new discipline, pp.234-239.

Fredrickson, B. L. 1998. "What good are positive emotions?" Review of General Psychology, 2: pp.300-319.

Fredrickson, B. L. 2000. Cultivating positive emotions to optimize health and well-being. Prevention and Treatment, 3.

Fredrickson, B. L. 2001. "The role of positive emotions in positive psychology: The broaden-and-build theory of positive emotions." American Psychologist, 56: pp.218-226.

Gardner, W. L., & Csickszentmihalyi, M., & Damon, W. 2001. Good work: when excellence and ethics meet. New York: Basic Books.

Pratt, M. G., & Ashforth, B. E. 2003. "Fostering meaningfulness in working and at work". In K. S. Cameron., J. E. Dutton., & R. E. Quinn(Eds.). Positive Organizational Scholarship, pp.312-314. SanFrancisco, CA: Barrett-Koehler.

Ryan, R. M., & Deci, E. L. 2003. "Self-determination theory and the facilitation of intrinsic motivation, social development, and well-being". In L.W, Porter., G.A. Bigley, & R.M, Steers (Eds), Motivation and Work Behavior. pp.54-55.

Sennett, R. 2008. The Craftsman. Yale University Press, New Haven & London.

Shamir, B., House, R. J., & Arthur, M. B. 1993. "The motivational effects of charismatic leadership: A self-concept based theory". Organizational science, 4, pp.577-594.

Tuner, J.C. 1985. "Social categorization and self-concept: a social cognitive theory of group behavior". In E. K Lawler(Eds), Advances in Group Process: Theory and Research, Vol 2, Greenwitch, conn, : JAI P.

Wrzesniewski, A. 2003. "Finding positive meaning in work". In, K. S. Cameron, J. E.

Dutton, & R. E. Quinn (Eds.). Positive organizational scholarship: foundations of a new discipline, pp.303-304.

Wrzesniewski, A., & Dutton, J. E. 2001. "Crafting a job: Revisioning employees as active crafters of their work017. Academy of Management Review, 26(2), pp.190-192.

제4장

김창호. 2012. "리더의 진실성이 부하의 장인적 직무수행(job Crafting)에 미치는 영향과 그 과정에 대한 연구". 『조직과 인사관리 연구』. 36(1), pp.131-161.

서한섭, 정지창 (역). 2001. 『사이토 요시노리의 전략시나리오』. 서울, ㈜ 엘엔아이 컨설팅.

임창희. 2014. 『조직행동, 5판』. 서울: 비앤앰북스.

포스코. 1980. 『쇳물지』, 포스코 사내보, '80-2.

Cameron, K. S. 2007. "Building relationships by communicating supportively". in D. A. Whetten & K. S. Cameron (Eds.), Developing management skills. pp.237-282. Upper Saddle Rover, NJ: Prentice Hall.

Daft, R. L., & Lengel, R. H. 1998. Fusion leadership: unlocking the subtle forces that change people and organization. San Fracisco, CA, Berrett-koehler.

Damasio A. 1994. Descartes' Error: Emotion, Reason, and the Human Brain. Orlando, Harcourt.

Damasio A. 2003. looking for Spinoza: Joy, Sorrow, and the Feeling Brain. Orlando, Harcourt.

Fry, L. W. 2003. "Toward a theory of spiritual leadership". The Leadership Quarterly, 14(6), pp.693-727.

Gazzaniga, M. 2005. The Ethical Brain. Washington, D.C: dona Press.

Le doux, J. E. 1996. The Emotional Brain. New York. Simon and Schuster.

Luthans, F., Yousset, C.M, and Avolio, B.T. 2007. Psychological Capital. Oxford: Oxford University Press.

Nanus, B. 1992. Visionary leadership. San Francisco, CA: Jossey-Bass.

Pfeffer, J. 1994. Competitive advantage through people: Unleashing the power of workforce. Boston: Harvard Business School Press.

제5장

포스코. 2004. 『포스코 35년사』. 포스코. 홍보실.

Avolio, B. J., Gardner, W. L. 2005. "Authentic leadership development: Getting to root of positive forms of leadership". The Leadership Quarterly, 16, pp.315-338.

Baker, W., Cross, R., & Wooten, M. 2003. "Positive organizational network analysis and energizing relationships". In K. S Cameron, J. E. Dutton, & R. E. Quinn (Eds.), Positive organizational scholarship. pp. 328-342. San Francisco: Berrett-Koehler.

Covey, S. R. 2004. Seven habits of highly effective people. New York: Free Press.

Hackman, R. J. & Oldham, G. R. 1980. Work redesign. Reading, MA: Addison-Wesley.

Jehn, K. A., & Shah, P. P. 1997. "Interpersonal relationships and task performance: A examination of mediation processes in friendsip and acquaintance groups". Journal of Personality and Social Psychology, 17, pp.1-19.

Koter, J. P & Cohen, D. S. 2002. The heart of change: Real life stories of how people change their organizations. Harvard Business School Press.

Lawrence, P., & Nohria, N. 2002. Driven: How human nature shape our choices. San Francisco: Jossey Bass.

Luthans, F., & Avolio, B. 2003. "Authentic leadership: a positive development approach". In K. S Cameron, J. E. Dutton, & R, E. Quinn (Eds.), Positive organizational scholarsip: foundations of a new discipline, pp.241-261. San Francisco. CA7, Berrett-Koehler.

Walumbwa, F. O.m Avolio, B. J., Gardner, W. L., Wernsing T. S., Peterson S. J. 2008 "Authentic leadership: development and validation of a theory-based measure". Journal of Management, 34(1), pp.89-126.

<h2 style="text-align:center">제6장</h2>

김창호. 2013. 앞의 책, p.268.

박두진. 2011. 『리더의 심리학』. 서울: 원앤원북스.

Festinger, L. 1957. A theory of cognitive dissonance. Stanford, CA: stanford university Press.

Hall, D. T., & Chandler, D. E. 2005. 앞의 논문, p.164.

Manz, C., & Sims, H. 1989. Super leadership: leading others to lead themselves. New York: Prentice-Hall.

Wrzesniewski, A., & Dutton, j. E. 2001. 앞의 논문, pp.184-185.

알아두면 도움이 되는 리더십 기법

제4장. 더 높은 의미 인식
(Cognition of Higher Meaning in work)

1. 조직(전사 혹은 부서) 비전창출 프로세스

1) 창업이념 및 최고 경영자의 의지를 깊이 이해한다.(하고 싶은 일)

　→ 어떤 새로운 가치를 어떻게 창조하려 하는가?(기업 의지)

　* 조직의 존재목적(창업 및 기업이념)과 추구하는 핵심가치를 충분히
　　이해한다.

2) 에고를 뛰어넘어 소속된 조직에 크게 기여할 수 있는 의미 있는 사업
　을 찾는다. (해야 할 일)

　* 자신의 삶의 목표와 신념체계를 점검하거나 정리해 본다.

　* 조직 및 리더 자신의 추구가치에 부합하는 의미 있는 사업방향을
　　구상한다.

　* 구상한 사업의 중장기적 환경 분석을 통해 시장 및 산업매력도 (산
　　업성숙도와 경쟁강도)를 파악한다.

3) 내부 경쟁력 분석(재무성과 분석, 보유역량의 경쟁력)을 통해 CSF (핵
   심성공요소)의 보유정도를 파악한다. (할 수 있는 일)
4) 산업매력도와 내부사업 경쟁력을 결합하여 전략적 위치를 가늠한 후
   이에 기초하여 거시적인 전략방향(궁극적인 달성모습)을 설정한다.
   → 조직의 나아갈 방향을 가늠하여 비전과 전략의 연결역할을 한다.
5) 거시적 전략방향에 기초해서 비전을 수립 및 재설정한다.
   ① 현 비전의 적절성을 판단, 재설정 여부를 결정한다.(Visioning 1단계)
      * 다음 3가지 기준에 의해서 적절성 여부를 판단한다.(기존 비전 존
        재시)
      ✔ 과거와는 명확히 구별되는 새로운 미래상을 갖고 주요한 의사결정
        의 판단기준이 되고 있으며 변화의 동인으로 작용하는가?(Reality)
      ✔ 구성원 개인의 목표와 업무로 승화되고 조직에의 소속감도 강화
        되며 도전적이지만 실현가능하게 느껴지는가? (Reliability)
      ✔ 구체적인 실행전략과 밀접히 연계되어 구성원들의 적극적인 참
        여와 피드백 활동이 있었는가? (Attractiveness)
      * 기존 비전이 없는 경우는 바로 Visioning 2단계로 진행된다.
   ② 비전체계와 테마를 설정한 후에, 워크숍을 통해 비전을 확정한
      다.(Visioning 2단계)
      * 해당 조직의 특성(업종, 문화 등)에 맞는 비전체계를 설정한다.
        ✔ 비전창출 →목표설정 →전략수립 →KPI개발→과제도출
      * 선진기업 및 경쟁사들의 비전을 벤치마킹하여 자사 고유의 차별
        화된 비전을 수립하는 데 참고한다.
      * 의미 있는 사업방향과 일치되는 테마를 키워드 형태로 도출한다.

＊ 테마영역 내에서 평가기준(명확성, 차별성, 호소력)에 의거, 구체
적인 비전 기술서를 작성케 한다.
　— 각 분야에서 선별한 임직원들로 구성된 워크숍을 실시하여 공
감대 형성과정을 거친 후에 최종 비전을 확정한다.

＊ 김동철 · 서영우 공저, 2009. 「경영전략방법론」 내용 인용

2. 전략적 사고함양 기술

1) 3가지 전략적 사고함양 기술의 개념을 정확히 이해한다.

① 책임감을 갖고 구체적인 결론을 내리는 능력(가설적 사고)

→ 실행에 초점을 두고 그 속도를 높인다.

＊ 결론을 먼저 내리고 이유를 설명한다.

· 정보수집 및 분석을 실행하기 전에 결과(결론)를 추정하거나
사고하는 태도를 함양하는 훈련으로 자신의 결론(주장)없이 장
황하게 상황을 설명하는 것이 아니다.

＊ 정보수집에 지나치게 많은 시간을 낭비하지 않는다.

· 비즈니스 조사 분석은 절대적인 정답이 없고 시간과 환경에 따
라 해결책도 변화한다.

＊ Best를 생각하기보다 Better의 실행을 생각한다.

· 가설 없는 조사 및 분석은 정보의 바다에서 표류할 확률이 높
다.(결론→ 실행→ 검증 프로세스의 속도)

② 과거에서 미래까지 논리적으로 사업구조를 통찰하는 능력(논리적
사고) → 막연하게 판단치 않는다.

＊ 고객과 비즈니스의 메커니즘을 포착한다.

　＊ 근본원인과 해결방향을 분명하게 밝혀낸다.

　　→ 논리적인 사업구조의 통찰력은 새로운 가치구조를 창조하는 것과 직결되는 것으로 전략적 사고훈련의 핵심부분이다.

③ 가치기준을 갖고 위험부담을 수반하는 판단을 하는 능력(사업 판단적 사고) → 명확한 가치기준에 의해서 결정한다.

　＊ 수익기준에 의해 평가한다. (ROE, Cash Flow, Sensitivity Analysis)

　＊ 가치기준(경영이념)에 의해 판단한다.

2) 3가지 전략적 사고함양 기술들을 집중적으로 훈련한다.

① 나름의 가설적 사고와 논리에 따라 과제를 구조화한다.

　＊ 사업의 방향성을 결정하는 단계로 사칙연산 훈련이 적당하다.

　＊ 전제조건을 두면서 논리적으로 구조를 생각하는 습관을 갖는다.

② 원인에서 결과에 이르는 인과관계를 포착한다.

　＊ 항상 "왜(Why)?"라고 추궁한다.

　＊ 원인들의 발생확률을 확실히 파악한 뒤의 해결책이 되어야 한다.

③ 결과를 발생시키는 전체 메커니즘을 해명한다.

　＊ 「왜?」를 철저하게 반복함에 의해서 결과발생의 메커니즘을 역동적으로 시간 축 속에서 구체적인 원인을 파악한다.

　＊ 원인관계의 시행착오를 거치면서 이치에 맞는 논리를 획득한다. (원인추구의 3가지 타입: 나열형, 정리형, 메커니즘형)

④ 메커니즘을 발생시키는 구조를 구상한다.

　＊ "How"에 의한 해결책을 MECE적 사고로 정리한다.

　＊ 연역법과 귀납법에 의한 생각을 Logic Tree로 짜 나감으로써 '논리에 의한 구상력'을 익힌다.

✓ MECE: 사안들을 빠짐없이 중복되지 않게 정리하는 사고기법.

✓ Logic Tree: 상 하위개념으로 논리적으로 분해하는 기법.

* '누락과 빗나감'의 관점에서 역동적인 구조변화를 포착한다.

— 현상 및 결과보다 본질적인 요소를 찾아낸다.

⑤ Yes/No의 판단에서 구체적인 결론을 내린다.

* Yes의 경우: 방향성을 나타내는 구체적인 결론을 내린다.

* No의 경우: 명확한 판단기준(이유)을 나타낼 필요가 있다.

3) 전략적 사고에 기초하여 심플하고 명쾌한 전략을 구상한다.

① 경쟁사(Competitor)보다 고객(Customer)에 집중한다.

② 자사(Company)만의 형편으로 판단치 않는다.

③ 3C 영역에서 선택, 차별화, 집중의 전략시나리오를 만든다.

* 고객의 니즈를 선택한다. 기준이 없으면 불가능하다.

* 경쟁사와 차별화를 도모한다. 창조하지 않으면 불가능하다.

* 자사의 자원을 집중한다. 리스크를 취하지 않으면 할 수 없다.

* 사이토 요시노리, 2001. '전략시나리오' 내용 인용

3. 매력 있는 일감 창출 프로세스

1) 전사 비전을 측정 가능한 구체적인 전사목표로 환산한다.

* 전략적 목표와 재무적 목표 간에 균형과 조화를 갖게 한다.

* 목표 설정치와 현재 상태치와의 비교분석을 통해 차이를 도출한
후 단계별 목표를 설정한다.

→전사 비전 KPI(핵심성과지표)를 개발한다.

✓ 목표설정의 필수조건: 비전과 현 상태의 연결성, 측정 가능한 구

체성 및 일관성, 장기적이고 의욕적인 목표.

2) 전사 목표치의 GAP을 메우기 위한 세부 경영전략을 수립한다.

   (전략적 사고기술 필요: 가설적, 논리적, 사업 판단적 사고)

   * 전사 사업영역별로의 시장성 속도와 경쟁정도 및 장기비전에 따라 포트폴리오의 구성을 변경하고 투자관리 전략을 수립한다.

   * 당해 전략사업단위(SBU)의 책임과 도달목표를 상정하고 그 달성을 위한 사업의 제품 및 서비스의 전략적 포지셔닝을 결정한다.

   * 전사 및 SBU전략을 달성하기 위한 비즈니스 가치사슬상의 기능전략을 수립한다. (내부자원 확보 및 외부자원 활용차원)

3) 각 전략과 연계된 KPI를 개발하고 목표치를 설정한다.

   * KPI는 데이터 측정가능성, 유용성, 결과의 통제가능성 등을 고려하여 전략별로 가능한 1, 2개 지표를 선정한다.

   * KPI별로 해당 부서 및 기간의 도전목표치를 설정한다.

   (고려요소: 실적치 분석, 경쟁사 지표치와 비교, 관련부서와 협의)

4) 매력적인 일감(실행과제)을 창출 및 종합한다.

   * 각 전략수립단계에서 도출된 실행과제들을 인과관계로 연결한다.

   * 단기간 추진이 필요한 과제, 하위과제와 중복되거나 상관관계의 고려가 필요치 않은 과제들은 별도로 우선적으로 추진한다.

   * 전략적 사고와 강한 문제의식을 체화시키기 위해 노력하며 과제 도출 관련 방법(6시그마 기법 등)들을 익혀서 활용한다.

4. 비전 공유 및 실현 프로세스

1) 전사 비전을 부서 및 개인 비전화한다.

→가치의 한 방향 정렬과정으로 비전실현의 가능성을 높일 수 있다.

* 전사 비전의 내용을 구성원들에게 충분히 이해시킨다.

* 전사 비전 수립과 동일한 방식으로 부서 비전을 수립한다.

* 부서 비전의 가치를 구성원들이 충분히 이해하는지 확인한다.

* 비전 선언서를 만들어 공유 선포식을 갖고 결의를 다짐케 한다.

2) 부서 비전 및 전략에 맞춰진 개인별 역량개발 로드맵을 만든다.

→비로소 일을 통한 학습의 열정을 갖게 할 수 있다.

* 전문가 유형 및 도달기간을 설정하여 자율적으로 선택케 한다.

* 역량개발 로드맵과 연계해서 공통관심사항을 중심으로 소그룹 단위의 CoP(자율학습조직활동)을 장려한다.

* 부서 공통이슈로 수평적 업무처리가 필요할 경우에는 조직차원 의 계획적 CoP를 구성해서 일과 중에 정규업무로 활동케 한다.

* 필요 시 두 가지의 CoP활동 운영시스템을 만들어 제도화한다.

 — CoP 활동계획의 등록, 활동결과의 발표 및 KMS등록, 활동결 과에 대한 평가 및 보상을 실시한다.

3) 개인별 역량개발 로드맵 이행상태를 점검한다.

→자신의 성장속도를 느끼게 될 때 조직 비전이 직무 및 삶의 의미 인식을 통한 소명감유발로 이어질 수 있다.

* 개인별 학습계획을 수립해서 시행하고 학습결과를 공유케 한다.

* 학습의 결과가 맡은 직무수행 성과에 미친 영향을 찾게 한다.

* 학습을 통한 능력신장이 부서 및 전사 비전과 전략과제에 어떤 기여를 하게 되었는지를 인지하게 한다.

* 이러한 일련의 학습과정 상황을 수시로 관찰하면서 격려한다.

5. 직무의 긍정적 의미발견 프로세스(리더, 구성원 공통)

  1) 맡은 직무의 긍정적인 영향력을 수시로 확인한다.

   → 자신의 일이 타인의 행복에 기여하는 바를 아는 사람은 일의 의미를 더 많이 인식하게 된다.

   * 개인 및 조직이 수행한 일의 결과물인 제품이나 서비스를 사용하는 고객들과 정기적인 접촉을 통해 피드백을 받는다.

     − 고객초청 강연회, 사은 및 품평회를 실시한다.

     − 고객을 직접 방문하여 다양한 의견을 청취한다.

     − 홈페이지를 이용한 고객반응도 파악 등의 노력을 한다.

   * 조직 내 관련부서 및 타인들과 정기적으로 피드백을 받는다.

     − 관련부서와의 정기 간담회를 갖는다.

     − CoP 활동에 참여한다.

  2) 맡은 직무를 사람들이 중시하는 보편적 가치와 연결시킨다.

   → 일을 보편적 가치(복리증진, 도움주기, 환경개선 등)와 연결하는 것은 일의 의미를 증대시킬 수 있다.

   * 조직(전사 혹은 부서)비전 실현을 위한 제반 행위들에 담긴 가치와 사람들이 큰 의미를 두는 보편적 가치와의 연계성을 확인한다.

     ✓ 다음 3가지 물음에 대한 생각을 정리해 본다.

       − 우리 조직의 비전과 추구가치는 무엇인가?

       − 나 자신이 중시하는 보편적 가치는 무엇인가?

       − 조직과 나의 추구가치가 어느 정도 일치하는가?

   * 조직 및 개인의 비전, 그리고 맡은 직무의 가치가 보편적 가치들과 구체적으로 어떤 연계성이 있는지를 찾는다.

3) 맡은 책무완수 결과가 가지는 장기적인 영향력을 중시한다.

→ 일의 의미성과 장기적 유산은 밀접하게 연결되어 있다.

＊ 조직의 가치 있는 유산물遺産物에 대해 구체적인 내용을 상상한다.

＊ 책무의 성공적인 완수가 가져오는 장기적 효과성을 찾는다.

（노력의 결과물이 오래도록, 많은 타인들에게 미치는 영향）

4) 타인을 돕고 기여하는 일에 초점을 두고 적극 행동한다.

→ 타인과의 관계 속에서 무엇을 얻었느냐(자기이익 목표)보다 무엇을 기여했느냐(기여목표)가 일의 긍정적 의미성에 연관되어 있다.

＊ 협조해야 할 관련부서 및 구성원들을 찾아서 적극 도와준다.

－ 리더는 협조 및 도움의 숨은 행동들을 찾아내어 더욱 높이 평가하고 격려하는 조직풍토를 만든다.

－ 자신의 직무수행과 직, 간접적으로 연관되어 있는 타부서 및 동료들의 업무를 파악해서 항상 협조할 준비를 한다.

－ 리더는 업무 주관 및 총괄자 중심의 평가방식을 업무협조자를 포함시킨 방식으로 조정한다.

＊ 어려움에 처한 동료들을 찾아서 위로하고 돕는 활동을 한다.

＊ 직무 외 도움활동들을 조직차원에서 정례화한다.

＊ 개인차원의 숨은 도움 및 기여활동들을 공개제도화한다.

－ 다양한 활동내용의 발굴시스템을 구축한다.

－ 모범적인 공헌자들을 정기적으로 선정해서 포상을 한다.

－ 리더가 공개적으로 자주 칭찬과 격려를 한다.

＊ Kim S. Cameron, 2008. 「Positive leadership」: 김명언 역, 2009. 「긍정에너지 경영」, ㈜ 지식노마드. pp.51－52, 113－117내용 인용

6. 과제별 역할분담 프로세스

  1) 향후 발생할 세부 업무활동 범위를 예측한다.

    * 과제수행의 세부프로세스를 파악, 분석한다.

    * 프로세스별로 발생할 주요활동들을 발굴한다.

  2) 활동단위별로 필요역량을 분석한다.

    * 필요역량의 이름을 정의한다.

    * 필요역량별로 요구 수준을 결정한다.

  3) 구성원 개인별 보유 역량을 객관적으로 평가한다.

    * 과거의 평가 및 교육이수실적 등을 점검한다.

    * 성격, 태도평가 등을 고려해서 잠재력을 평가한다.

  4) 환상의 작업팀을 편성하여 효율적으로 운영되게 한다.

    * 필요역량과 개개인의 보유역량을 매칭시켜 작업팀을 구성한다.

    * 자율성의 폭을 점차 확대시켜 나간다.

    (부록: '22. 효과적인 권한위임 방법' 참조)

7. 배려행동 촉진방법

  1) 동료 구성원들의 어려움들을 알게 한다.

    * 도움을 필요로 하는 동료들이 있는지를 살핀다.

    * 사생활을 침해하지 않은 범위 내에서 개인사個人事를 공유케 한다.

    * 가치공유 공동체(CoP)를 형성, 상호 어려움을 조기에 감지한다.

  2) 동정심을 공개적으로 표현하도록 장려한다.

    * 모임/ 행사를 개최, 개인적 감정과 반응을 공유할 수 있게 한다.

＊ 추모행사를 열고 상징물을 만들어 동정심을 직접 표현케 한다.

＊ 리더들이 직접 피해자들과 개인적인 만남을 갖는다.

(피해자 가정방문, 식사 및 대화의 시간 등)

3) 치유와 회복을 촉진키 위해 조직화된 조치를 취한다.

＊ 리더가 도와주기 행동에 적극 동참할 것을 명시적으로 요청하고

감동적인 도와주기 사례들을 자주 얘기한다.

＊ 기부금, 생필품 모으기 등 집단배려행동 확산을 촉진시킨다.

＊ Kanov, et al. 2004. "Compassion in organizational life". American Behavioral Scientist, 47, pp.808—827.

8. 의도적인 감사행위 생활화(리더, 구성원 공통)

1) 자신의 자아가치를 깊이 인식한다.

→ 조직 비전 및 추구가치의 확인과정과 유사하다.

＊ 나는 과연 도덕적인 사람인가, 나는 양심 있는 사람인가

(자신의 내면의 소리를 듣는다)

2) 자신에게 주어진 선물이 무엇인지를 깊이 생각한다.

→ 핵심역량 및 중요자원 확인단계와 유사하다.

＊ 내가 가진 강점들이 무엇인지, 잊고 지낸 강점들을 찾아낸다.

3) 자신의 하루 생활을 점검한다.

→ 조직현상분석 및 평가단계와 유사하다.

＊ 하루 동안 '고마워요' 라는 말을 얼마나 많이 하는지 되돌아보고

일주일 동안 매일 그 수를 증가시킨다.

＊ 매일 또는 매주 감사하게 느낀 일 3가지씩 찾아서 기록하는 감사

일기를 쓴다. (감사일기 쓰기)

→ 더욱 삶에 만족하고 낙관적이며 활력이 높고 타인들과 긴밀하게 연결되어 있다는 느낌을 받는다.(Emmons, R.A)

4) 개인의 도덕적 성숙도와 조직의 긍정성 개발을 위한 행동 변화를 시작한다.

→ 조직성과 향상을 위한 몰입 단계와 유사하다.

* 과거에 은혜를 입었던 일을 떠올리고 감사의 편지를 써서 보내는 일을 일상화한다. (감사편지 쓰기)

* 다른 사람을 방문하여 감사표현을 일상화한다.(감사방문 하기)

* 주기적으로 자신의 감사능력수준을 점검한다.(감사능력 점검하기)

* Shelton, C.S. 2000. Achieving Moral Health. NY: Crossroad.

⊙ 아래의 문항을 주의 깊게 읽고 귀하가 지난 1년간 실제로 어떠했는지에 근거하여 가장 적절한 숫자를 ( )에 적고 합산해 보자.

5— 매우 그렇다, 4— 상당히 그렇다, 3— 어느 정도 그렇다,

2— 약간 그렇다, 1— 전혀 아니다.

1. 나는 내 인생에서 많은 축복을 받았다. ( )

2. 나를 돌봐 주는 사람에게 항상 감사를 전한다. ( )

3. 내 생애 동안 내가 받은 것들에 대해 감사한다.( )

4. 나는 매일 깊은 감사를 느낀다. ( )

5. 내 삶을 돌이켜 볼 때 감사해야 할 일들이 많다. ( )

6. 나는 평소에 다른 사람의 도움이나 보살핌에 대해서 감사함을 잘 느끼고 감사의 표현을 잘 하는 편이다. ( )

√ 결과해석

6~9점: 감사능력이 부족한 상태로서 계발을 위한 적극적인 노력 필요

10~20점: 감사능력이 보통수준으로서 계발노력이 필요

21~25점: 상당한 감사능력보유 상태로서 강점계발이 필요

26~30점: 탁월한 감사능력보유 상태로서 대표적 강점으로 계발이 가능함. 자
신의 독특성을 가장 잘 보여 주는 긍정적 성격특징임

9. 상호 윈―윈의 협상방법

1) 협상계획을 치밀하게 짠다.

* 상대방을 사전에 연구한다. * 목표를 설정한다.

* 여러 선택권을 개발하고 양보할 수 있는 것과 받을 것을 파악한다.

* 상대방의 질문과 반대를 예상하고 답변을 준비한다.

2) 대면협상을 시작한다.

* 우호적인 분위기를 조성하고 인신공격성 발언을 자제한다.

* 상대방이 먼저 제안을 하도록 한다.

* 상대방의 주장을 경청하고 상대방이 원하는 것에 초점을 맞춘다.

* 너무 서둘러 양보하지 말고 반드시 반대급부를 요구한다.

3) 진전이 없을 때는 협상을 연기한다.

* 상대방이 협상을 연기하려 하면 긴박한 환경을 만들어 낸다.

* 다른 사람의 영향에 의해 조급하게 일을 처리해서도 안된다.

* 협상에 이르면 문서화하고 결렬되면 문제를 분석, 파악하여 향후
의 협상능력을 개선한다.

* Achua & Lussier, 2010, "Effective Leadership". pp.125―129

10. 용서행위 활성화 방법

1) 조직의 결과물들을 의미 있는 더 나은 상위목적과 연관시킨다.

→ 구성원들의 주된 관심을 고무적인 목표달성 쪽으로 이동시킨다.

  * 구성원들이 경험한 충격, 손실, 부당함을 인정한다.

  * 자기연민이나 이기심에서 벗어나게 한다.

  * 다른 사람 또는 다른 가치에 공헌할 수 있는 기회를 갖게 한다.

2) 높은 기준을 유지케 한다.

  * 실수를 용인하는 것, 기대치를 낮추는 것이 아님을 알게 한다.

  * 실수나 문제점의 집착에서 벗어나 더 높은 기준을 지향케 한다.

3) 조직이 구성원 개인적 성장과 행복을 중요시하고 있음을 알게 한다.

  * 가해자를 고립시키거나 희생자의 고통을 무시하지 않는다.

  * 적극적인 지지를 제공함으로써 인간미를 느끼게 만든다.

4) 조직 내의 언어사용에 관심을 갖는다.

  * 화해, 동정, 겸손, 용기, 사랑 같은 단어들이 널리 사용되게 한다.

    → 용서를 위해나 공격에 대한 적합한 대응행동으로 여기게 만든다.

* Cameron, K.S. 2008. Positive Leadership: 김명언 역. 2009. 『긍정 에너지 경영』, pp.55~56

11. 공정평가 프로세스

1) 개인별 목표를 함께 설정한다.

  * 다소 무리할 정도의 타깃을 정량적으로 설정한다.

  * 명확한 평가기준까지 제시한다.

2) 업무진척 상황을 평소에 잘 모니터링한다.

  * 중간면담 및 코칭을 정기 또는 비정기적으로 실시하고 그 결과를
    정확하게 반드시 피드백한다.

  * 피드백 후에 능력개발, 업무추진방향, 비공식적인 업무협조사항

까지 모니터링하고 결과를 기록하여 둔다.

3) 축적된 자료로 투명하고 객관성 있는 평가를 한다.

　＊ 다양한 자료(모니터링, 교육이수실적 등)를 기초로 평가한다.

　＊ 목표 설정 시의 평가기준을 리뷰하면서 확인한다.

4) 평가결과를 잘 피드백한다.

　＊ 조직의 핵심성과지표에 어떻게 기여했는지를 이해하게 한다.

　＊ 만족치 못한 부분에 대해 향후 교정방향과 조언을 한다.

　＊ 노력한 부분을 찾아 반드시 칭찬, 인정해 준다.

　＊ 평가결과를 개인별 역량개발에 적극 활용토록 조치한다.

12. 효과적인 칭찬방법

1) 무엇이 올바르게 행해진 것인지 정확하게 말하라

　＊ 반드시 상대방의 눈을 봐야 한다.

　＊ 구체적이고 묘사적이어야 한다. 결과뿐 아니라 과정도 포함한다.

　＊ 너무 오랫동안 말하지 않는다.

2) 왜 그 행동이 중요한지 이유를 말하라

　＊ 그 행동이 조직과 개인이 어떻게 이득이 되는지를 말한다.

　＊ 행동에 대한 느낌을 말하는 것도 좋다.

　＊ 구체적이고 서술적이어야 한다.

3) 다양한 방식을 고안해서 칭찬하라.

　＊ 차별화된 방식을 택한다.

　＊ 예상 외의 상황에서 칭찬한다.

　＊ 공개적으로 하거나 제3자에게 전달한다.

4) 침묵을 위해 잠시 멈춰라

　　* 칭찬의 영향을 느낄 수 있는 기회를 주어야 한다.

5) 지속적으로 성과를 내도록 격려하라.

　　* 편안함을 느낄 때 접촉하면서 수시로 격려한다.

* Achua & Lussier, 앞의 책, pp.91—92

제5장: 훌륭한 관계 창조
(Creation of High Quality Connection to Others)

13. 진정한 위기의식 고취방법

1) 현재의 위기상황 정도를 진단하고 대응책을 강구한다.

① 경영위기의 정도를 파악한다.

* 최근 실현이익 창출의 원천을 먼저 분석한다.

— 자체노력과 외부 환경적 요인으로 구분, 비교한다.

* 해당조직의 위기의식 수준을 진단하고 대응책을 강구한다.

— 어느 종류의 위기상황에 속하는지를 판단한다.

√ 이미 위기가 닥쳤는데도 느끼지 못하고 있는 기업인가?

√ 위기를 늦게나마 인식하고 합심해서 극복해 내는 기업인가?

√ 앞으로 닥칠 위기를 자만에 빠져 느끼지 못하는 기업인가?

√ 다가오지 않은 위기상황을 인식하고 대비해 나가는 기업인가?

② 보이지 않는 조직병폐의 정도를 파악한다.

* 구성원들의 윤리의식 수준을 정기적으로 진단한다.

* 조직병폐 사례발굴을 위한 제도적 장치를 마련하고 사례의 유형, 빈도수 등을 체크 및 기록한다.

* 조직병폐의 정도를 판단한 후 대응책을 마련한다.

2) 다가오지 않는 경영 위기상황을 절박하게 느끼게 한다.

① 외부환경변화가 경영에 미치는 영향도를 구체적으로 파악한다.

　＊ 어떤 경영환경 요소가 크게 달라지고 있는지를 파악한다.

　－ 트렌드 중심으로 환경변화의 특성을 찾아낸다.

　＊ 환경변화의 특성들이 회사에 미치는 영향도를 분석한다.

　－ 현재의 위협요소 및 위협의 정도, 향후의 위협 및 기회요소의
　　 예측과 정도를 종합한다.

　－ 해당부서의 기능과 역할에 적합한 환경변화특성 중심으로 관
　　 심을 유발케 하는 설명 및 교육포인트를 찾는다.

② 누가 언제 물어도 설명 가능한 나름의 논리구조를 갖는다.

　＊ 데이터나 사실들을 근거로 설명포인트를 충분히 소화한다.

　＊ 나름의 설득논리로 직접 설명 및 교육자료를 만든다.

③ 구성원들을 대상으로 실질적인 기회교육을 실시한다.

　＊ 각 부서 여건에 맞는 교육일정 계획을 수립하고 대상자의 니
　　 즈에 따라 교육방법을 달리한다.

　＊ 대화의 신뢰감을 갖게 하는 방법을 익히며 구성원들로 하여금
　　 설명 내용에 대해 느낌이나 의견을 말하게 한다.

3) '보이지 않는 죄' 를 스스로 인식하게 한다.

　① '보이지 않는 업무 죄' 를 인식시킨다.

　　＊ 평소 업무수행 자세나 태도를 유심히 관찰 및 지도한다.

　　＊ 조직 비전과 전략과제의 중요성을 인식케 유도한다.

　　＊ 맡은 직무 및 조직의 의미를 스스로 인식하게 유도한다.

　　＊ 자신의 '보이지 않는 업무 죄' 의 종류를 깨닫게 한다.

　　　(업무방관, 우둔, 절도, 실수 죄)

② '보이지 않는 양심 죄'를 터놓고 논의하는 조직풍토가 되게 한다.

  * 구성원들의 청렴도 수준을 정기적으로 파악하여 둔다.

  → 전문부서나 기관에 의뢰하여 객관성 있게 조사하는 방법으로!

  * 윤리 및 비윤리적 사례들을 평소에 정리하여 둔다.

  → 교육적인 가치가 있는 사례를 중심으로!

  * 적정 시간을 이용하여 기회교육을 반복해서 실시한다.

  → 한두 개 사례를 중심으로 하여 상호의견 교환 식으로!

14. 조직의 핵심가치 공유속도 향상방법

 1) 조직의 핵심가치 공유정도를 수시로 확인한다.

  (2가지 방향, 5가지 점검사항)

 ① 일상 업무 수행원칙과 기준을 핵심가치에 두고 있는가?

  * 문제의식을 갖고 현상을 심층 분석하고 있는가?

  * 핵심 성과지표별로 도전적인 목표치를 설정하고 있는가?

  * 목표설정 및 과제에 고객니즈를 반영하고 있는가?

 ② 혁신 시스템 및 제도들이 계속 진화하면서 제대로 작동되고 있는가?

  * 시스템/제도들과 핵심공유가치와의 관련성을 이해하는가?

  * 핵심가치가 흡수된 고유의 상품들이 만들어지고 있는가?

 2) 현장의 리더 중심으로 조직의 핵심가치 공유속도를 높인다.

  → 전체성의식에 기초한 경영자적 입장에서 생각하고 행동한다.

 ① 절실한 심정으로 커뮤니케이션 활동을 한다.

  * CEO의 경영철학을 나름대로 정리하는 습관을 가진다.

  * 중요한 키워드는 반드시 기억해 둔다.

＊ CEO의 경영철학을 중심으로 업무를 수행한다.

② 핵심가치 공유속도를 높이기 위해 적극적으로 노력한다.

＊ 회사의 핵심 공유가치를 완전히 이해한다.

＊ 구성원들에게 기회 있을 때마다 반복 설명한다.

＊ 정기적으로 핵심가치 공유상황에 대해 논의하는 기회를 갖는다.

＊ 교육 전담부서에서 핵심가치 공유 체험프로그램을 개발, 운영한다.

15. 긍정적 관계촉진 방법

1) 조직의 긍정적 에너지 네트워크를 구축한다.

→받는 것보다 주는 긍정적 관계는 긍정적 일탈을 촉진시킨다.

① 구성원들 간의 긍정에너지 네트워크 실태를 파악한다.

＊ 포괄적이고 엄정한 방식으로 조사, 분석한다.(설문조사방식)

－ 구성원 개개인의 에너자이저 형태를 파악한다.

－ 조직의 에너자이저 연결망을 작성한다.

＊ 성공적인 에너자이저 이름을 기술토록 한다.(이름기술방식)

－ 조직내 성공적인 에너자이저 2—3명의 이름을 쓰도록 한다.

－ 결과를 도표화하고 가르칠 사람(이름이 많이 나온 사람: 활력
창출자)과 교육받을 사람(이름이 적게 나온 사람: 활력 고갈
자)을 파악한다.

② 긍정적 에너자이저의 역할을 확대한다. (활력 창출자 허브조성)

＊ 리더 스스로 긍정적 에너지를 모범적으로 보여 준다.

－ 직무소명감에 기초한 일에 대한 열정적, 탐구적 행동을 보인다.

－ 누구에게도 겸손하고 어떤 얘기도 경청하는 자세를 갖는다.

＊ 긍정적 에너자이저를 높이 평가하고 보상한다.

　─ 직무수행관련 타부서 및 타인들에게 협조한 사항을 발견한다.

　─ 도움 받은 것과 준 것의 내용을 파악하여 상호 평가되게 한다.

　─ 직무 외 타부서 및 타인들을 도운 사항도 파악, 보상한다.

＊ 긍정적 에너자이저에게 타인과의 상호작용과제나 역할을 맡긴다.

　─ 가능한 많은 사람에게 영향을 주는 일을 맡도록 한다.

　─ 직무순환을 자주하고 점차 직무범위를 넓혀 나가게 한다.

③ 부정적 에너자이저들을 효과적으로 관리한다. (활력 고갈자 교육)

＊ 활력 고갈 행동과 조직에 미치는 영향에 대해 직접적이고 솔직한
피드백을 제공한다(1단계조치).

＊ 교육과 코칭훈련을 실시한다(2단계조치).

＊ 조직의 변두리 위치로 이동, 기술적 역할만 부여한다(3단계조치).

2) 개인 및 조직의 강점을 강화한다.

　→ 강점을 발견하고 강화하는 일은 취약점을 찾아서 고치는 일보다
더 큰 이익과 긍정적 관계를 형성한다.

① 실수·오류보다 성공체험(의미 창조 경험)을 더 돋보이게 한다.

② 취약점보다 강점에 근거하여 구성원들을 이끈다.

＊ 성공체험을 자축하고 잘 되는 것을 축하한다.

　→ 사람들은 자신의 부정적 이미지보다 긍정적 이미지를 피드백
받았을 때 더 효과적으로 모방하고 학습한다.

＊ Kim S. Cameron, 앞의 책, pp. 73─80

16. 겸손형 리더 되기

1) 리더로서의 기본적인 매너를 훈련하여 실천한다.

→ 감정관리에 능숙하라!

* 누구를 만나든, 어떤 상황에서든 항상 밝은 표정을 짓는다.

* 좋은 말, 고운 말을 사용한다.

* 상대방을 무시하는 생각을 결코 하지 않는다.

2) 겸손형 주변의 환경으로 만들어 놓는다.

→ 사소한 것에 신경을 써라.

* 사무실을 업무특성과 역할 중심으로 배치한다.

* 사무실 공간을 여유롭고 화려하게 꾸미지 않는다.

* 각종 행사 시 의전儀典대우를 받지 않는다.

17. 중요한 일에 몰입하기

1) 알맹이 있는 일들을 스스로 찾아서 수행한다.

(리더의 가치 창출 중심적 행동 우선순위 3대 포인트)

* 해서는 안 될 불필요한 일을 먼저 제거한다.(낭비업무 제거)

* 더 가치 있는 일을 발굴한다.(매력 있는 일감 발굴)

* 먼저 해야 할 일을 결정한다.(일의 우선순위 결정)

2) 앉아서 보고받는 시간을 없앤다.

* 회의, 보고에 대한 시간코스트를 따지는 버릇을 습관화한다.

* 단순 정보형 자료는 거의 E-mail로 보고받는다.

* 조직의 전략 구상시간과 현장 찾아가는 시간을 늘린다.

18. 올바른 경청자세(리더, 구성원 공통)

1) 주의력을 기울인다.

  * 말하는 것을 멈추고 즉각 상대방에 주의를 기울인다.

  * 마음을 편안하게 하고 다른 생각들을 없앤다.

    → 처음의 말을 놓치면 전체를 이해 못하게 된다.

  * 말하는 사람에게 눈을 떼지 않는다.

  * 산만한 행동을 하지 않는다.

2) 상대방과 보조를 맞춘다. 경청하고 있음을 보여 줘라.

  * 발언에 동의하지 않는다고 관심을 돌리는 것을 피한다.

  * 주제가 어려우면 질문을 한다.

  * 비언어적 표현을 활용한다(시선집중, 고개 끄덕이기 등)

  * 대답할 것을 미리 생각하지 말고 우선 경청한다.

3) 섣부른 가정과 말 끊기를 하지 않는다.

  * 무엇을 말하려고 하는지 이미 알고 있다고 가정하지 않는다.

  * 말을 시작하자 말자 섣부른 결론을 내지 않는다.

  * 메시지와 비언어적 표현이 다를 경우 질문하여 의도를 확인한다.

  * 상대방 말을 끊지 말고 전부 경청한다.

  * 완전히 경청한 후에 나름의 논리로 의견을 말한다.

4) 질문 및 메모를 한다.

  * 말의 앞뒤가 맞지 않거나 이해를 못할 경우 질문한다.

  * 필기구와 메모지를 항상 지참한다.

  * 중요부분은 반드시 메모하여 기억하도록 노력한다.

* Achua & Lussier, 앞의 책, p.175 내용 요약

19. 코칭피드백을 주는 방법

1) 구성원들과의 후원적인 업무관계를 개발한다.

    * 구성원들의 의견에 귀를 기울이는 시간을 더 많이 할애한다.

    * 업무를 더 잘하도록 정기적으로 질문을 한다.

    * 업무향상에 방해되는 걸림돌을 제거한다.

2) 칭찬과 인정을 한다.

    * 업적을 신속히 인정한다.　* 성공을 자축한다.

3) 비난하거나 난처하게 하지 않는다.

    * 기분을 언짢게 하지 않는다.* 때로는 침묵도 필요하다.

    * 실수를 하나의 학습경험으로 여긴다.

4) 사람이 아닌 행동에 집중한다.

    * 구성원들 스스로 자신의 성과를 평가하고 비판하도록 한다.

    * 추론이 아닌 관찰된 사실에 근거하여 구체적인 피드백을 적시에 제공한다.

    * 실수 지적보다 일을 잘 했을 때의 긍정적인 결과를 알려 준다.

5) 모델링과 훈련을 제공한다(4단계 방법).

    * 훈련받는 사람(구성원)이 사전준비 과정을 거치게 한다.

    * 훈련 제공자(리더)가 과업의 단계를 설명하면서 천천히 수행한다.

    * 훈련받는 사람이 직접 과업을 수행케 한다.

    * 훈련제공자가 사후 점검을 한다.

6) 능력이 부족한 구성원들에게는 별도 코칭모델을 이용한다.

* 현재 성과를 설명한다. * 기대하는 수준의 성과를 정한다.

* 현재 성과와 목표 성과와의 차이를 메우기 위한 노력을 한다.

* 사후점검을 한다.

* Achua & Lussier, 앞의 책, pp.181—189 내용요약

20. 자아인식 능력향상

1) 조직 속에서의 자기 자신의 정체성을 수시로 점검한다.

① 자신의 삶의 목적과 신봉가치를 기술한다.

* 획득코자 하는 존재양식이나 최종목표를 기술한다.

* 삶의 목적을 얻기 위한 수단(선호하는 행위방식)을 기술한다.

② 개인적 삶의 의미(삶의 목적, 신봉가치)에 영향 주는 요소들을 과
거 조직 사회생활 속에서의 경험을 중심으로 점검한다.

* 자존감과 일에 대한 효능감의 정도를 생각해 본다.

* 자신의 삶에 대한 내재적 통제위치의 수준을 생각해 본다.

* 자신의 추구가치를 남기려는 욕구의 강도, 조직의 번영과 타
인의 행복에 기여하기 위한 노력도를 생각해 본다.

③ 개인적 삶의 의미와 실제행동과의 차이정도를 확인하고 좁히기
위한 각오와 함께 적극적인 노력을 기울인다.

* 자신의 추구가치와 조직 비전 및 핵심가치와의 일치성을 확인
한다.

* 조직 비전실현을 위한 자신의 강점을 찾아낸다.

* 조직 비전실현을 위한 자신의 기여행동 내용들을 기술한다.

2) 타인이 보는 자기를 똑바로 인식한다.

① 구성원들이 평가하는 리더의 진실성을 정기적으로 파악한다.

  * 외부 전문가에 의한 설문조사분석 및 피드백을 실시한다.

② 분석 결과를 중심으로 인식능력 향상을 위해 노력한다.

  * 자아성찰 방법들(명상 등)을 강구한다.

21. 정밀관리 방법

(현장상황 파악하기)

1) 현장의 니즈를 실시간으로 파악한다.

  * 제반 제도나 시스템 운영상의 문제점들을 찾아낸다.

  * 각 부서의 고객을 정의하고 니즈변화를 지속적으로 관리한다.

  * 고객 및 경쟁사들의 정보를 입수, 분석하는 채널을 갖는다.

  * 구성원들의 요구사항을 제때에 파악하는 채널을 갖는다.

  * 입수한 현장의 니즈를 해결해 주는 조치를 취한다.

2) 현장에 직접 가서 확인한다.

  * 매일 중요한 점검사항을 1—2건 선택하여 확인한다.

  * 어떤 문제를 가지고 현장에 정기적으로 자주 나간다.

(구성원들의 개인처지 이해하기)

1) 개개인의 고민사항을 구체적으로 파악한다.

  * 이름을 외워서 기억한다.

  * 애로사항들을 파악해서 기록하거나 기억해 둔다.

2) 평소에 관심을 갖고 진심으로 해결하려는 노력을 한다.

  * 관심을 가지고 보살펴 주려고 노력한다.

* 가능한 자주 만나서 진실한 대화를 나눈다.
* 개인별 면담계획을 세워서 실질적인 미팅을 한다.
 - 일대일의 사적인 미팅을 정기적으로 갖는다.
 - 충분한 시간을 갖고 구성원의 역량 및 성과향상과 리더와의 긍정
   적 관계구축에 초점을 두고 실시한다.
 → 불시면담이나 비효율적이고 불필요한 긴 회의를 불식할 수 있다.

(진실한 행동하기)

1) 리더 자신의 약점을 감추려고 하지 않고 솔직하게 드러내어 보인다.
 * 지나치게 완전무결한 이미지를 보여 주려고 노력하지 않는다.
 * 구성원들의 어떠한 질문과 아이디어도 수용하는 개방적 태도를 가
   지고 열린대화를 한다.
2) 특히 위험상황에서는 앞장서서 구성원들을 이끈다.
 * 긍정적 심리능력수준을 수시로 확인, 성찰한다.
 * 자발적으로 비전실현을 위해 노력토록 영감을 일으킨다.
3) 후계자 양성에 특별히 관심을 쏟는다.
 * 구성원들의 심리적 역량과 강점들을 확인하고 개발한다.
 * 구성원들 중 2—3명의 후임자를 항상 염두에 두고 육성한다.
 * 리더 스스로 자기개발에 노력하는 모습도 보여 준다.

22. 도덕적 자아에 준거한 진실한 행동

1) 이기심에 흔들리지 않는 정직하고 청렴한 생활을 한다.
 ① 조직의 자산을 죄의식 없이 사적으로 이용하지 않는다.

* 예산, 비품 등 공적인 자산을 개인용도로 사용하지 않는다.

* 조직의 중요정보를 이용해서 사적 이득을 취득하지 않는다.

* 근무시간 중에 직무와 관련 없는 사적인 활동을 하지 않는다.

② 조직과 개인의 이익이 상치될 경우에는 조직의 이익을 우선한다.

* 거래업체와 직무관련 비정상적 거래를 은밀히 하지 않는다.

* 친인척을 비정상적인 방법으로 자신의 조직과 연계시켜 이익을 취득케 하지 않는다. (인사 청탁, 영업거래 등)

2) 타인과의 관계에서 숨김없는 투명한 생활을 한다.

① 대외 이해관계자와의 관련내용을 당당히 알린다.

* 거래업체와의 관계행동의 당위성에 대해 사전 동의를 구한다.

* 접촉 후의 내용과 성과를 숨김없이 공개한다.

② 윤리경영 실천프로그램들이 실제적으로 이행되게 한다.

* 리더가 먼저 솔선해서 윤리프로그램을 실천한다.

* 거래업체도 윤리규범을 준수토록 권장한다.

* 자발적인 사회봉사 활동을 보이지 않게 많이 한다.

제6장: 더 나은 의미 창조
(Creation of Better Meaning in work)

23. 효과적인 권한위임 방법

1) 위임해야 할 업무를 찾는다.

* 평소에 특별히 소요시간이 많은 부분을 파악해 둔다.

* 리더 자신의 조언이 필요한지를 판단한다.

* 가능한 '하고 싶어 하는' 미경험분야를 하게 한다.

2) 누구에게 위임할 것인지를 결정한다.

* 특히 개인의 성격특성들을 크게 고려한다.

* 전문성과 경험, 개인의 강점들을 파악한다.

3) 직무계획을 세우고 위임을 한다.

* 위임의 필요성, 위임할 구성원을 선택한 이유를 설명한다.

* 책임권한의 수준, 완료일정이 포함된 목표를 정한다.

* 목표달성을 위한 구체적인 계획을 수립한다.

* 적절한 조언과 지도를 하되 구성원이 책임을 지게 한다.

5) 위임 업무추진의 장애요소를 제거해 준다.

* 리더 자신의 언행에 대해 수시로 성찰한다.

* 창의력을 묶는 규정과 절차는 없는지 점검, 개선한다.

* 비합리적인 제도나 시스템은 없는지 점검, 개선한다.

* 관련 정보를 제공하고 사내외 교육도 적극 받을 수 있게 조치한다.

24. 협조형태의 갈등해소방법

1) 문제의 주도권을 유지케 하는 BCF 발언을 준비한다.

(BCF: Behavior, Consequence, Feeling)

* 상황을 평가하지 말고 설명하기만 하면 된다.

* 가능한 발언을 짧게 한다.

* 상대가 바쁠 때는 추후에 만나 갈등을 해결하는 것이 좋다.

* 상대방에 관심을 보이고 윈－윈하는 상황을 만들어 내도록 한다.

2) BCF 발언을 한 다음에 갈등의 존재에 대해 동의한다.

* 계획된 BCF 발언을 한 다음에 상대방이 반응할 기회를 준다.

* 상대방이 이해 못하거나 문제를 인정치 않을 때 인정할 때까지
다양한 방법으로 계속 설명한다.

3) 여러 가지 갈등해소 방법을 요구하고 제시한다.

* 시작할 때 갈등해소 방안에 대해 상대방에게 물어본다.

* 만약 방안에 동의치 않을 경우는 자신의 해결방안을 제시한다.

* 문제의 존재를 인정하지만 문제해결에 소극적일 때는 공동목표를
강조한다. 즉 전체차원에서 혜택이 돌아간다는 점을 인식케 한다.

4) 변화를 위한 합의를 이끌어 낸다.

* 양측이 취해야 할 구체적인 행동에 합의토록 노력한다.

* 갈등해소를 위해 관여된 모든 사람들이 취해야 할 행동에 관해서
명확히 언급하고 복잡한 사안에 관해서는 기록한다.

* Achua & Lussier, 앞의 책, pp.196－197 내용요약

25. 현장 자율학습 생활화 방법

　1) 전사 지식공유시스템(KMS)을 제대로 작동되게 한다.

　　* 지식 공유 및 창출 유도를 위한 인센티브제도를 운영한다.

　　* KMS이용의 필요성을 스스로 느끼는지를 점검한다.

　　* KMS활용이 생활화될 수 있도록 관심을 가진다.

　2) 학습동아리 활동들이 실질적으로 되게 한다.

　　* 과도한 물적인 인센티브에 의한 활동이 되지 않도록 한다.

　　* 그러나 우수CoP 활동에 대해서는 평가하여 포상한다.

　　* CoP활동들이 개인별 역량개발 로드맵과 연계되게 한다.

　3) 학습의욕을 고취시키는 좋은 질문을 한다.

　　* 좋은 질문의 기본원칙을 숙지한다.

　　　－ 대화초반과 중반은 탐색을 위한 질문과 경청, 종반은 의견을
　　　　피력하거나 결론을 유도한다.

　　　－ 유도질문을 금지하고, 정곡을 찌르는 요점식 질문을 한다.

　　* 좋은 질문방법을 익혀서 활용한다.

　　　－ 시스템 및 제도들에 대한 취지와 원리를 정확히 숙지한다.

　　　－ 혁신 과제에 대한 추진현황과 문제점을 정확히 파악한다.

　　　－ 좋은 질문방법에 대한 교육프로그램을 주기적으로 받는다.

26. 최상의 자기발현사례 피드백 방법(리더, 구성원 공통)

　1) 대상자를 잘 아는 사람을 선정하여 간략한 질문에 응답케 하고 최
　　상의 모습을 사건 및 이야기 형태로 기술토록 한다.

　　✓ 당신은 이 사람이 언제 남다른 기여를 하는 것을 보았습니까?

✓ 이 사람은 어떤 강점을 보여 줬습니까?

2) 대상자의 핵심강점들을 분석한 후에 양방향적 피드백을 한다.

  * 사례를 전달받은 사람은 사례나 일화들의 내용을 요약하고 자신의 최상의 모습을 그려 본다.

  * 피드백을 받은 구성원은 긍정적인 특성들을 활용하고 확장하기 위해 전력을 다하며 과거사를 강점으로 바라본다.

3) 구성원들의 강점 및 긍정적인 특질들을 부각해서 알려 주는 정기적인 피드백을 지속적으로 실행한다.

  * '최상의 자기 발현사례' 공유 포럼을 개최한다.(매 분기, 매년 단위)

  * 개인의 독특한 공헌이나 성취를 기술하여 칭찬하는 다양한 방안들을 시행한다. (강점카드 작성 및 나누기 등)

* Kim S. Cameron, 앞의 책, pp.93—97 내용요약

27. 실수 · 실패사례의 학습자원화 방법

1). 실수(Error) 및 실패(Failure) 수용풍토를 조성한다.

  ① 실수나 실패의 유형을 분석한다.

  ② 실수나 실패로 인한 조직의 손실내용과 그 의미를 찾아 공개한다.

  ⊙ <u>실수(E), 실패(F)의 3가지 유형:</u>

  ✓ 좋은 E, F: 도전적인 목표와 과제를 설정, 노력을 하였으나 다소 미달한 경우로서, 가치 있는 E, F로서 지속적으로 권장되어야 한다.

  ✓ 나쁜 E, F: 낮은 목표와 쉬운 과제를 설정하여 목표달성을 미달했거나, 소극적인 자세로 일을 수행함으로써 미달한 경우로 가치 있는 좋은 E, F로 빨리 전환을 유도할 필요가 있다.

✓ 최악의 E, F: 나쁜 E, F를 반복하는 경우로 조직차원에서 빠른 시
간 내에 즉각 중지하게 하는 강력한 조치가 필요하다.

2) 지지적인 의사소통 분위기를 조성하여 긍정적 인간관계를 계속 유
지 또는 강화되게 한다.

① 일관성 있고 진솔한 의사소통 방법을 사용한다.

② 논쟁과 평가가 아닌 공통점과 협력을 강조하는 건설적인 대화를
이끌어 낸다.

⊙ '사실 기술적 의사소통' 방법:

✓ 사람이 아닌 행동과 사건에 초점을 두고 발생사건 및 고칠 필요가
있는 행동을 객관적으로 기술한다.

(평가하기보다는 상황을 기술하라)

✓ 행동에 대한 반응이나 결과들을 기술한다.

(비난하기보다는 관련된 객관적인 결과나 느낌을 분명히 하라)

✓ 논의초점을 문제해결에 두고 수용 가능한 대안을 제시한다.

(옳고 그른지를 논의하기보다, 수용 가능한 대안을 제시하라)

* Kim S. Cameron, 앞의 책, pp 97–102 내용에서 발췌

3) 실수나 실패 사례들을 학습자원화한다.

① 중대한 실수나 실패사례들을 발굴해서 정리한다.

(대형 투자실패, 설비사고, 화재사고 등)

② 교육 및 학습가치가 높은 사례를 뽑아서 자료화한다.

③ 사례중심의 교육 및 학습프로그램이 되게 한다.

28. 긍정적 조직변화 모델 (장점탐구 4D방법)

  1) 조직의 긍정적 역량을 밝혀낸다. (Discovery단계)

   * 핵심적 긍정요소를 발굴하기 위해 참가자들에게 질문을 한다.

     → 조직의 강점과 최고의 사례를 명확히 규명하는 과정이다.

   * 참여자는 '가치발견 인터뷰'에 참여하고 주요사항을 점검한다.

   * 소규모 단위의 장점탐구형태(CoP 운영)와 대규모 단위의 장점탐
     구형태(포럼 등)로 나누어 운영할 수 있다.

  2) 긍정적 피드백순환이 일어나게 하고 꿈을 형성한다. (Dream단계)

   * 세상에 긍정적인 영향을 불어넣는 조직의 잠재력을 상상한다.

   * 구성원들의 꿈을 공유하고 극적인 미래모습을 만든다.

     → 참여자들 간에 강점들을 서로 주고받으며 개발적이 된다.

  3) 꿈을 실현키 위해 조직을 재설계한다. (Design단계)

   * 핵심적 긍정요소가 모든 전략, 프로세스, 시스템, 의사결정, 협력
     관계에 확실하게 반영되는 방안을 도출한다.

   * 핵심적 긍정요소와 연관된 도전적인 선언문을 작성한다.

   * 협창력, 직무소명감의 수준, 조직유연성 등을 점검한다.

  4) 자기 조직화와 변혁적 과정이 일어나게 한다. (Destiny단계)

   * 1-3단계에서 고무된 실행과제를 도출한다.

   * 추진코자 하는 과제들에 대한 공식적인 선포와 지원을 요청한다.

   * 자발적으로 과제추진단을 구성하고 과제실행 계획을 수립한다.

     → 모두가 변화의 주체로서 한 사람의 탐구자가 되어 보게 하고,
       또 타인들이 탐구활동에 동참할 수 있는 분위기를 조성한다.

* Cooperrider & Whitney, 2005. "Appreciative Inquiry". 유준희 외 역, 2009. '조직변화의 긍정
  혁명', pp.83-107

29. 직무의미 인식 및 의미 창조 활동수준 점검

1) 맡은 직무를 조직 차원에서 통합된 전체로 인식한다.

   * 조직이 부여한 자신의 직무(직무규정)를 조직 비전 및 목표와의 연관성 측면에서 이해한다.

   * 규정상의 업무를 뛰어넘는 전체성의식의 중요성을 이해하게 한다.

2) 맡은 직무의 의미를 스스로 재설계 한다.

   * 통합된 전체차원의 직무의미를 재설정한다.

   * 조직 전체차원에서 최대의 직무 효과성을 내기 위해서 연관된 직무 경계영역의 범위와 내용을 list up 한다.

     - 세부업무활동 프로세스를 list up 한다.

     - 프로세스별로 직무형태나 수(과제)를 찾아, list up 한다.

   * 재설계 직무를 중심으로 업무수행 보유자원들을 확인한다.

     (전문능력, 인적자원, 예산, 책임권한규정 등)

3) 직무과제수행 관련 조직 및 타인들과의 관계성을 점검한다.

   * 재설계 직무와 규정상의 직무를 비교, 중복업무를 찾는다.

   * 업무협조사항을 list up하고 효과적인 방안을 강구한다.

     (누구와 언제, 어떻게 추진할것인가?)

   * 긍정적인 인간관계형성에 초점을 둔 노력이 되고 있다.

4) 직무재설계에 근거해서 가치 있는 의미 창조활동을 한다.

   * 과제의 형태와 수(일의 흐름, 일의 양과 순서)를 변경한다.

   * 새로운 과제수행방법을 고안한다.

5) 자신의 일에 대한 태도를 수시로 점검해 보고 있다.

＊ 일에 대한 3가지 태도(직업수단적, 경력추구적, 소명지향적) 중에서 어느 태도에 더 관심을 두고 있는지를 확인한다.

＊ 일에 대한 태도가 맡은 직무의 의미 인식의 정도와 인지적 경계 영역 재설정의 내용과 관련성이 있음을 스스로 이해한다.

⊙ 나의 일에 대한 태도는 현재 어디에 머물고 있는가?

아래 9개 문항을 잘 읽은 후 5단계 중 해당되는 숫자를 기입하시오.
1— 전혀 아니다, 2— 약간 그렇다, 3— 어느 정도 그렇다,
4— 상당히 그렇다, 5— 매우 그렇다.

1. 내가 일하는 기본적인 이유는 가족부양 등 재정적인 이유에 있다.( )

2. 나는 일하는 동안에 시간이 빨리 가기를 기다릴 때가 자주 있다. ( )

3. 주말과 휴가는 내가 기다리는 즐거운 낙이다. ( )

4. 현재 내가 하는 일은 몇 년 후에 보다 나은 위치에 있기 위해 거치는
   하나의 과정이다. ( )

5. 간혹 지금 하고 있는 일이 지루하고 시간낭비라는 생각이 들기도 한
   다. ( )

6. 내 일에서 인정을 받으면 승진에 유리할 가능성이 높다. ( )

7. 현재 내가 하는 일은 내가 속해 있는 조직 및 사회를 보다 가치 있게
   만드는 일로서 큰 보람을 느낀다. ( )

8. 내 일은 조직발전을 위해 누군가는 반드시 해야 할 일이다. ( )

9. 내가 재정적으로 안정되면 급여보상에 관계없이 현재의 일을 계속할
   것이다. ( )

∨ 1,2,3 항목(직업 수단적 태도: 15점), 4,5,6 항목(경력 지향적 태도: 15점), 7,8,9 항목(소
명 지향적 태도), 세 그룹으로 나누어서 점수를 계산하여 그 정도를 각각 비교해 보고 아
직 어떤 태도에 치우쳐 있는지를 확인한다.

'그저 그런' 통상적인 리더에서
'리더다운' 진정한 리더로

　어떤 조직, 어떤 직위에서든 모두가 효과적인 리더십을 발휘하는 '리더다운' 진정한 리더를 원하고 있다. '그저 그런' 통상적인 리더로는 지속성장가능한 기업을 이룰 수가 없기 때문이다. 그래서 리더십의 효과성을 높이는 것이 오늘날의 글로벌 창조경영시대에 더욱 중요한 과제가 되고 있다. 하지만 그렇게 되기 위해서는 큰 영향력을 행사할 수 있는 리더십 역량들을 갖추어야만 가능하다. 영향력이 '그저 그런' 리더와 '리더다운' 리더를 가늠하는 잣대가 되기 때문이다. 이를 위해서는 먼저 리더 자신의 내면에 자리 잡고 있는 마음의 뿌리에 대해 스스로 성찰해 보고 리더다워지려는 노력부터 있어야 한다. 그것은 구성원들의 마음의 뿌리를 움직이는 힘은 그들이 가장 가까이에서 빈번하게 접하는 리더의 생각과 태도 및 행동들을 관찰하는 데서 나올 수 있다는 이유에서이다. 우리는 피관찰자인 리더의 마음상태와 표출행동이 관찰자인 구성원들의 의식적, 무의식적인 지각적 감시를 벗어나기 어렵다는 사실들이 최근의 인지과학에서 밝혀지고 있다는 점에 주목할 필요가 있다.

특히 정보혁명, 산업민주화, 조직분권화 등이 빠르게 진전되는 현 시대에서는 리더가 보여 주는 여러 가지 행동들이 과거 어느 때보다도 구성원들에게 더 빠르게, 더 자주 노출되고 있다는 점에 크게 주시할 필요가 있을 것이다. 그리고 그에 따라 리더의 행동을 지각하는 구성원들에게 미치는 영향도 크다는 사실을 깊이 인식하는 것이 중요하다. 즉 리더의 신념, 가치, 생각 등 그가 보여 주는 말과 행동은 매일 리더와 함께 생활하는 구성원들의 조직생활에 상당한 영향을 미칠 수 있다. 다시 말해 리더의 행동 뒤에 놓여 있는 마음의 뿌리가 어떤 내용이냐가 구성원들의 마음을 움직이게 하는 근원적인 요소가 될 수 있다는 사실이다. 그래서 큰 영향력을 발휘하는 '리더다운' 리더가 되려면 지금까지의 언행일치言行一致 차원을 넘어 사심언행일치思心言行一致로 보다 성숙해져야 한다. 리더십이란 단어는 스포츠맨십, 기업가정신 등과 같이 리더다운 정신과 태도를 가지고 있어야 한다는 뜻이다. 그러면 '그저 그런' 리더와 '리더다운' 리더를 구분하는 기준은 구체적으로 무엇이 되어야 하는가? '창조경영과 소명리더십 모델'에서는 크게 3가지 측면에서 그 기준을 제시한다.

첫째, 구성원들로 하여금 맡은 직무의 의미를 스스로 인식케 하는 리더십 행동 변화 측면이다. 에고 중심적 사고에서 벗어나 자아 초월적 사고와 자세로 좋은 비전과 매력 있는 일감을 창출하여 공유케 하고 실현시킴으로써 구성원들로 하여금 삶의 목적과 의미를 되돌아보게 하고 맡은 직무의 의미를 스스로 인식하게 만든다. 조직과 구성원 개인의 비전이나 추구가치가 따로 작동하며, 늘상 하던 영양가 없는 일을 가지고 시간을 보내게 하는 '그저 그런' 리더가 아니다. 조직의 비전과 자신들의 맡은 과업완수를 위해 과감한 출사표를 던지고 열정을 쏟으며 항상 소신 있는 행동을 보여 준다. 규정에 정해진 대로, 상사가 지시하는 대로만 직무를 수행하는

'그저 그런' 소극적인 자세가 아니다. 그리고 몸담고 있는 직장을 통해서
삶의 의미와 행복을 찾고 앞으로 어떤 경우에도 조직과 늘 함께하고 싶은
마음을 갖는다. 조직 발전을 위해 헌신하고자 하는 굳은 결심으로 몰입하
는 자세다. 단순히 돈을 벌거나 입신출세를 위해서 한때 머물고자 하는
'그저 그런' 직장이 아니라 즐겁고 행복한 직장으로 인식하고 있다.

둘째, 구성원들로 하여금 직무 수행과 관련된 조직 및 타인들과의 더 나
은 관계 창조의 효과성을 스스로 경험케 하는 리더의 행동 변화 측면이다.
단기·단편적인 시각에서 벗어나 장기적·미래지향적 관점에서 의사결
정을 함으로써 그 효과성을 조직 및 타인들과의 관계창조를 통해 경험케
한다. 예를 들면 리더 자신이 아직 다가오지도 않았고 보이지도 않는 조직
의 위기상황을 매우 절박하게 느끼고 구성원들에게 진정한 위기의식을 고
취시키기 위한 노력을 적극적으로 기울인다. 조직에 위기가 도래하고서야
이를 극복하는 데 많은 시간과 노력을 쏟는 통상적인 방법이 아니다. 부문
관리 책임자가 아니라 항상 최고 경영자적 입장에서 생각하여 합리적인
의사결정을 내리기 위해 노력함으로써 전체 최적화 경영을 실현하다. 상
하 간, 부서 간 불협화음의 소리가 나지 않게 하며 구성원 개개인의 잠재력
과 행동들을 팀 협창력 창출로 이어지게 함으로써 타인과의 더 나은 훌륭
한 관계가 어떻게 가치 있는 의미 창조로 연결되는지를 경험케 만든다. 개
인차원의 역량개발이나 회사차원의 경쟁력 향상에만 초점을 두고 관리하
는 '그저 그런' 통상적인 리더십이 아니다. 그리고 이러한 조직 및 타인들
과의 더 나은 관계 창조는 진실성에 기초한 질 높은 상호신뢰의 바탕에서
이루어질 수 있음을 확신하고 어떤 어려운 경우에도 편법을 사용치 않고
상대방과의 약속한 규범과 룰은 반드시 지킨다. 단순히 위기상황을 모면
코자 하거나 외부 상황에 부응하기 위한 임시방편적, 형식적 행동을 보여

주는 '그저 그런' 통상적인 리더의 행동이 아니다.

셋째, 구성원들로 하여금 실제로 가치 있는 직무의미 창조를 스스로 경험케 하는 리더의 행동 변화 측면이다. 구성원들로 하여금 직무수행 자율성의 폭을 점차 넓혀 주어서 그들의 다양하고 무한한 잠재력을 마음껏 발휘하게 하고 리더 자신은 또 다른 직무의미 창조영역을 계속 개척해 나간다. 과거의 수직적인 위계지향 조직구조를 허물어 역동적이고 창조적인 자율참여의 조직으로 만든다. 이는 과거부터 계속해 오고 있는 제도와 규정의 틀, 기 책정된 예산의 틀, 전임자가 해 오던 전례의 틀에 준거準據한 '그저 그런' 통상적인 리더가 아니다. 그리고 선진 기업에서 성공한 제도나 시스템을 도입, 적용해 보는 데 초점을 두고서 단순히 남 따라가는 '그저 그런' 모방경영방식이 아니라 조직 고유의 또 다른 독특한 상품을 만들어 내는 가치 창조적 리더인 것이다. 그래서 의미 있는 신기록 창출에 계속 도전하여 일을 통한 성취감을 경험케 만듦으로써 직무소명감이 일상생활에 체화되게 한다. 무엇보다 구성원 개인의 장점들이 활발하게 상호 피드백되는 긍정적인 의사소통 분위기를 조성하여 더 나은 가치창조의 경험을 하게 만든다. 이는 문제 중심으로 경영위기감을 조성하고 변화와 혁신의 필요성만 강조함으로써 정작 혁신의 효과는 잘 느끼지 못하고 갈수록 조직 및 직무에 대한 불만과 혁신의 피로감만 증대시키는 '그저 그런' 조직관리나 리더십 방식이 아니다. 그리고 새로운 가치와 고객을 창출하기 위해 구성원들의 도전의욕을 고취시키는 기대치 경영과 리더십을 발휘한다. 고객이나 구성원들의 기대치에 맞추는 리더십은 지금까지의 단순한 만족도 수준에 맞추는 '그저 그런' 리더십과는 크게 다르다.

'리더다운' 진정한 리더는 구성원들을 리더 이상의 훌륭한 리더로 만들어 낼 수 있다. 바로 마음의 뿌리에 해당하는 직무소명감을 유발하여 이를 더욱 강화하고 지속시켜 조직에 창조경영 조직문화를 뿌리내리게 하는 '창조경영과 소명리더십 모델'의 구현을 통해서이다. 이를 위해서는 현재의 자리 유지에만 연연하지 말고 리더의 행동 변화에 과감한 출사표를 던지는 용기가 필요할 것이다. 행동 변화 돌입에 앞서서 다음 두 가지 점에 대한 이해도가 어느 정도인지를 스스로 체크해 보기를 권한다. 하나는 창조경영을 실현시키려면 구성원들로 하여금 단순히 일시적으로 마음을 움직이게 하는 것이 아니라 마음의 뿌리인 가치관이나 의식을 변화시켜야 한다는 사실이고, 또 하나는 자신의 맡은 직무가 단순한 일이 아니라 많은 사람에게 장기적으로 긍정적인 영향을 주는 의미 있는 일이라는 인식도이다. '창조경영과 소명리더십 모델'에 대한 학습을 마치면서 상기 두 가지 사실, 즉 보통의 마음이 아닌 마음의 뿌리, 단순한 일이 아닌 의미 있는 일의 개념이 왜 동 모델 구현의 핵심적인 내용이 되어야 하는지를 이해할 수 있기를 바란다. 마지막으로 이러한 두 가지 개념에 대한 기본적인 이해를 바탕으로 리더의 행동 변화 내용들이 구체적으로 실천될 때 '창조경영과 소명리더십 모델' 구현의 실현가능성은 높아질 수 있다는 점을 강조하고 싶다. 그리고 리더의 행동 변화들은 리더 스스로의 숨은 성찰노력이 근원적인 요소가 된다는 점도 끝까지 기억해 두기 바란다. 당신은 '그저 그런' 통상적인 리더가 되고 싶은가? 아니면 존경받는 '리더다운' 진정한 리더가 되고 싶은가?